权威·前沿·原创

皮书系列为

“十二五”“十三五”国家重点图书出版规划项目

氢能汽车蓝皮书
BLUE BOOK OF HYDROGEN VEHICLE

中国车用氢能产业发展报告（2019）

ANNUAL REPORT ON THE DEVELOPMENT OF AUTOMOTIVE HYDROGEN INDUSTRY IN CHINA (2019)

研　创 / 中国汽车技术研究中心有限公司
荷兰皇家壳牌集团

社会科学文献出版社
SOCIAL SCIENCES ACADEMIC PRESS (CHINA)

图书在版编目（CIP）数据

中国车用氢能产业发展报告.2019／中国汽车技术研究中心有限公司，荷兰皇家壳牌集团研创. --北京：社会科学文献出版社，2019.11
（氢能汽车蓝皮书）
ISBN 978-7-5201-5795-7

Ⅰ.①中… Ⅱ.①中… ②荷… Ⅲ.①氢能-燃料电池-应用-电传动汽车-汽车工业-产业发展-研究报告-中国-2019 Ⅳ.①F426.471

中国版本图书馆 CIP 数据核字（2019）第 249129 号

氢能汽车蓝皮书
中国车用氢能产业发展报告（2019）

研　　创／中国汽车技术研究中心有限公司
　　　　　荷兰皇家壳牌集团

出 版 人／谢寿光
责任编辑／吕霞云　赵慧英

出　　版／社会科学文献出版社·社会政法分社（010）59367156
　　　　　地址：北京市北三环中路甲 29 号院华龙大厦　邮编：100029
　　　　　网址：www.ssap.com.cn
发　　行／市场营销中心（010）59367081　59367083
印　　装／天津千鹤文化传播有限公司

规　　格／开 本：787mm×1092mm　1/16
　　　　　印 张：23.25　字 数：345 千字
版　　次／2019 年 11 月第 1 版　2019 年 11 月第 1 次印刷
书　　号／ISBN 978-7-5201-5795-7
定　　价／168.00 元

编委会

杨树军	杨燕梅	吴志新	何云堂	余　意
汪　雪	汪晓健	张　晓	张长令	张红飞
张焰峰	张碧航	欧训民	周柳初	赵文博
赵吉诗	郝　冬	胡守信	胡辰树	顾成奎
徐鸿飞	郭　婷	郭阳阳	崔志广	康　鹏
梁　阳	梁　晨	梁晶晶	屠　硕	程　伟
管　宇	缪文泉	潘相敏	戴东薇	魏　蔚
露西娅·西布勒				

序　言

发展车用氢能产业是促进清洁能源体系构建和汽车强国建设的重要途径。随着技术创新的不断推进和示范应用范围的持续扩大，车用氢能产业越来越受到重视。2019 年以来，“加氢站建设”首次被纳入《政府工作报告》，国家主管部门开展了一系列座谈和调研，主要企业投入加大，燃料电池汽车推广数量不断攀升，一些地区加氢站建设管理取得突破，国外领军企业开始谋划在华布局。

中国汽车技术研究中心有限公司（以下简称“中汽中心”）是国内汽车行业权威第三方机构和著名产业智库，在车用氢能与燃料电池汽车领域具有深厚的研究基础。2018 年 9 月，中汽中心下属北京卡达克科技中心有限公司（简称“北京卡达克”）在国家主管部门、国内外主要智库机构和研究机构、车用氢能及燃料电池汽车发展先行地区、行业内广大企业等大力支持下，围绕产业发展的重大现实问题，编撰发布了国内首部“氢能汽车蓝皮书”，初次对我国车用氢能产业发展进行了系统分析和研判，研究成果得到充分肯定和积极评价，车用氢能智库的作用开始显现。

虽然我国车用氢能及燃料电池汽车产业发展形势总体较好，但战略导向不明朗、产业链不健全、自主化程度低以及加氢站建设滞后、车用氢气价格过高等问题依然突出，亟须系统归纳和深入研究。为及时应对车用氢能技术创新及产业化应用出现的新问题，北京卡达克完成了《中国车用氢能产业发展报告》（2019）的编撰工作。为做好本年度蓝皮书的编写工作，蓝皮书编委会成员自 2019 年 3 月对国内主要氢能、燃料电池及整车企业进行了系统、深入的调研，并与一些国内外车用氢能优势企业开展了多轮交流，倾听行业心声，把握产业动态和国内外最新发展态势。在本书编写过程中，国家主管部门给予了关心、支持和指导，氢能及燃料电池汽车领域院士、专家、学者对年度主题、研究框架、研究内容等提出了很多宝贵建议，代表性企业提供了专门材料，既充实了研究内容，又保障了权威性。

荷兰皇家壳牌集团作为一家较早开展氢能相关业务的国际能源公司，首度与中汽中心合作，冠名《中国车用氢能产业发展报告》（2019），相信这种合作将推进车用氢能领域的国际交流与合作。佛山市是我国车用氢能产业发展最具代表性的城市之一，在2019年的蓝皮书编写过程中，佛山市人民政府给予了大力支持。在此，我代表中汽中心和“氢能汽车蓝皮书”编委会对上述单位和部门表示衷心的感谢。

《中国车用氢能产业发展报告》（2019）是“氢能汽车蓝皮书”的第二本，在本书初稿撰写过程中，编委会主要成员与车用氢能领域专家、企业负责人进行了大量交流和探讨，付出了辛勤的劳动。本书副主编张长令对书稿进行了统稿和初审，副主编梁晶晶、朱成对书稿进行了二审，主编王成进行了终审和定稿。

感谢国家主管部门、主要城市、车用氢能界同仁和社会各界对本书编撰工作的支持。尤其要感谢本书各位专家老师的辛勤工作，感谢社会科学文献出版社老师的辛勤付出，保证了本书的顺利出版。本书是车用氢能及燃料电池汽车领域共同的研究成果，凝聚了众多人士的心血，但由于时间仓促、水平有限，书中难免存在纰漏和不足，敬请各位专家、读者批评指正！

2019年10月10日

摘 要

氢能是具有战略意义的清洁能源，燃料电池汽车是新能源汽车发展的重要方向。日本、韩国已将氢能发展确定为国家战略，并加快推进燃料电池汽车商业化示范。2017 年以来，我国氢能与燃料电池汽车发展迅速，氢能技术创新与产业发展态势良好，整车企业加快推出燃料电池汽车产品，关键零部件企业技术及产品性能进一步提升，示范运行规模和范围不断扩大。然而，作为一种新的二次能源，氢能技术及车用氢能的相关应用还处于发展初期，需要针对车用氢能技术创新及产业化应用的重大问题开展系统研究。

中国汽车技术研究中心有限公司（简称“中汽中心”）是国内汽车行业权威第三方机构和著名产业智库，开展了燃料电池汽车政策及产业研究、燃料电池汽车示范运行、产品测试及评价、车用氢能及燃料电池汽车标准制定等多项重要工作。2018 年 9 月，中汽中心在国家主管部门、国内外主要智库机构和研究机构、车用氢能及燃料电池汽车发展先行地区、行业内广大企业的大力支持下，围绕产业发展的重大现实问题，编撰发布了国内首部《氢能汽车蓝皮书》，初次对我国车用氢能产业发展进行了系统分析和研判，研究成果得到充分肯定和积极评价，车用氢能智库的作用开始显现。

2019 年以来，“加氢站建设”首次纳入《政府工作报告》，国家主管部门开展了一系列座谈和调研。整体来看，我国车用氢能产业发展取得明显进展。氢能技术工程化及产业化稳步推进，车用燃料电池技术自主化进程加快，优势企业技术研发体系及产品开发体系初步形成，产业组织模式创新趋于活跃，产业配套体系建设加快。同时，加氢技术水平和服务能力进一步提升，燃料电池汽车运营及加氢站建设商业模式逐渐形成。随着燃料电池汽车示范运行区域和示范运行规模的进一步扩大，特别是千辆级规模燃料电池汽车示范城市的出现，我国车用氢能产业将开始由以技术研发为主进入示范运行带动的产业导入期。然而，我国仍然面临氢燃料电池汽车产业战略定位不明确、燃料电池汽车示范运行方案及加氢站管理法缺位、氢能及燃料电池产业化能力不强、车用氢能供给体系不健全等问题。

为及时应对车用氢能技术产业化及燃料电池汽车推广应用出现的新问题，中汽中心北京卡达克科技中心有限公司（以下简称“北京卡达克”）在荷兰皇家壳牌集团、佛山市人民政府等单位的支持下，在名誉顾问、顾问及多位氢燃料电池汽车相关行业专家、学者的指导下，由北京卡达克《氢能汽车蓝皮书》研究团队，以及国内外能源、汽车等相关领域专家共同完成了《中国车用氢能产业发展报告》（2019）的编撰工作。《中国车用氢能产业发展报告》（2019）是关于中国车用氢能及燃料电池汽车产业发展研究的年度性报告，也是《氢能汽车蓝皮书》的第二本。本年度报告主要包括总报告、专家视点篇、产业篇、政策篇、热点篇、区域篇、基础设施篇和借鉴篇等八个部分。总报告综述 2018 年以来中国车用氢能产业发展状况，提出产业发展的主要命题；专家视点篇邀请两院院士、国内外智库机构及知名行业专家评述 2018 年以来车用氢能产业发展的热点问题；产业篇分析 2018 年以来我国氢能、燃料电池及燃料电池汽车产业取得的进展；政策篇分析国内外氢安全技术标准、我国车用氢能产业政策及燃料电池汽车标准最新动态；热点篇聚焦氢燃料电池汽车能源环境效益及燃料电池电堆、系统、整车测试评价状况；区域篇重点对北京、上海、佛山、郑州、成都等代表性城市车用氢能产业进展进行跟踪；基础设施篇主要介绍国内外加氢技术及加氢站建设运营进展状况；借鉴篇主要分析国外车用氢能产业政策及其进展状况。

本年度报告密切结合我国车用氢能产业发展的时间，既注重从技术性和专业性角度阐述产业发展进程和发展趋势，又注重从受众角度做到通俗易懂。本书将有助于能源及汽车产业管理部门、研究机构、车用氢能相关企业、燃料电池相关企业、整车企业、社会公众等了解中国车用氢能产业发展进程，把握产业发展动向，为各级政府主管部门研究制定车用氢能产业政策、能源及汽车相关企业确定战略发展路线提供有力支撑。

关键词： 车用氢能　燃料电池汽车　规模化示范　供给体系　加氢站

目 录

Ⅰ 总报告

Ⅱ 专家视点篇

Ⅲ 产业篇

Ⅳ　政策篇

Ⅴ　热点篇

Ⅵ　区域篇

Ⅶ 基础设施篇

Ⅷ 借鉴篇

皮书数据库阅读使用指南

总 报 告

General Report

B.1

构建车用氢能供给体系，推进燃料电池汽车规模化示范

——2019 年中国车用氢能产业发展综述

吴志新　王　成　梁晶晶　张长令*

摘　要： 今年以来，我国车用氢能产业发展取得明显进展。氢能技术工程化及产业化稳步推进，车用燃料电池技术自主化进程加快，优势企业技术研发体系及产品开发体系初步形成，产业组织模式创新趋于活跃，产业配套体系加快建设。同时，加氢技术水平和服务能力进一步提升，燃料电池汽车运营及加氢站建设商业模式逐渐形成。随着燃料电池汽车示范运行区

* 吴志新，工学博士，教授级高级工程师，中国汽车技术研究中心有限公司副总经理；王成，高级工程师，中国汽车技术研究中心有限公司北京卡达克科技中心有限公司总经理；梁晶晶，高级工程师，北京卡达克科技中心有限公司产业发展市场咨询部部长；张长令，博士后，高级工程师，北京卡达克科技中心有限公司。

域和示范运行规模的进一步扩大，特别是千辆级规模燃料电池汽车示范城市的出现，我国车用氢能产业将开始由以技术研发为主进入示范运行带动的产业导入期。然而，我国仍然面临氢燃料电池汽车产业战略定位不明确、燃料电池汽车示范运行方案及加氢站管理法缺位、氢能及燃料电池产业化能力不强、车用氢能供给体系不健全等问题。为促进车用氢能产业发展，我国需要明确氢能及燃料电池汽车产业战略定位，制定燃料电池汽车示范运行方案，健全加氢站审批管理，提高燃料电池汽车产业化能力和构建车用氢气供给体系。

关键词： 车用氢能　供给体系　燃料电池汽车　示范运行　加氢站

一　燃料电池汽车示范运行深入推进，车用氢能产业化能力稳步提高

（一）总量持续扩张，有望提前完成2020年推广目标

整体来看，我国氢燃料电池汽车示范运行规模自 2017 年以来持续快速扩张。据统计，2017 年和 2018 年，我国燃料电池汽车产量分别为 1272 辆和 1527 辆。到 2018 年底，我国燃料电池汽车总产量接近 3000 辆。2019 年以来，我国燃料电池汽车示范运行进一步推进。根据中汽协公布的数据，2019 年 1 ~ 9 月，燃料电池汽车产销分别完成 1315 辆和 1251 辆。2019 年底，我国燃料电池汽车保有量有望达到 5000 辆，提前完成《节能与新能源汽车技术路线图》提出的到 2020 年燃料电池汽车示范推广数量达到 5000 辆的目标。

1. 主要区域加大燃料电池汽车示范力度，即将出现千辆级城市

2018 年以来，上海、佛山、张家口等先行城市燃料电池汽车示范运行

力度继续加大。截至2019年7月，上海市已有905辆燃料电池汽车投入示范运行，佛山市有763辆燃料电池汽车投入运行，张家口市有74辆燃料电池公交车投入示范运行。根据计划，佛山市将在2019年底之前采购700辆燃料电池公交车，张家口市将采购100辆燃料电池公交车。并且，上海市正在推进落实2020年实现3000辆燃料电池汽车示范运行的目标。因而，到2019年底，上海市和佛山市有望成为燃料电池汽车示范运行规模达千辆级城市。

2. 示范运行区域扩大，一批新城市启动燃料电池汽车示范

据不完全统计，截至2019年10月，我国已有超过20个城市出台了支持氢能及燃料电池汽车产业发展的政策。其中，仅省级层面出台氢能及燃料电池汽车产业发展规划或行动方案的就有上海、江苏、浙江、河北、天津等。山东、广东等省级政府部门正在制定氢能及燃料电池汽车支持政策。成都、宁波、佛山、武汉、张家口等城市也已出台氢能相关支持政策。根据这些地区现有的产业规划及行动方案，在2030年之前，氢燃料电池汽车计划推广数量超过10万辆，加氢站建设规划超过500座。从地方政策执行情况来看，我国已有超过10座城市在2019年启动了燃料电池汽车示范运行。

山东自2019年开始示范燃料电池汽车，现已成为我国氢燃料汽车示范最密集的区域之一。2019年5月，德州市首批30辆氢能物流车示范车辆投入运营。8月23~24日，潍坊、聊城两市共3座加氢站、5条公交运营专线、60辆氢燃料电池公交车正式投入运营。此外，济南市公共交通总公司已在2019年9月发布采购项目公告，计划采购40辆氢燃料电池公交车。

成都市已投入示范运行的氢燃料电池汽车为10辆，另有35辆氢燃料电池汽车已完成挂牌，计划2019年有90~100辆氢燃料电池汽车投入示范运行。郑州市已投入示范运行的氢燃料电池汽车为23辆，计划2019年有200辆氢燃料电池汽车投入示范运行。2019年3月，武汉市投入5辆氢燃料电池公交车上线试运营。到2019年5月，武汉已有26辆氢燃料电池公交车投入示范运行。2019年6月，江苏张家港和山西大同分别有15辆和50辆氢燃料电池公交车开始示范运行。2019年10月，浙江省嘉善县有10辆氢燃料

电池公交车投入运行，浙江省首条氢燃料电池公交线路正式上线运营。到2019年底，将有40辆氢燃料电池公交车在嘉善县投入运行。

（二）氢能技术产业化稳步推进，新技术创新不断强化

制氢技术及装备方面，我国的碱性电解水制氢、变压吸附等技术和装备具有优势，但PEM电解槽商业化生产滞后，SOEC电解水技术研发较少。我国已成为世界上最大的水电解槽生产国之一，生产规模较大的有三家企业，即苏州竞立制氢设备有限公司（简称苏州竞立公司），中船重工第718研究所和天津大陆制氢设备有限公司。其中，苏州竞立公司生产的单台容量1000m^3/h的制氢设备已达到国际先进水平，采用变压吸附（PSA）技术从焦炉气中分离氢气具有明显的成本优势，只相当于电解水制氢成本的1/4～1/3。目前，我国PSA技术及装备已达到国际先进水平。PEM电解槽具有安全性高、运行压力大、体积小、产气率高等优势。国外对PEM的技术非常重视，投入了大量的人力、物力进行研发，已推出了一批不同类型的产品。国内PEM电解槽商业化生产企业较少，一些企业如山东赛克赛斯氢能源有限公司等，已开始了商业化生产的探索。

液氢技术及装备方面，我国2011年研制成功300m^{3}液氢储存容器并应用于军事火箭发射场储运，基本掌握了液氢容器的设计、制造工艺等核心技术。在车载液氢储氢领域，清华大学正在联合北汽福田进行液氢储氢燃料电池重卡的开发，富瑞特装、北京天海、国富氢能等企业已经结合国家和地方科研项目开始了车载液氢瓶的研制，由北京航天试验技术研究所开展可靠性试验测试。在氢液化装置自主开发方面，北京航天试验技术研究所已经可以自主开发氢液化工艺包并进行系统设计。中科富海与中科院理化所已联合开发出氦膨胀制冷系统并应用于液氦生产，正在向氢液化领域推广应用。江苏国富氢能技术装备有限公司引进了俄罗斯氢膨胀制冷工艺包，正在开发和集成制造8吨/天及以上的大规模氢液化装置。

气态储氢技术及产业化方面，我国自“十五”期间在国家重点研发计划的支持下开始对储氢气瓶进行研究，奠定了国产高压储氢气瓶的研究基

础。目前我国已具备35MPa车用铝内胆纤维全缠绕高压氢气瓶的设计、制造能力，同时拥有批量化生产规模。国内35MPa储氢Ⅲ型气瓶质量储氢密度已经接近或达到了国外先进产品水平，实现了国产化，依靠成熟的技术已经在汽车领域得到普遍应用。与35MPa储氢Ⅲ型气瓶相比，70MPa储氢Ⅲ型气瓶储氢密度高，现已经进入示范使用阶段。我国沈阳斯林达公司已在2016年率先研制出70MPa Ⅲ型纤维全缠绕高压储氢气瓶，达到了国内外标准要求，并已批量应用于上汽荣威950氢燃料电池汽车，其储氢密度可达到国外同类产品水平。

加氢技术方面，我国已具备设计建设35MPa加氢站的能力（包括固定站和移动站），关键设备国产化取得进展，如加氢机、压缩机、储氢瓶组（储氢罐）均有相应的设计制造单位，其中加氢机、储氢瓶组（储氢罐）的设计制造能力达到国际水平，但压缩机的设计制造能力和国际水平略有差距，主要是在整机的制造精度和使用稳定性方面还需继续完善。

氢能技术创新方面，甲酸储氢制氢技术是一个值得探索的方向。甲酸具有较高的吉布斯自由能，因此在催化剂的作用下，常温常压条件就可以分解成氢气和二氧化碳。国际上，甲酸制氢技术较为突出的是瑞士和荷兰，已开发出匹配1kW氢燃料电池的小型甲酸制氢装置，以及用于25kW氢燃料电池大巴车的中型甲酸制氢系统。在我国，甲酸制氢技术的开发偏重于学术研究，研究重点主要是甲酸重整催化剂的设计。北京青木子科技发展有限公司是国内领先的甲酸储氢技术的研究者，2016年研发出400瓦的模型车，并开发出了全自动的甲酸储氢燃料电池发电设备商品化样机。在电化学制甲酸方面，碳能科技（北京）有限公司独立自主研发的二氧化碳电化学制甲酸小试技术在2018年通过了专家技术鉴定。

（三）燃料电池技术自主化加快，车用产品取得突破

第一，燃料电池关键材料及关键部件自主化取得进展。作为国内质子交换膜企业代表，山东东岳集团在质子交换膜技术研发和产业化方面进展较

快，是继戈尔、科慕两家外国企业之后市场占比最大的中国企业。东岳 DMR100 膜技术已成熟并实现定型量产，该膜厚度可达 15um，在 OCV 情况下，耐久性大于 600 小时；乘用车工况加速寿命测试达到 6000 小时；在干湿循环和机械稳定性方面，循环次数超过 20000 次。武汉理工氢电科技有限公司（简称武汉理工氢电）已建成一条燃料电池膜电极生产线，积极开展 CCM 膜电极产业化研究。通过自主研发，武汉理工氢电现已开发出车用膜电极、风冷膜电极、电解水膜电极、天然气膜电极、传感器膜电极等多种产品，生产的车用膜电极功率密度可达 1.4W/cm^2，Pt 用量低至 0.2g/kW。当前，武汉理工氢电开发的主要产品为抗反极车用膜电极和超低铂长寿命车用膜电极。其中，抗反极车用膜电极的抗反极时间在 200 分钟以上，超低铂长寿命车用膜电极的目标铂载量为 0.125g/kW。

第二，燃料电池自主化技术及产品不断涌现。新源动力 HYMOD © -300 型车用燃料电池电堆模块 2018 年 3 月完成寿命测试和整车应用验证，突破了车用燃料电池 5000 小时的耐久性难关。2019 年 2 月，新源动力发布了最新一代产品，即第三代金属双极板质子交换膜燃料电池电堆模块 HYMOD © -70，单堆功率高达 85kW，电堆体积功率密度突破 3.3kW/L。环境适应性强，能够采用不影响电堆耐久性的低温环境应用策略及水热管理方案，实现 -30℃低温启动和 -40℃低温存储。亿华通 2018 年推出自主开发的新一代国产燃料电池发动机采用神力科技国产化电堆，能够实现 -30℃低温启动、-40℃低温储存，通过第三方强制检测发动机功率密度超过 300W/kg，在功率密度、低温环境适应性、耐久性等多项关键性能上接近国际先进水平，已提前实现了我国商用车燃料电池系统 2020 年的技术目标，相关产品已投入批量化生产。国鸿氢能开展了自主知识产权高性能燃料电池电堆开发工作，已成功开发出国产 MEA 电堆和自主开发燃料电池电堆，性能超过巴拉德 9SSL 电堆，电堆体积比功率密度达到 2.5kW/L，单位面积性能超过 1.2W/cm^2，并且实现 -30℃低温无辅启动。车用燃料电池系统方面，重塑科技 CAVEN 系列的车用燃料电池系统的零部件进行了定制化设计，核心部件空气压缩机、升压转换器（DC/DC）、燃料电池系统控制单元（FCU）、氢系统管理单元（HMU）通过企业自主开发已完成进口替代。

第三，一些燃料电池企业自主化技术及产品开发取得突破性进展。2019 年 10 月，明天氢能金属双极板燃料电池电堆下线。该产品基于国内自主技术生产，额定功率为 60kW，体积比功率为 3.0kW/L。目前，明天氢能已具备 30 千瓦、40 千瓦、50 千瓦燃料电池电堆与系统的批量化生产能力。长城汽车旗下未势能源公司已完成膜电极研发、测试、生产全部能力搭建及设备准备，已积极投入两代金属板燃料电池电堆技术的研发，在研第一代燃料电池堆将于 2019 年底推出，同步开展第二代燃料电池堆研发，计划 2020 年 6 月推出。燃料电池发动机方面，未势能源首款 85kW 燃料电池系统将于 2020 年初装车，预计 2020 年中开始量产。国家电投氢能公司正在开发新一代金属双极板燃料电池及系统产品，目标电堆功率达到 3kW/L，实现了关键技术自主化、高性能、低成本。目前已掌握催化剂、扩散层、膜电极、双极板、装堆、系统集成与控制等关键技术，完成了百千瓦功率电堆组装及辅助系统集成，正在开展测试及中试生产线建设。

第四，全功率燃料电池系统开发取得突破。捷氢科技坚持自主开发，已具备从电堆核心零部件、电堆集成、燃料电池系统集成到动力系统集成、整车集成的完全正向开发能力，并具有完整的自主知识产权；已完成三款燃料电池系统开发，产品功率涵盖 30kW 到 100kW 级。其中，PROME P390 燃料电池系统为新一代车用质子交换膜燃料电池系统，已实现与丰田、现代等国际一流燃料电池车企的技术对标，电堆功率为 115kW，系统功率 92kW，体积功率密度为 3.1kW/L，可实现 -30℃ 低温冷启动（无须外加热源），具有一体化集成、高功率密度、高耐久性、高可靠性和强环境适应性等优点，已经具备了全功率型燃料电池动力系统应用的条件。PROME P390 燃料电池系统核心单元燃料电池电堆由捷氢科技自主开发并享有知识产权，电堆采用基于精细化流畅设计的超薄金属双极板和基于合金催化剂的膜电极。

（四）车用氢能产业配套体系加快建设，生产装备能力逐步形成

长城汽车集团（简称长城汽车）是我国氢燃料电池汽车测试验证体系及生产线建设的代表性企业。2018 年 6 月，长城汽车在保定建立的氢能技术中心是国内首个拥有全套检测和试制设备的氢能技术中心，拥有国内第一座 105MPa 高压氢气循环测试台、第一座 6 轴储氢瓶缠绕机和第一个燃料电池动力系统测试台架。未势能源引进 24 台国际顶级技术设备，设备精准度高、可靠性强，是目前国内最大的燃料电池单体测试试验室。产业化能力方面，长城汽车已吸收上燃动力资源优势，同时孵化未势能源及氢能测试分公司等多家专注于氢能相关技术研发、制造、销售的企业，原有燃料电池企业注重生产线及测试验证体系建设。2017 年，亿华通在张家口建成国内首条具有自主知识产权的半自动化燃料电池发动机生产线。经过大量的工艺开发，新源动力建立起了符合汽车行业质量管理标准要求的电堆小批量生产线。国鸿氢能公司 2016 年引进加拿大巴拉德电堆生产技术，在国内建成年产 200 万片柔性石墨双极板、2 万台电堆和 5000 套集成系统的燃料电池电堆及系统生产线，2017 年实现了燃料电池电堆批量化生产。

同时，一批新创企业也在加快推进生产线建设。明天氢能与中科院大化所、同济大学联合开发了燃料电池系统过程工艺、电堆装配工艺、电堆测试工艺、金属双极板冲压工艺、金属双极板激光焊接工艺、MEA（膜电极）生产工艺、电堆活化 & 测试工艺以及燃料电池系统测试工艺等，并开发了全自动化燃料电池系统组装线、电堆组装线、MEA 生产线、双极板冲压、焊接线、电堆活化 & 测试线、系统测试线以及 MEA 测试线等，工厂的自动化及智能化程度较高。新研氢能源科技有限公司年产 1 万套氢燃料电池电堆项目 2019 年 5 月在山西大同开工，预计 2019 年完成年产 1 万套燃料电池的自动化生产线建设并投产。2019 年 8 月，华清氢能燃料电池项目首批 20 万片单电池片生产线在江苏徐州投产试产，成为国内第一条固体氧化物燃料电池生产线。

二　燃料电池汽车支持政策基本完善，氢燃料电池政策体系不够健全

（一）燃料电池汽车支持政策基本完善

早在2001年，科技部就将燃料电池汽车技术研发作为一种重要的整车技术路线列入“十五”国家“863”计划重大专项，确立了“三纵三横”的国家新能源汽车研发布局。2010年10月发布的《国务院关于加快培育和发展战略性新兴产业的决定》提出，开展燃料电池汽车相关前沿技术研发。2012年6月，国务院印发《节能与新能源汽车产业发展规划（2012～2020年）》，给燃料电池汽车提出一个基本的发展水平判断标准，即“到2020年实现燃料电池汽车、车用氢能源产业与国际同步发展”。2016年11月，国务院印发《“十三五”国家战略性新兴产业发展规划》，明确提出要系统推进燃料电池汽车研发与产业化。2017年，由工信部等三部委联合发布的《汽车产业中长期发展规划》提出制定氢燃料电池汽车技术路线图，支持燃料电池全产业链技术攻关，并逐步扩大燃料电池汽车试点示范范围。

为推进氢燃料电池汽车产业发展，我国在2012年以后集中出台了一系列支持政策，已形成覆盖产业引导及研发支持、财政补贴、激励政策、投资管理、准入管理等方面的氢燃料电池汽车产业支持政策体系。其中，产业引导、技术研发、车辆购置补贴、投资管理等政策持续完善。

（二）氢能及燃料电池政策支持体系不够健全

我国对车用氢能及燃料电池相关领域的明确支持始于“十五”时期。早在2001年，氢能与燃料电池技术即被定义为新一代能源和可再生能源技术。在2010年之后出台的政策中，氢能技术及产业被提升到了战略高度。2014年6月，国务院办公厅发布的《关于印发能源发展战略行动计划（2014～2020年）的通知》，将氢能与燃料电池明确为能源科技创新战略方

向和重点。2016 年 5 月，国务院发布的《国家创新驱动发展战略纲要》提出，发展引领产业变革的颠覆性技术，开发氢能、燃料电池等新一代能源技术。2016 年 12 月，国家发改委、国家能源局出台的《能源生产和消费革命战略（2016—2030）》，将氢能技术作为能源科技基础研究的重要方向。

氢燃料电池技术创新与研发是现有氢燃料电池相关政策的支持重点。《国家中长期科学和技术发展规划纲要（2006—2020 年）》提出，形成氢能和燃料电池技术规范与标准。《国家“十一五”科学技术发展规划》提出，重点研究氢能与燃料电池技术、高效节能与分布式供能技术。《能源发展“十三五”规划》提出，集中攻关氢能和燃料电池。2018 年 8 月，科技部首次将“可再生能源与氢能技术”列入国家重点研发计划。除了对氢燃料电池技术创新及研发进行支持之外，《节能与新能源汽车产业发展规划（2012～2020 年）》《能源发展“十三五”规划》《能源技术革命创新行动计划（2016～2030 年）》等政策也提出了对氢能技术及燃料电池示范应用的支持。

不难发现，我国已出台的氢燃料电池相关支持政策主要集中在技术创新与研发支持方面，并以方向性引导为主，对技术创新与研发的支持主要体现在相对宏观的能源或新能源汽车产业政策中，车用氢能产业缺乏独立、完善的支持政策。

三　产业组织模式创新多元化，商业模式创新加快探索

（一）产业组织模式创新多元化

1. 原有企业主导的产业组织创新

为突破技术研发、产品开发等瓶颈和快速形成竞争优势，上汽集团、长城汽车等原有大型企业通过兼并、成立新公司等方式开展了产业组织模式创新。上汽集团是我国最早布局氢燃料电池汽车领域的车企之一，已向市场推出了多款燃料电池车型。2018 年 6 月，上海捷氢科技有限公司（以下简称

“捷氢科技”）成立，这是上汽集团内部孵化的一家主营研发、生产、销售燃料电池系统以及提供整车工程服务的企业，其核心团队脱胎自上汽集团前瞻技术研究部。作为一家新企业，捷氢科技为整车企业提供燃料电池产品及工程服务，已完成多款燃料电池电堆和系统的产品开发，并广泛应用于乘用车、轻型客车、公交客车和轻中型卡车等多种车型。上燃动力成立于2001年，是国内率先研发燃料电池发动机系统的高科技企业。2018年9月，长城控股集团正式控股上燃动力，并于2019年4月完成对上燃动力的100%控股。同时，长城控股出资4.5亿元成立的未势能源科技有限公司，总部位于上海，是专注氢能及燃料电池技术和产品研发的高科技企业，研发的主要产品涵盖燃料电池发动机、燃料电池堆、35MPa/70MPa高压储氢系统等。

2. 新企业主导的产业组织创新

一些新企业通过产业组织模式创新，组织内分工逐渐明确，组织功能不断完善。新研氢能源科技有限公司（简称新研氢能源）成立于2017年，注册地在福建省，专注于燃料电池金属极板、电堆、发电系统和测试台。2017年5月，新研氢能源成立北京新研创能科技有限公司，它的定位是燃料电池极板和电堆。同年，新研氢能源成立大连擎研科技有限公司，该公司专注于燃料电池发电系统和测试台。虽然北京和大连都可以做测试台，但是北京不销售测试台，大连可以销售。2018年，新研氢能源成立大同新研氢能源科技有限公司，该公司跟中通客车合作开发了燃料电池厢式物流车，并与厦门金旅合作开发燃料电池公交车。

在2019年10月燃料电池电动产品下线之后，明天氢能与中国石油化工研究院、国家新能源汽车技术创新中心、东风华神、福田欧辉、奇瑞商用车、威马汽车、雄川氢能科技签署了战略合作协议。同时，明天氢能接受龙蟠科技8000万元投资，向其出让10%的公司股份。

3. 投融资推进的产业组织创新

通过投融资的方式入股原有企业或组建新的合资公司是当前我国车用氢能产业最普遍、最具代表性的产业组织模式创新方式。山东省滨州市氯碱工业发达，大量副产氢气可为燃料电池汽车产业发展提供充足氢源保障。2017

年，亿华通入驻滨州并与滨化股份合作成立合资公司，计划利用当地氢气优势，共同推进滨州市氢能与燃料电池产业发展。2019 年 8 月，亿华通发布对外投资的公告，称拟与成都氢蓝科技有限公司共同出资设立成都国氢华通科技有限公司。此外，亿华通控股子公司亿华通动力科技有限公司，拟与张家口市交投新能源科技有限公司，投资设立参股子公司张家口市交投氢能新能源科技有限公司。

除亿华通之外，美锦能源也在积极通过投融资方式推进产业组织模式创新。2019 年 4 月，美锦能源与国鸿氢能签署战略框架协议，美锦能源入股国鸿氢能，投资的 1.8 亿元占国鸿 9.09% 的股份。2019 年 7 月，美锦能源与嘉兴市国资委旗下嘉兴交投签署合作协议，约定双方合作开展嘉兴氢能源基础设施建设，搭建氢燃料汽车示范运营平台。双方拟通过合资公司在嘉兴市乃至浙江省开展以下合作：加氢站投资和建设；氢燃料车辆示范运营；支持合资公司积极参与氢能源产业其他方面的建设与投资，通过扩大投资与运营规模争取合资公司将来达到上市目标；成立氢能源产业基金。

首航节能则是一家较早从事电站空冷系统研发、设计、制造、销售等业务的上市公司和高新技术型企业。近年来，氢燃料电池成为首航节能重点关注的领域之一。2019 年 4 月，该公司发布公告称，拟以增资控股和收购股权的形式持有新研氢能 51.14% 的股权，成为其第一大控股股东。此次控股后，首航节能将积极推进新研氢能大同子公司年产 10000 套燃料电池的产线项目的建设，正式进入氢燃料电池领域。

4. 外资合资推进的产业组织创新

除以上几种形式之外，一些氢能及燃料电池企业通过与外资企业合作的形式建立新的产业组织。面对北京冬奥会带来的机遇，亿华通在 2019 年 4 月与丰田汽车、北汽福田签署合作备忘录，拟共同合作向北京 2022 年冬奥会提供燃料电池大巴。亿华通将投入大量研发资源开发基于丰田汽车金属双极板电堆的大功率燃料电池发动机，完善技术与产品体系。在燃料电池领域，博世是拥有雄厚实力的外资企业。博世已与山东重工建立了战略合作同盟，共同开发燃料电池以及其他相关技术。作为一家上市公司，成都华气厚普机电设备股份有限公司在2019年4月发布公告，决定与法国液化空气集团旗下的全资子公司ALAT在成都市郫都区共同成立一家从事氢能源市场开发、制造和销售的综合加氢站合资公司，合资公司将投入70Mpa压力等级的氢气加注设备、液氢加注设备的研发和生产。

（二）商业模式创新加快探索

当前，我国仍处于车用氢能产业发展初期，燃料电池汽车生产成本高导致的销售价格高以及加氢站建设难、氢气价格高等问题，需要通过商业模式创新的渠道来破解。国内的氢车熟路、国能联盛等企业积极构建新的商业模式，在降低燃料电池汽车购置及运营成本，以及加氢站建设运营方面取得突破。氢车熟路成立于2017年9月，拥有500台燃料电池物流车，是国内具有代表性的燃料电池车商业化运营平台。氢车熟路主要通过车辆租赁和上线运营的形式，把车辆租给京东、申通、盒马、宜家、弗玛物流、菜鸟驿站等电商物流配送平台进行终端运营。目前，氢车熟路已与燃料电池汽车企业、燃料电池动力系统企业、加氢装备企业及氢气供应企业等车用氢能产业核心主体形成了密切合作关系。通过与上汽大通、一汽、北汽、东风汽车、中通汽车等整车企业及上海重塑能源科技有限公司、张家港富瑞氢能装备有限公司等氢能燃料电池企业合作，共同开发适合城市配送用户需求的燃料电池汽车。同时，氢车熟路与旗下公司嘉氢实业共同推进加氢站及氢能基础设施的建设与运营，保障燃料电池汽车运营所需的氢气加注服务。氢车熟路与中石化上海公司成立了合资公司，正在上海开展2座油氢合建站项目。另外，法液空公司2018年7月入股氢车熟路，在加快推进氢气供应链保障、液氢技术引进等领域深度合作。

在燃料电池物流车运营及加氢站建设运营方面，广东国能联盛新能源汽车有限公司也构建了具有特色的商业模式。国能联盛运营产品以氢能源燃料电池厢式物流车、冷链车和新能源公交车为主，并将运营燃料电池环卫作业车、城际运输重卡等。为提高用户使用便利性，降低用户使用成本，国能联盛氢燃料电池物流车运营采用3种模式：一是合营托管模式，通过合营的模式，在约定的一个条款里面客户扣除直接成本以后，将所达成的利润做简单的分成；二是纯粹的租赁模式，三是平台约车模式。国能联盛已建成氢能源综合运营管理平台，可协同用户、燃料电池汽车、加氢站并实时监控加氢站及燃料电池汽车运营情况，提供精准、全面的综合配套服务，并实现安全管理。国能联盛全资子公司广东国联氢能技术有限公司专注于加氢站投资、运营和氢能技术配套服务，作为佛山市加氢站配套建设和服务的牵头单位，分别与佛山市禅城区、高明区、顺德区政府，深圳国氢成立项目公司，投资建设运营加氢站和制氢工厂，计划3年内构建珠三角氢能走廊雏形。目前，国能联盛建设的禅城国联氢能塱沙站、高明国能联盛氢能有轨电车加氢站、高明国联氢能更合站3座加氢站已投入运营。

四　氢能源总体供给充裕，车用氢气供应相对不足

（一）化石燃料以制氢为主，氢气总体生产规模庞大

我国常见的氢气生产方式主要有三种，即以煤炭、天然气为主的化石燃料制氢，电解水制氢和以焦炉煤气、氯碱尾气、丙烷脱氢为主的工业副产气制氢。据统计，2016年我国氢气产量约为2100万吨。其中，煤制氢占比62%，为主要的氢气来源；其次为天然气制氢，占比19%[①]。我国是世界第一大焦炭生产国，焦炉煤气产量丰富。2018年，我国焦炉煤气产量为1866.7亿立方米。按焦炉煤气氢气含量50%、氢气回收率80%计算，焦炉煤气制氢量可达66.45万吨。我国也是全球烧碱产量最大的国家，2018年全国烧碱产量达3420.18万吨。按每吨烧碱会产生25kg氢气、50%用于氢气提纯、氢气回收率90%计算，我国氯碱尾气制氢量可达34.2万吨。

需要强调的是，我国可再生能源资源也较为丰富。截至2017年底，我

① 中国标准化研究院，全国氢能标准化技术委员会主编《中国氢能产业基础设施发展蓝皮书（2018）——低碳低成本氢源的实现路径》，中国质检出版社/中国标准出版社，2018。

国发电装机容量 177703 万千瓦，其中水电、核电、并网风电、并网太阳能发电合计占比 37.8%，新能源新增和累计装机容量均排名全球第一。在此背景下，国家主管部门已发布相关政策，鼓励地方及企业探索开展可再生能源制氢。2018 年 12 月，国家发改委与国家能源局联合发布的《清洁能源消纳行动计划（2018～2020 年）》指出，探索可再生能源富余电力转化为热能、冷能、氢能，实现可再生能源多途径就近高效利用。

（二）车用氢气供应相对不足，工业副产氢或成近期主导

虽然我国氢气产量巨大，但是主要为工业用氢，用于合成氨、石油加工、甲醇制造等领域。需要注意的是，燃料电池汽车用氢不同于一般工业用氢。根据 2019 年 7 月 1 日开始实施的《质子交换膜燃料电池汽车用燃料 氢气》，适用于聚全氟磺酸类质子交换膜燃料电池汽车的车用燃料氢气需满足相应的纯度及杂质含量要求，特别是硫化物和卤化物含量。

本报告研究团队的调研结果表明，由于车用氢气不同于工业用氢以及燃料电池示范运行规模不大、当地车用氢气需求规模小等，一些规模较大的制氢企业尚未进行车用氢气制备和参与车用氢气供应的相关工作。同时，一些工业副产气制氢企业对车用氢气制备及供应较为积极。上海浦江特种气体有限公司积极在上海化学工业区以化工企业富余氢气为原料建设高压氢气提纯、配送基地和民用液氢装置。公司是上海能源用氢的主要供应商，拥有氢气储运队伍及运营资质，拥有能源用氢定制管理系统。2020 年底，公司在上海化学工业区的副产氢气提纯利用装置制氢能力可达 10000NM^3/h。天津渤海化工集团有限责任公司（以下简称“渤化集团”）氢气来源丰富，煤制气、电解、乙苯脱氢、丙烷脱氢等装置都副产氢气，氢气纯度在 99% 以上，总产能为 26 万吨/年。除自用外，渤化集团目前可调用氢资源约 3 万吨/年。为积极响应天津市发展氢能产业号召，渤化集团拟配套建设加氢母站和加氢站项目，一期 2000Nm^3/h（约 1400 吨/年）质子交换膜燃料电池用氢气输配中心正在加快建设。通过将氢气充装到长管车和氢气瓶后，输配到周边加氢站和下游用氢企业，最终将该项目建设成为面向京津冀地区输送氢能源的

基地。此外，江苏、浙江、山东、山西太原、广东深圳等地石化、炼焦企业也开始发展车用氢气相关业务，积极布局车用氢能产业。

根据以上分析，鉴于我国氢气纯化技术成熟、工业副产气成本低等原因，加之工业副产气制氢企业积极发展车用氢气制备业务和参与车用氢气供应体系构建，工业副产氢有望在近两年内成为燃料电池汽车用氢的主要组成部分。

五　加氢服务能力进一步提升，加氢站审批管理面临破冰

2019 年“两会”期间，“推动充电、加氢等设施建设”首次被写入政府工作报告，引发了投资加氢站建设的一轮热潮。随着国家政策对氢能与氢燃料电池汽车的持续支持及各地区加氢站建设补贴标准及政策的出台，我国在建和规划中的加氢站数量急剧增长。据不完全统计，2018 年底我国建成加氢站 23 座。截至 2019 年 7 月 20 日，我国共建成（包括运营、调试中）39 座加氢站。

（一）加氢站压力等级提高，加氢能力稳步攀升

2018 年以来，我国加氢站数量快速增长，整体上加氢压力仍以 35MPa 为主，70MPa 加氢站也逐渐增多。与此同时，加氢站加注能力规模不断提高，日供氢 1000kg 以上规模的加氢站开始涌现。2019 年以来，我国陆续建成了一批压力等级高、加氢能力强的加氢站。

其中，上海金山驿蓝加氢站和山东潍柴加氢站是典型代表。2019 年 6 月建成的上海金山驿蓝加氢站是目前全球规模最大、等级最高的燃料电池汽车加氢站，占地约 8000 平方米，氢气日供应能力约 2 吨，具备 35MPa 和 70MPa 氢气商业化加注能力，具有氢气加注、鱼雷车充装、燃料电池汽车维护保养和充电功能，每天可为 100 辆大巴、300 辆商务轻客、500 辆乘用车提供加注服务。加氢站位于上海化工区，由驿蓝能源投资建设并运营，林德气体利用园区内的副产氢通过管道为加氢站提供了稳定可靠的氢气气源。作

为母站，该加氢站还可为其他加氢站供氢，这一举措在全国具有示范作用。该加氢站集成了上海舜华新能源系统有限公司开发的第二代 70MPa 加氢机、浙江大学与巨化集团设计制造的 98MPa 钢带错绕式高压氢气储罐等国内最先进加氢站用设备，也引进了林德公司的 IC90 离子化压缩机等国际先进装备，不仅能够减少氢气在压缩过程中的能源消耗和运输过程中的气体损耗，还能有效降低加氢站运营成本，实现经济效率的提高。

潍柴加氢站于 2019 年 7 月建成，采用空气产品公司专有的智佳清 TM 氢能技术和加氢站成套设备，具备 35MPa 和 70MPa 两个压力等级的加氢能力，并采用针对公交巴士，物流卡车和重型卡车的独特设计，是山东省首座固定式加氢站。潍柴加氢站每 12 小时加氢能力可达 1000kg，也是国内首座采用 100MPa 高压储气瓶组储存氢气的加氢站。该站投入运行后，在加注能力和技术上处于领先水平。

除这两个站外，神华如皋加氢站也即将在 2019 年建成投运，该加氢站氢气储存量为 980Kg，日加氢能力约为 2000kg，该站也引进了空气产品公司的加氢机，兼具 35MPa 和 70MPa 双加注压力。

（二）地方政府密集探索，加氢站审批管理期待破冰

氢气是燃料电池汽车运行的保障，而车用氢气的供给又需要通过加氢站来实现。为保障燃料电池汽车示范运行和推进加氢站建设，佛山、武汉等城市发布了加氢站审批管理法规。2019 年以来，山东潍坊、济宁等城市也制定了相应的加氢站管理法规，还有一些地区正在加紧研究。

广东省是加氢站管理法规的先行地区，广东省在 2018 年 6 月发布《关于加快新能源汽车产业创新发展的意见》，明确提出加氢站设计、建设及运营的管理体制和建设标准由省住房和城乡建设厅负责。同时，广东省提出，各氢燃料电池汽车示范市要加快加氢站的规划和建设，编制加氢站试点建设方案。对列入试点建设方案拟建设的加氢站，由各地住建部门办理报建、验收等审批手续。在此背景下，佛山市在 2018 年制定和出台了《佛山市加氢站管理暂行办法》，对包括加氢站报建、设计要求、验收与投产、运营与安

全管理等各个环节做了详细规定。武汉市也是较早出台加氢站管理法规的地区。早在2018年4月，武汉市汉南区就发布了《武汉经济技术开发区（汉南区）加氢站审批及管理办法》，在全国率先对加氢站选址、准入、供地、报建、验收、经营管理等进行了明确规定。

根据本报告研究团队的调研结果，2019年以来已有上海、天津等城市及一些开展燃料电池示范的城市对加氢站审批管理法规进行了研究。其中，山东潍坊、济宁是加氢站管理法规研究的代表性城市。2019年5月，潍坊市出台了加氢站管理办法，即《关于做好全市汽车加氢站规划建设运营管理工作的意见》（以下简称《意见》）。《意见》从行业监管、规划建设、经营服务、安全管理、经营许可等五个方面，对加氢站从规划建设到运营管理工作提出了具体要求，有效解决了当地加氢站建设面临的突出问题。2019年8月，济宁市发布了《关于面向社会公开征求〈济宁市加氢站管理暂行办法〉意见的通知》，针对新建加氢站、油氢合建站等加氢站项目的立项、报建、施工、验收投产及运营等环节做出了明确规定，并明确了加氢站建设审批主管部门。

目前，我国国家层面尚无加氢站建设审批管理法规。地方政府研究、制定和出台加氢站管理法规，反映了它们期望从加氢站建设入手，开展燃料电池汽车示范运行和发展车用氢能产业的愿望。具体来看，地方政府已出台的加氢站建设审批管理法规具有明显的共同特征，主要包括住建部门牵头、由燃气或天然气管理部门负责等方面。

（三）油氢合建站有望成为未来发展方向

油氢合建站是我国当前推进加氢站建设的一种模式，与重新选址建设加氢站相比具有明显优势。我国自2017年开始探索油氢合建站模式，2019年陆续在广东、浙江等地建成，还有一些地区和加油站在谋划油氢合建站建设。

2019年7月，我国首座油氢合建站——中石化佛山樟坑油氢合建站宣布建成。这座站是全国首座集油、氢、电能源供给及连锁便利服务于一体的新型网点，该油氢合建站日加氢能力达到500kg，主要服务周边氢燃料电池公交线路及物流运输车队。樟坑油氢合建站除作为能源供应网点外，还积极打造“车主生活新驿站”，提供汽服、简餐、保险、粤通卡充值、违章代办、旅游定制等22项服务业务，在加油、加氢、充电三大能源供给功能之外，积极向现代化综合服务商转变。按照广东石油的部署，2019年还将在佛山、云浮建成3座油氢合建站。

除广东之外，浙江、北京等地也在积极推进油氢合建站建设。2019年9月，浙江省首座加氢站——中石化浙江嘉兴嘉善善通加油加氢站正式建成。这是浙江省第一座集加油、加氢等功能于一体的综合能源供应站，占地2784平方米，由原来的善通加油站改造而成，拥有2个汽油罐、2个柴油罐、3个储氢罐。该站储氢罐总容量为15平方米，站内设置2台双枪双计量加氢机，日加氢能力可达500kg。2018年7月，中石化发布北京昌平王府加油加氢站设计项目招标公告，表明北京首座油氢合建站工作开始启动。

结合我国当前燃料电池汽车示范运行及加氢站建设进展情况来看，油氢合建站是一种值得研究和推广的模式。2010年发布实施的《加氢站技术规范》为油氢合建站提供了政策法规依据。同时，由于油氢合建站模式经济性显著，如果加氢站与加油站合建，原加油站的站房是可以通用的，可节约建设成本300万~500万元。需要强调的是，依靠石油企业拥有的庞大的加油站销售网络优势，能有效地解决加氢站规划布局和建设等问题。对于我国氢燃料电池汽车推广应用初期，油氢合建站模式更有利于解决加氢站建设难、建设成本高的难题，从而有助于加快我国车用氢能产业发展。

六　国外氢能安全面临挑战，国内氢安全管理受到重视

氢气具有燃点低、爆炸区间范围宽和扩散系数大等特点，长期以来被作为危化品管理。氢气是已知密度最小的气体，扩散系数是汽油的12倍，泄露后极易消散，不容易形成可爆炸气雾，爆炸下限浓度远高于汽油和天然

气。因此，在开放情况下安全可控。相关试验结果表明，与燃油车和纯电动车相比，燃料电池车在事故和极端实验环境下，发生爆炸的可能性最低，安全系数相对更高。系统研究氢有关的特性，并为相关标准和法规的制定提供可靠依据，是氢能大规模市场化应用的重要保障。

（一）国外氢能安全事故对产业发展的不良影响显著

2019 年以来，韩国和挪威相继发生了氢能安全事故，对这两国及氢能产业产生了显著影响。

2019 年 5 月，韩国江陵一个政府研究项目的储氢罐发生爆炸，造成建筑物毁坏和人员伤亡。6 月，挪威首都奥斯陆郊外一座合营的加氢站发生爆炸，造成两人受伤。9 月，韩国一家化工厂发生氢气泄漏事故，导致三人烧伤。事故后的调查表明，挪威加氢站发生爆炸的根本原因是高压储存装置中氢罐的一个特殊插头的装配错误所导致的氢气泄漏，而韩国江陵爆炸的初步原因为氧气进入水箱后产生的火花引起。虽然前两起事故的原因已查明并公布，但事故仍然造成了显著影响。其中，挪威加氢站发生爆炸之后，加氢站供应商挪威氢能源技术公司 Nel 强调在爆炸原因调查结束前将暂时关闭挪威 10 多家加氢站。与此同时，其合作伙伴、加氢站运营商 Uno - X 也宣布暂停奥斯陆加氢服务，丰田和现代汽车都已宣布停止在挪威销售氢燃料电池汽车。韩国的影响更为明显，江陵爆炸发生之后，一些潜在的加氢站运营商开始退缩，事故还引发了韩国民众对自身安全的担忧。

（二）国内氢安全渐受重视，标准法规仍需强化

随着氢能及燃料电池汽车产业的快速发展，氢安全在我国逐渐受到重视。2019 年 5 月，工信部组织全国汽标委编制了 2019 年新能源汽车标准化工作要点，将燃料电池电动汽车领域作为重点领域，并要求开展燃料电池电动汽车碰撞后安全标准的预研工作。作为重要的产业管理渠道，氢安全相关标准一直以来备受重视。我国氢能各相关技术标准委员会积极推动氢能安全技术标准研制工作，加强 ISO、IEC 氢安全国际标准转化工作。截至 2019 年

6 月，我国已发布氢安全直接相关国家标准 20 项，其中车用氢能安全技术标准 15 项，涉及制氢、储氢、加氢站、氢燃料电池汽车等方面。加注安全（加氢站和加氢设施）和燃料电池车辆安全标准相对较多，氢储运安全标准较少。

2019 年上半年，江苏省响水县化工厂发生特别重大爆炸事故，造成了严重人员伤亡。事故之后，应急管理部门组织开展了为期 1 个月的危化品、煤矿、非煤矿山、消防四个行业领域专项执法检查，各地全面开展了危险化学品安全隐患集中排查整治。为进一步做好化工园区、危险化学品企业安全管理，应急管理部于 2019 年 8 月发布《化工园区安全风险排查治理导则（试行）》和《危险化学品企业安全风险隐患排查治理导则》。《化工园区安全风险排查治理检查表》从设立、选址规划、布局、准入和退出、配套功能设施、一体化安全管理和应急救援等 6 个方面、33 项排查内容设计了评估分值，明确了直接判定为不合格的 7 项特殊条款，将化工园区按照得分结果划分为 4 种安全风险等级，以实现分级分类监管，对安全风险等级高的化工园区将实施项目禁批或限批；《危险化学品企业安全风险隐患排查表》以化工过程安全管理要素为主线，细分为安全领导能力、安全生产责任制、岗位安全教育和操作技能培训、设计管理、试生产管理、装置运行安全管理、作业许可管理、变更管理等 14 部分内容，结合事故教训，对于 6 种严重情形提出了刚性要求，同时对排查方式、频次、治理、上报等做出了明确要求，对存在重大隐患的危险化学品企业，要求立即整改，短期难以整改的，依法责令停产停业整改，经整改仍达不到安全生产条件的，依法吊销安全生产许可证。

在我国，氢能作为一种危险化学品管理。氢能安全技术标准是车用氢能产业发展的基础，车用氢能产业链长，涵盖的领域广。明确氢的危险性，对氢安全事故后果及预防开展基础研究，从而为相关标准和法规的制定提供可靠依据，是氢能技术和车用氢能产业可持续发展和应用的重要保障。目前，我国尚未建立系统完善的车用氢能技术标准体系，制氢、氢储运、加注、氢应用、检测等方面的安全标准数量不多，不足以支撑车用氢能产业的规范发展。为此，我国亟须建立系统完善的车用氢能安全技术标准体系。氢能各标准化技术委员会应加强合作，共同推动我国车用氢能安全技术标准的研究。通过进一步加强车用氢能安全技术标准的宣贯与实施，消除公众因对氢能缺乏正确认知而产生的畏惧心理，建设清洁能源体系和绿色低碳社会。

七　加快构建车用氢能体系，有序推进燃料电池汽车规模化示范

（一）日本、韩国进一步完善氢能产业政策体系

2019 年以来，日本、韩国等国家发布了新的氢能产业政策，产品开发方面也取得新的进展。2019 年 3 月，日本经济产业省发布了新版《氢能与燃料电池路线图》，提出了新的发展目标。燃料电池汽车推广应用方面，到 2025 年，日本将年产燃料电池乘用车 20 万台，2030 年产量达到 80 万台；燃料电池客车 2020 年产量达到 100 台，2030 年达到 1200 台；2025 年燃料电池系统价格由目前的 2 万日元/千瓦降至 0. 5 万日元/千瓦，储氢系统的价格由目前的 70 万日元降至 30 万日元。加氢站建设方面，到 2025 年，日本计划设立 320 座加氢站，到 2030 年进一步增至 900 座；到 2025 年，加氢站建设及运行费用大幅下降，其中建设费应由目前的 3. 5 亿日元降至 2 亿日元，运行费用由目前的 3400 万日元/年降至 1500 万日元/年。同时，日本制订了“氢/燃料电池战略技术发展战略”，不仅规定了具体的技术发展项目，还明确了符合《路线图》中每个领域设定的目标。该战略着眼于三大技术领域：燃料电池技术领域、氢供应链领域和电解技术领域，确定了包括车载用燃料电池、固定式燃料电池、大规模制氢、水制氢等 10 个项目作为优先领域，并通过互相合作来促进技术的研究与开发。2019 年 10 月，日本丰田第二代 Mirai 正式亮相。通过全新升级氢燃料电池堆等氢燃料电池系统，第二代 Mirai 续驶里程将提高 30% 。第二代 Mirai 量产车型将会从 2020 年底开始在日本、北美以及欧洲等地销售。

除日本之外，韩国也在2019年发布了新的政策。2019年10月，韩国国土、基础设施、交通和旅游部在全国检查和调整会议上宣布了“氢试点城市推广战略”。“氢城市”是指将氢作为主要城市功能（如制冷、供暖、电力和交通）燃料的城市，将于2022年建成。到2019年12月，韩国将确定三个氢能试点城市，每个城市规划出3～10平方千米，在住宅和交通区域引入和采用氢技术。韩国计划到2040年把全国40%的城市建设成为氢能城市，总计运营825000辆氢能汽车和12000辆氢能公交车。

（二）我国国家层面车用氢能产业政策导向趋于明朗

随着我国车用氢能产业的不断发展，我国国家层面的氢能及燃料电池汽车产业政策导向将逐渐明朗。2019年10月11日，中共中央政治局常委、国务院总理、国家能源委员会主任李克强主持召开国家能源委员会会议，研究进一步落实能源安全新战略，审议通过推动能源高质量发展实施意见。李克强指出，要加快能源开发利用关键技术和重大装备攻关，探索先进储能、氢能等商业化路径。根据《新能源汽车产业发展规划（2021～2035）》（征求意见稿），到2035年我国商用车将实现规模化应用。有序推进氢燃料供给保障体系建设将成为今后车用氢能产业的重要工作。

（三）氢能供给体系建设与车辆规模化示范成为当前两大命题

总体来看，我国车用氢能产业发展取得明显进展。氢能技术工程化及产业化稳步推进，车用燃料电池技术自主化进程加快，优势企业技术研发体系及产品开发体系初步形成，产业组织模式创新趋于活跃，产业配套体系加快建设。同时，加氢技术水平和服务能力进一步提升，燃料电池汽车运营及加氢站建设商业模式逐渐形成。随着燃料电池汽车示范运行区域和示范运行规模的进一步扩大，特别是千辆级规模燃料电池汽车示范城市的出现，我国车用氢能产业将开始由以技术研发为主进入示范运行带动的产业导入期。

然而，我国仍然面临氢燃料电池汽车产业战略定位不明确、燃料电池汽车示范运行方案及加氢站管理法缺位、氢能及燃料电池产业化能力不强、车用氢能供给体系不健全等问题。为有效破解这些问题，我国需要从以下几个方面着手。

1. 明确氢燃料电池汽车的战略定位，完善产业发展领导机制

我国现有的新能源汽车产业导向性政策中多次涉及燃料电池汽车定位，《节能与新能源汽车产业发展规划（2012—2020 年）》提出，到 2020 年实现燃料电池汽车、车用氢能源产业与国际同步发展。《“十三五”国家战略性新兴产业发展规划》提出，系统推进燃料电池汽车研发与产业化。不难发现，由于 2017 年以来我国车用氢能产业发展较快，现有产业导向性政策对燃料电池汽车定位滞后问题已开始显现。为此，我国亟须从战略上高度重视，尽快明确氢燃料电池汽车的产业定位。在新能源汽车产业，已将氢燃料电池汽车定位为一种重要的技术路线和我国“纯电驱动”发展战略的有效实现路径之一，与纯电动汽车互补发展，从而形成未来参与国际竞争的重要战略方向。

为保障氢燃料电池汽车产业发展，我国需要建立以发改、工信、科技、财政、能源五部委为核心，其他相关部委参与的国家氢燃料电池汽车产业发展部际协调机制；建立多部门联席办公制度，重点解决氢燃料电池汽车发展过程中的外部环境制约因素。由国家能源局牵头，建立涵盖住建、应急管理、商务等部门的国家车用氢能工作机制，解决氢气定性、氢能供给、车用氢能产业发展等问题。

2. 研究制定氢燃料电池汽车示范运行方案，完善相关支持政策

我国已在国家层面启动了两批氢燃料电池汽车示范项目，即 UNDP/GEF/科技部“促进中国燃料电池汽车商业化发展”项目和科技部“典型区域多种燃料电池汽车示范运行研究”项目，示范运行规模都在百辆以上。当前，我国氢燃料电池汽车示范运行规模已突破 3500 辆，2019 年底有望突破 5000 辆。其中，上海、佛山等典型城市氢燃料电池汽车示范运行规模有望达到 1000 辆。为此，我国亟须研究和出台氢燃料电池汽车规模化示范运行方案，明确氢燃料电池汽车示范运行的总体思路、组织机构、目标及要求，支持政策、配套措施等核心问题，从而引导示范运行规范、科学推进。

3. 制定加氢站建设审批管理办法

当前，氢气在我国尚属危化品，其作为车用能源的属性尚未明确。因而，加氢站布局和建设受到极大制约。对典型城市的调研表明，除佛山出台了加氢站审批暂行规定之外，其他城市加氢站建设均需按照“一事一议”的方式办理审批手续，或者采用政府特批的方式推进加氢站建设。同时，加氢站建设及运营企业还需到安监部门办理危化品证和气体充装证。由于受到政策约束，典型城市“有车无氢”的问题较为突出。虽然氢燃料电池汽车已经交付，但是由于缺乏加氢站，只能等待加氢站建设或部分氢燃料电池汽车投入运行。

为保障燃料电池汽车示范运行和推进加氢站建设，佛山、武汉等城市在2018年发布了加氢站审批管理暂行办法。2019年以来，山东潍坊、济宁等城市也制定了相应的加氢站管理法规，上海、天津等城市正在加紧研究。为促进车用氢能产业发展，我国亟须从国家层面明确氢气的能源属性，借鉴国外加氢站管理先进经验，吸收地方政府加氢站审批管理的有益元素，研究和制定支持加氢站建设审批管理办法。

4. 提升氢燃料电池汽车产业化能力

我国一批氢能及燃料电池汽车关键技术来源于国家科技研发支持，这也是当前一些关键技术仍然集中在科研院所或科技型企业的主要原因。这些机构或企业产业化能力不足或产业化力度不够，导致我国氢燃料电池汽车技术产业化水平滞后。为此，我国亟须通过鼓励和引导等方式，推进掌握氢燃料电池关键技术的机构和企业与实力雄厚、产业化能力强的企业开展合作。

通过国家科技专项等多种形式，重点支持氢燃料电池系统集成、氢燃料电池电堆，以及膜电极、质子交换膜、催化剂、气体扩散层、双极板等关键材料、空压机、氢气循环泵、加氢枪、氢气管路及阀件等关键部件的技术研发。加快我国现有氢燃料电池汽车及氢气储运、加注等关键技术工程化、产业化。积极推进涵盖车用氢气及燃料电池材料产业、燃料电池汽车产业、车用氢气供给产业及相关生产、测试验证装备产业在内的氢燃料电池汽车产业体系建设。引导实验室研发产品的产业化和工程化。加大对产业化和工程化产品的政策支持力度，对技术指标实现突破的实际应用产品，给予一定的支持。对替代进口的关键核心部件的产业化和工程化，给予支持，以降低关键部件成本，提升国产化率。

5. 构建车用氢气供给体系，研究相关支持政策

不同于工业用氢，氢燃料电池汽车用氢需满足相关纯度和杂质含量等要求。并且，作为一种车用能源，车用氢气还需满足大规模、低成本持续供应等需求。从供给端来看，一般技术路线的制氢成本均在 40 元/kg 以下，煤制氢、工业副产氢制氢成本可低至 15 元/kg。然而，根据本报告研究团队的调研结果，我国开展燃料电池汽车示范运行城市的车用氢气价格多在 60 ~ 80 元/kg，个别地区甚至在 100 元/kg 以上。这表明，氢气储运技术及装备滞后，以及制氢企业、氢气储运企业和加氢站运营企业缺乏合作等问题，导致车用氢气供给不足或供给渠道不够畅通，这又导致储运和加注环节提高了车用氢气成本。而制氢企业、氢气储运企业和加氢站运营企业合作程度低导致的车用氢气供给体系不完善是造成车用氢气成本较高的主要原因。

为破解车用氢能供应不足、价格偏高等问题，我国亟须鼓励和引导制氢企业、氢气储运企业和加氢站运营企业等车用氢能供给主体积极参与，加快形成车用氢气供给共识和构建初步的车用氢气供给体系。而加快研究和制定车用氢能供给支持政策，无疑是破解这一问题的有效途径。为此，我国亟须研究加氢站建设运营、车用氢气定价等相关政策，围绕制氢企业和氢气储运企业商业化供氢需求，加快制定配套支持政策和完善相关标准法规。

专家视点篇

Expertise Viewpoint

B.2 专家评述车用氢能产业发展

陈清泉*

香港大学教授、中国工程院院士

柴茂荣

国家电投氢能发展有限公司首席技术官

车用氢能产业：氢能产业的发展需要跨界技术协同共进

氢能是一种绿色高效的二次能源，具有来源广、热值高、清洁无污染、利用形式多样、储运方便和安全性好等优势。氢能是能源领域的未来之星，很多专家称其为终级能源，认为人类最终应走向氢能社会。我国科技部门和

* 照片为陈清泉院士。

一些大学、研究机构，较早关注氢能的发展和利用。

国家通过设立科技规划项目等方式支持氢技术的前期研究，为今天氢能产业化发展奠定了基础。2010 年，我国把电动汽车上升为国家战略，重点发展基于车载储能电池的“纯电驱动”汽车。在当时，这是一项风险很大的战略决策。十年之后证明我们的路走对了，成了领头羊，但我国政府的科技和产业部门始终保持着清醒的头脑。

从长远看，氢燃料是汽车能源的一种终极解决方案，所以我国对氢燃料电池电动汽车的研发一直没有停顿。近年来，随着技术的进步，国家政府部门和上海、武汉等一些城市相继出台指导性文件，在研发产业基础设施等方面出台了一系列的支持政策，引导并鼓励氢能和氢燃料电池技术的开发。国内的大学、研究机构和汽车企业加大了研发投入强度，并取得了阶段性的进展。可喜的是，当前中国的大型能源公司开始高调进入，纷纷将氢能纳入公司的发展战略，加大对氢能技术的研发投入。

相关零部件和专业性公司也在快速发展。2017 年，全国燃料电池商用车的产量达到了 1226 辆，燃料电池电动车开始进入试运行阶段。但是，从运用期向产业化转型是一个十分艰难的过程，一些发达国家和跨国公司对此已经做了长期的努力，有的半途退出了，我国企业对此要有充分的准备。

有两点值得注意。第一点，氢能是一种普适性的能源，氢燃料电池是一种普适性的转换装置，但它在开发和利用中，难度最大、最典型的应用场景是氢燃料电池汽车，把它作为氢能利用的技术突破口是很好的选择。第二点，氢燃料电池汽车与储能电池的电动汽车不是一般的替代关系，两者在行驶中都是零排放，在不同的运行场合却各有所长。所以从长远来看，车载动力电池的电动汽车与氢燃料电池汽车将是并行发展，不可顾此失彼。

氢能产业的发展涉及跨界技术的协同，涉及产业链的重建，涉及产业政策、能源政策、基础设施、商业模式以及技术标准、政策法规等诸多领域的配合，这是一个大的系统，需要官、产、学、研的齐心协力。

基于氢能发展具有巨大的正外部性和系统性，政府应该承担起统筹各方、促进建立良好产业生态的责任，发展过程的推动力应该充分发挥市场的力量。只有从未来的能源结构、人类生存和生活环境以及全产业链的角度来观察氢能、发展氢能、系统规划，才能使氢能造福社会的潜能较早地充分发挥。

郭焦峰

国务院发展研究中心、资源与环境政策研究研究员、博士生导师

以“五化理念、四个变革”推动氢能和氢燃料汽车产业可持续发展

从原料生产和燃料生产、运输、加注到使用的全生命周期衡量汽车的排放水平来看，以煤炭为资源的排放水平最高而可再生能源最低。氢能是二次能源，目前其主要来源于煤炭、石油和天然气、可再生能源。这些由不同资源加工转化而来的氢能具有不同的温室气体和污染物排放量，构建清洁低碳、安全高效的能源体系必将选择以可再生能源为资源的氢能。假定燃料载体为5座乘用轿车，对汽油、柴油、CNG、LNG和电力用能的能耗和电耗参数均参考美国环保部（EPA）公布的数据。能耗方面包括煤炭、石油和天然气、电力的消耗，排放包括三种主要的温室气体CO_2、CH_4、N_2O及六种标准污染物VOC、CO、NO_X、PM10、PM2.5和SO_X。GHGs（Greenhouse Gases）表示三种温室气体的等效二氧化碳当量，根据政府间气候变化专门委员会IPCC第五次评估报告的推荐，每种温室气体的全球变暖潜势（GWPs）设定CO_2为1、CH_4为30、N_2O为265。在目前我国能源结构中煤炭占比接近60%、煤电占比高达70%以上的情况下，通过比较分析从矿井到车轮（Well to Wheel），包括第一阶段从矿井到加注机/充电桩（Well to Pump）和第二阶段从加注机/充电桩到车轮（Pump to Wheel）不同燃料载体汽车的排放水平可以看出：第一阶段，等热值的电力温室气体和二氧化硫排放量分别是其他燃料的6倍和15倍左右；第二阶段，在驾驶过程中电动汽车和氢燃料汽车的各种排放几乎为零；将两个阶段综合来看，电动汽车和氢燃料汽车的PM10、PM2.5和SO_X分别是其他燃料汽车的4倍和5~10倍。

不忘氢能利用初心实现“五化”目标。从人类社会历史进程来看，人脚力—马力车到油动车—气动车—电动车（电动汽车和氢燃料汽车）的出行方式，以依靠体力逐步转变为主要依靠动力，并越来越便利。综合而言，人类出行方式的发展路径主要受四个因素影响，即便利性、安全性、经济性和清洁低碳性，其中出行便利和清洁低碳是人类出行方式选择中最重要的考量因素。随着5G技术、物联网技术、新一代信息技术及光伏和风力发电技术、电池技术、电控技术和整车技术的不断创新和突破，电动汽车（从电力电池到氢燃料电池，并发展到无人驾驶）将成为人类出行的主要方式之一，不仅是“代步工具”且将成为人类“住行玩”的重要方式。汽车将逐渐步入“双零时代”，实现智能化、网联化、电动化、共享化、绿色化“五化”，最终做到零碳排放、无人驾驶。

以产品质量变革、生产效率变革、科技创新变革、体制机制变革“四个变革”推动氢能和氢燃料汽车产业可持续发展。产品质量变革是要注重提高氢能的纯度，通过技术攻关和精细化管理，力争使氢气纯度达99.999%，以满足氢燃料汽车的“严苛”需求；生产效率变革是要氢气的生产、运输、存储、使用等各个环节做到清洁、高密度、轻便、安全且经济，这需逐步提高氢燃料电池的热力学、电化学、发电等环节的效率和全生命周期的总效率，有效延长使用寿命、降低成本；科技创新变革是要通过技术革命，从各个环节推动技术创新，并同新能源技术深度融合，形成自主可控的技术和装备体系，带动氢能和氢燃料汽车产业升级；体制机制变革是要健全市场体系，吸引多元主体有效参与，充分发挥市场配置资源的决定性作用，同时更好地发挥政府作用，构建统一开放、竞争有序的氢能市场体系。

韩敏芳

清华大学教授、中国能源研究会燃料电池专委会副主任兼秘书长

广谱燃料 SOFC 动力系统前景可期

燃料电池发明于1839年，是一种无须经过燃烧过程直接将燃料的化学能转化为电能的高效、清洁发电技术。经过180多年的发展，现阶段在低温（~80°C）下工作的质子交换膜燃料电池（PEMFC）在世界范围内已经开始进入商业化；而工作温度最高（700~950°C）、技术难度也最高的固体氧化物燃料电池（SOFC）技术在近十年来逐渐突破走向应用，吸引了越来越广泛的关注，展现出良好的商业推广应用前景。

SOFC 既可以使用纯氢气燃料，表现出高性能和高稳定性，又可以直接使用煤气、天然气、生物质气以及甲醇、乙醇、汽油、柴油等各种多组分燃料，燃料适应性强，很容易与现有能源供应系统兼容；高温运行的 SOFC 具有更高的发电效率（一次发电效率45%~60%，热电联供总效率90%）；SOFC 由过渡金属 Ni、轻稀土等功能氧化物陶瓷组成，具有全固态结构，运行寿命长（目前达到8万小时）；不需要贵金属催化剂，设备成本和发电成本更低。采用多种燃料的 SOFC 技术在分布式发电/热电联供系统、大型电站等领域在发达国家已经开始进入商业化运行（最长10年）；使用广谱燃料（醇类、汽油、柴油等）将 SOFC 动力系统应用于车、船、航空器的主动力或增程式动力，目前也已经在世界上获得成功。

2016年6月，日本日产汽车公司发布了世界上首款以 SOFC 为主动力的“e-Bio Fuel-Cell”原型车（e-NV200），配备了5kW 的 SOFC 发电模块和容量为 24kWh 的储能电池模块，将生物乙醇作为燃料，一次加注 30 升，续航里程达 600km。2018 年 4 月，美国洛克希德马丁公司推出最新型号的无人机（Stalker XE“潜行者”），配备了 245W 的 SOFC 发电模块和锂电池模块，采用丙烷燃料（液态），飞行时间超过 8 小时，充分证明了 SOFC 作为动力系统广泛应用的可行性。此外，美国 Delphi、奥地利 AVL 等公司均开发了以柴油为燃料的 SOFC 辅助动力电源模块。

从技术角度而言，采用甲醇、乙醇、汽油、柴油等作为 SOFC 燃料来源都是可行的，只需在电池堆前添加燃料净化和重整器，将液体燃料重整为合成气即可供给 SOFC 使用；同时，电池堆产生的热量还可以供给重整器使用，能够实现发电系统的高效自维持运行。此外，SOFC 增程式动力系统可以实现燃料电池与蓄电池的优势互补，能够有效解决纯电动汽车行驶路程短、续航能力不足的问题，尤其适合应用于中长途行驶的商用车辆。

将采用液体燃料的 SOFC 技术应用于新能源汽车领域，可以实现燃料的便捷加注、延长续航里程，能够克服氢燃料电池汽车对于加氢站建设和锂离子电池电动车对充电桩建设的硬性需求，实现燃料电池与蓄电池的优势互补，是世界范围内新能源汽车发展的一个重要方向，也为我国新能源汽车发展提供多技术互补路线，还可以应用于某些高需求极端服役条件，有可能成为我国新能源汽车产业的重要技术途径。

当然，还需要充分认识到，在高温下工作的 SOFC 发电技术是典型的多学科交叉的高门槛技术，美国、日本和德国等发达国家技术成熟度较高，但是关键技术和产品一直对我国封锁保密。我国在 SOFC 领域的发展起步较晚，目前初步打通了从原材料、关键部件、电池堆组装到千瓦级发电系统集成的产业链，与发达国家还存在较大差距，亟须进行进一步的示范工作和实践检验。现阶段应当以《能源技术革命创新行动计划（2016～2030 年）》等国家规划和部署为契机，广泛开展 SOFC 动力系统和分布式供能等示范项目，在示范运行过程中不断推动技术研究和自主研发，为 SOFC 技术全面产业化奠定基础、积累经验。

景春梅

中国国际经济交流中心信息部副部长

(主持工作)、研究员

氢能产业发展需关注六大问题

一　对氢能的应用不能局限于“一窝蜂”式造车

国内氢能发展的所有注意力几乎集中在交通领域，各大车企都在积极布局氢燃料电池汽车。实际上，氢能在农业、工业及第三产业中都有广泛用途，氢对能源体系的作用也是多方面的，在发电、储能、建筑等领域，氢能都将大有可为。日本将家用分布式热电联供系统和氢燃料汽车作为发展重点，韩国、欧美等也将氢能拓展到船舶、列车、无人机等装载、物流及农林作业等应用场景。我国需要以更宽广的视野，更全面地挖掘氢能的价值和潜力。

二　协调好氢燃料电池汽车与电动汽车的关系

在纯电动、混合动力和燃料电池等三种不同的新能源车技术路线中，氢燃料电池汽车产业如何定位，直接决定未来政策导向。氢燃料电池与纯电动汽车不是相互排斥的，在不同应用场景二者可互为补充。相对于远程公交、双班出租、城市物流、长途运输等交通方式，氢燃料电池汽车具有清洁零排放、续航里程长、加注时间短等特点，是适应市场需求的最佳选择。并且，氢燃料电池汽车能满足极寒天气地区的使用需求。可适时将产业化重点向燃料电池汽车拓展，在运输需求大及环保要求高的区域优先开展氢燃料电池汽车示范应用，以点带面，推动产业又快又稳发展。

三　政府应集中发力基础研究并助力突破关键技术

长期以来，我国对产业的支持有重应用、轻研发的倾向。在科技领域，我国基础研究实力较为薄弱，独到创新不多。而实际上，基础研究的厚积薄发才是产业可持续发展的动力源泉。当前，我国车用氢燃料电池铂担量高，膜电极、双极板等关键部件寿命短，衰减机制尚不明确，控制策略也有待完善。为使燃料电池产业化拥有足够的技术支撑，迫切需要加强对燃料电池的材料新体系及其电化学机理过程的研究，政府资金应在基础研发环节集中发力，尽快突破核心技术和关键材料瓶颈。不仅如此，政府应做好统筹助力突破关键技术。日本通过隶属于经济产业省（METI）的新能源产业技术综合开发机构（NEDO）的良好机制，组织产业链龙头企业参与，汇聚政产学研用力量集中进行科研攻关，知识产权实行内部共享，有助于快速实现技术突破，也避免了分散研发带来的资源浪费和恶性竞争。近年来我国企业自主研发的意识增强，不少涉氢央企、国企和民企各自都在瞄准燃料电池电堆技术进行研发，但基本上是各自为阵，技术路线各异、专业人才稀缺、圈内互相挖人现象突出，日本的做法值得借鉴。

四　自主技术突破前应把握终端应用节奏

“中芯事件”提醒我们，自主创新没有突破之前，大规模推广终端应用易导致核心技术受制于人。虽然有扎实的技术积累，但鉴于氢源和成本问题未得到有效解决，日本和韩国等产业化先行国家均对下一步市场推广持谨慎乐观态度。我国尚未突破关键技术，氢燃料电池汽车产业链利润大多在上游电堆环节，核心技术在国外，而这些国家在技术研发上投入多年尚未获得回报，正面临成本亟须摊薄的困境。此时我们大规模敞开市场，必将导致产业链利润大幅外流，出现“花自己的钱，帮别人开拓市场”的尴尬局面，也就真正助力了对方氢能社会的实现。当国际经贸关系不佳时，极易受制于人。因此，终端市场的推广应与我国自主创新进度相匹配。

五　防范产业无序竞争和产能过剩风险

氢能产业横跨能源、材料、装备制造等多个领域，既能有效带动传统产业转型升级，又能催生新产业链，整合带动效果突出。在近两年不断高涨的“氢能热”中，不乏苦练内功、稳扎稳打的企业和立足自身条件实事求是发展产业的地方政府，但也有一些地方为了追求短平快的政绩，和追求暴利的企业结合起来，不顾当地资源环境条件一哄而上布局产能。初步统计，全国已有 20 多个省区市发布了氢能产业发展规划，规划的氢燃料电池电堆总产能超过 1500 兆瓦，燃料电池汽车产能总计超万辆，跟风冒进现象严重。日本东丽公司历经百年深耕细作，成为全球顶级材料供应商，膜电极用膜和碳纤维占据全球最高份额。近年来将业务扩展至膜电极，但东丽公司表示产业链延伸到此为止，绝不涉足电堆，并表示当前还不会大规模扩张碳纸产能，其专业精神和谨慎态度令人深思。

六　立足国情科学谋划氢能定位

日本虽然在 20 世纪 70 年代石油危机后便开始了对氢能的研究，加速氢能发展却是在福岛核事故之后，主要目的在于实现“氢电共存”，解决能源短缺、缓解环保减排压力，并重新掌握在全球能源和新能源汽车发展方面的技术主导权。韩国也是个能源高度依赖进口的国家，发展氢能与日本初衷相似，同时希望通过发展氢经济来提振近年增长乏力的经济态势。我国资源能源禀赋多样，对能源的选择及经济调控的回旋空间较大，应切实从国情出发，根据我国能源战略和产业发展需要，从全产业链系统谋划，科学理性地明确氢能定位。

欧阳明高

清华大学教授、中国科学院院士、“十三五”国家重点研发计划《新能源汽车》重点专项总体专家组组长

从更广阔的视野看待氢燃料电池机遇与挑战

一　发展新能源和新能源汽车是大势所趋

从能源的交通发展趋势看，电动化、低碳化、智能化是大势所趋。

1. 电动化是动力革命

电动化是动力革命，但不是能源源头革命。油电混合动力汽车、纯电动汽车、氢燃料电池汽车都属于电动化。动力革命目前正在推进，而且技术逐步趋于成熟。比如，近 10 年内纯电动汽车锂离子电池性能提高 2 倍以上、成本降低 80% 以上，这就是一场电池革命。中国抓住了这个机遇，如果没有电池革命，新能源汽车不可能像现在这样得到大规模推广。如今，北京道路上行驶的车辆有 20% 都是纯电动汽车。再如，氢燃料电池技术尤其是车用质子交换膜燃料电池技术也取得了革命性的突破和进展，业内比较熟悉的就是丰田的燃料电池技术。预计在今后 5 年左右，燃料电池技术基本趋于成熟。此外，油电混合动力技术也不容忽视，它将在市场上占据重要位置，未来燃油车会以混合动力的形式在相当长时间内持续发展。

以上三种车孰优孰劣，现在还不好下结论。从效率角度看，这三种车相差不多；从全生命周期效率来看，也很难一较高下。有人认为氢燃料电池效率最高，那是基于以天然气为能源源头计算得出的，如果将天然气换成汽柴油则并非如此。以上三种电动化所相配的能源，也就是燃料，都有各自的最佳组合，能够达到差不多的效果，所以很难对比，这就需要借助第二“化”，即能源低碳化进行更好的对比。

2. 动力和能源相结合能实现能源低碳化

低碳化，就是要减排二氧化碳，这就不得不提到风能、太阳能等可再生能源，尤其是光伏的发展。现在光伏效率基本已突破20%，下一代技术是向30%进军，而且发电成本和煤电不相上下。光伏既包括集中式光伏，也包括分布式光伏，现在分布式光伏发展更快。中国是世界光伏第一大国，集中了全球70%的产能。可以说，在可再生能源发展方面，中国处于世界前列。选择低碳发展道路，是中国政府向全世界的承诺，习近平总书记关于能源生产与消费革命的讲话，其中重要一点就是能源低碳化。如果把动力电动化与能源低碳化结合，就能使不同种类车辆比出高低。因为只有搭配可再生能源，才有可能实现真正的低碳或者近零碳排放。

在这个前提下可以发现，锂离子电池、燃料电池搭配可再生能源的时候优势凸显。其中，纯电动汽车更适合分布式可再生能源，笔者认为，锂离子储能电池和分布式光伏是绝佳搭配，未来发展空间广阔。

关于集中式可再生能源，我国很多可再生能源基地都建在内蒙古、青海一带，也包括张家口。之所以在这些地区建设可再生能源基地，是因为相比东部地区，这些地区光照时间长、发电时间长、成本更低。此外，还有能量输送等原因。对于这些可再生能源集中式基地，用锂离子电池储存并不是最佳选择，相比之下，将其变成氢气是全球认同的主要的可再生能源储存手段。

所以，可再生能源和锂离子电池、氢燃料电池相结合有两种途径：分布式储能需要锂离子电池和纯电动汽车；集中式、长周期、大规模的储能，需要氢能及燃料电池。由此，汽车动力和能源紧密配合，从而实现能源低碳化，这也是发展新能源汽车的原因。

3. 智能化将全方位整合能源、交通、信息

智能化是一场更大、更广泛的革命，人工智能、大数据、互联网等席卷全球，影响各行各业。对于汽车行业来说，自动驾驶、工业4.0、智慧能

源、能源互联网等都与之相关。对于分布式光伏和电动汽车，最好的前景就是形成移动能源互联网。如今，手机已成为移动信息互联网，将来汽车会变成下一个巨大终端。最近华为开始进入汽车领域，一方面是5G的发展将支撑起智能汽车网络基础设施，另一方面是智能手机所有的应用都可以在汽车上全方位使用，而且汽车是一个有更多零部件、更大产值、更综合的系统。所以，将来的汽车有可能属于ICT（信息和通信技术）行业，因为ICT变成了汽车的核心。

电动化、智能化、网联化、共享化是全球汽车行业正在流行的“新四化”，但网联化和共享化只强调了信息革命，没有强调能源革命。如果所有的电动汽车只要停驶就能接到智能电网或者由微网组成的能源互联网上，那么储能规模将无比巨大。2030年之后，新能源汽车保有量或将超过1亿辆，车载电池总能量将超过60亿度，这是一个巨大的数字。

通过智能化，可以把能源、交通、信息全方位整合，也就是说，未来社会将是绿色、低碳、智能化的社会，整个经济也将全方位转型升级，所以要在这个大背景下谈氢燃料电池。或许有人认为这个设想太遥远，但我国最近正在启动《新能源汽车产业发展规划（2021～2035年）》的编制工作，按笔者的判断，到2035年，包括混合动力汽车、纯电动汽车、燃料电动汽车在内的车辆将成为绝对主体，占比在90%以上，能源低碳化和智能化（如具有各种自动驾驶功能的汽车）也将成为主体。根据国家发改委公布的能源规划，到2030年，我国非化石能源装机量将达到50%，到2035年，将成为装机量主体。笔者认为，到2035年非化石能源发电量也会达到50%，这是一个宏伟目标，但并非遥不可及。

二　氢燃料电池发展面临多重机遇和挑战

必须在大背景下看氢能，定位氢能。氢能是未来在可再生能源背景下的两个主要能源载体之一，另一个是电能。当然，笔者认为电能还是能源主体，氢能不可能超过电能。现在有人谈氢能，往往把氢能和石油、天然气、煤炭并列，笔者认为这种谈法不妥，因为氢能只是一个能源载体，属于二次能源，不是一次能源。在这个前提下，氢燃料电池目前的发展机遇和挑战是什么？

1. 从更广阔的视野看氢能燃料电池的应用

目前，我国正在修订氢燃料电池汽车路线图，2016 年曾发布第一版，当时提出力争到 2030 年，氢燃料电池汽车总保有量达到 100 万辆、加氢站 1000 座。有人认为，在目前的氢能热潮下，这个数字定低了，笔者不这么认为。如果仅仅从车辆上看，可能到 2030 年应用更多的是商用车，对于商用车来说，100 万辆已经是一个庞大的数字。至于轿车，氢燃料电池要想在短期内全部取代纯电动轿车也不太可能，所以应该从更广阔的视野来看待氢燃料电池。

对于氢能，不能仅仅从车辆的角度看，更不能仅仅从轿车角度看，而应从能源角度、从新能源角度、从可再生能源发展角度看待其更广阔的应用。笔者认为，锂离子电池动力系统更多的是替代汽油机，氢燃料电池动力系统更多的是替代柴油机。除了汽车之外，轮船、飞机、潜艇、火车、作业机械等都会采用氢燃料电池动力系统，应用范围很广。

2. 氢的储运是最大挑战

重点说一下燃料电池商用车，中国正好是燃料电池商用车的领先国家，我们商用车现在实际运行的估计有 2000 辆，我们的燃料电池混合动力还是比较成功的。面向 2035，首先是氢燃料供应问题。我们知道商用车和乘用车所要求的氢用量差别很大，一个乘用车大概每年 150 公斤氢足够，但是一个商用车就算是 7.5 吨物流车一年也要 2 吨氢，12 米的大客车一年要 4 吨左右氢，49 吨的大卡车一年需要 10 吨氢，目前的氢产量完全满足 2035 供氢需求。我国目前副产氢和弃光、弃风、弃水的电至少做到 500 万吨，有人说是 800 万吨甚至 1000 万吨。

燃料电池发动机技术面向 2035 可以满足规模应用需求。再过 5 年，将会趋于成熟。最近这几年中国燃料电池进展非常快，膜电极、电堆、发动机全产业链已经打通，全球资源正在向中国汇集。

挑战在哪里呢？氢燃料电池商用车产业链瓶颈不在两头，而在中间，就是车下运氢、车载储氢和氢能加注。第一，我们知道商用车对燃料成本非常敏感，比乘用车敏感。第二，耗氢量大，意味着车载氢瓶多，所以车载氢瓶在动力系统中体积最大，安全最敏感，成本将变为最高，这是我们没想到的。第三，加氢占用加氢站时间长，占地面积大，一个商用车本来体积就大，还有安全距离，使单站服务的车辆数量减少为乘用车的1/3。我国一个加油站对应1650辆乘用车，但是商用车只能对应300多辆车，这差别是很大的。

首先要考虑面向2035以商用车为主百万量级推广的氢输运瓶颈。现在20MPa长管拖车运氢，一个30吨的大卡车装300~350公斤氢，这从经济角度是不能支撑氢能大规模发展的，亟须转型为30MPa，逐步上升为50MPa，减少运输成本。液态储氢是有优势，但是关键部件需进口，建设周期较长，总体储运能力不够，现在全球氢液化工厂的总能力为15万~20万吨，面向2035可能需要200万~300万吨。

其次是车载储氢瓶，35MPa可以支撑城市公交250公里左右续驶里程、中级物流车300公里，70MPa可以支撑城际客车400公里、重型物流车500公里。想装得更多就需要车载液氢和深冷气氢，但是这个技术还要5年探索之后才能确定大规模应用的可行性。

最后是加氢站瓶颈，全球360座加氢站，绝大多数都是小型站，最高每天1.25吨，中国有16座，每天总加氢能力8吨，每个站500公斤，最高的是张家口加氢站。现在张家口加氢站是全球加注能力最大的加氢站，每天1.5吨，服务50辆客车。按照2030年供氢200万~400万吨，每天平均5000~10000吨，取中间数8000吨，就是现有8吨的1000倍。基于我国的经验，综合考虑各种因素，单站服务车辆数量如果全是中重型商用车，上限就是100~200辆。怎么办？第一，进一步提高动力系统效率，降低车的氢耗。第二，适当改变车型结构，也就是说不能全是商用车，大型SUV是可以的。现在都是规划发展多少车，要求建多少加氢站。我们也可以反过来根据加氢能力来决定车的规模。因此，可以对2016年路线图做一个小小的修改，2020年确保5000辆，力争1万辆。2025年前基于20PMa运氢，35MPa车载储氢，因地制宜，辐射半径150公里，车辆规模达到5万~10万辆。现在关键问题是从5万~10万辆上升到100万辆，这要突破上述三个瓶颈，然后把各城市连接起来形成全国一条链，才能在2030~2035年实现100万辆的目标。

王云石

加州大学戴维斯分校教授、中国交通能源中心主任

加州与中国合作很有必要

美国加利福尼亚州（简称加州）与中国在氢燃料电池汽车与氢能基础设施发展方面合作大有必要。加州是世界上最早把氢燃料电池车作为零排放汽车积分政策的一部分，并考虑氢燃料电池汽车开发的艰巨性，给予最高的积分。同时在与其他零排放汽车联盟州的结算中，允许在加州销售的氢燃料汽车在其他州能同时得到相应的积分并重复计算。根据前州长的行政命令，加州的目标是到 2025 年总量达到 150 万辆零排放汽车（包括燃料电池车），2030 年车队总量达到 500 万辆。加州法案拨出 2000 万美元支持到 2025 年达到 100 个加氢站，到 2019 年 7 月 1 日，在加州的路上有 7730 辆燃料电池乘用车，另外有 31 辆燃料电池大巴，零售加氢站有 40 个。目前正在设计生产的燃料电池大巴和穿梭车有 25 辆，燃料电池卡车有 35 辆以上，零售加氢站有 24 个。在加州，氢燃料电池乘用车主要集中在大洛杉矶地区和旧金山湾区。

但是随着国际特别是中国的零排放汽车产业和技术的高速发展，现在看来氢燃料电池技术在乘用车领域与纯电池技术竞争毫无优势。唯一有希望的是在中重型卡车和长途客车领域。但美国包括加州对这些车的需求并不大，而中国有规模市场的优势，2019 年的目标据说就达上千辆氢燃料客车。要降低这类车在全球的成本必须有中国的参与和推动。基于此，加州与中国在新能源客车、卡车方面的合作就变得非常紧迫了。加州需要价格上有竞争性的氢燃料商用车，而加州在推动氢燃料乘用车和建立优化加氢站网络方面对中国也有借鉴作用。更重要的是，中国、加州和日本及欧洲主要国家需要在燃料电池汽车的标准、加氢系统的标准和加氢站的安全标准上达到统一以降低生产成本。在制氢技术方面也需要更密切的合作以摆脱以化石燃料为主的制氢方法。加州大学戴维斯与中汽中心合作的中、美、荷三国新能源汽车政策实验室可以进一步促进中、美、欧三方的合作。

工作艰巨，前途无限。

陈清泰

中国电动汽车百人会理事长

电动汽车发展态势与燃料电池汽车

氢能与氢燃料电池是可再生能源发展的一大支柱。在这个领域近年来有很大的进步，已开始进行示范应用。我国应抓住机遇加大研发力度，建立自主可控产业链，掌握核心技术、突破储运难点和核心零部件的研发与生产，争取发展的主动权。

氢能与氢燃料电池是一种普适性技术，但当前竞争的焦点则在氢燃料电池汽车。本文仅就电动汽车发展态势和电动汽车两种技术路线表达几点意见。

一 电动汽车的发展态势值得特别关注

新能源汽车产业化，我们先走了十年，最大的成就是实践证明我们选择的储能电池技术路线是可行的，而且得到了全球认可。这就给我国留出了非常宝贵的十年的时间窗口，使我们赢得了某些“换到先行”的先发效应。

2016 年是一个标志性年份，欧盟等一些主要国家和大型汽车公司，包括丰田公司都由观望转向行动，纷纷向储能电池的电动汽车转型。力度之大超出了人们的预期。

2019 年又是一个重要的年份。全球最强大的汽车公司，由原来的竞争对手，转向联合应对，出现了一波重组的浪潮，来势十分凶猛。丰田联合马自达、铃木、斯巴鲁、日野、大发和电装共同开发电动化基础平台。还联合软银和其他七家汽车公司共同成立移动生活服务平台，进军未来出行。大众与福特宣布合作，建立电动化平台和自动驾驶平台。宝马与奔驰也在自动驾驶上携手合作，并合并旗下的出行、充电、停车等业务部门。通用则与本田合作。特斯拉、谷歌、苹果也在虎视眈眈。种种情况显示，汽车产业正再次成为主要国家产业竞争的焦点。

如上重组的结果，将使每个电动化平台都分别支持百万辆至数百万辆级汽车产品，形成巨无霸的技术优势、供应链优势和成本优势。我国企业如何应对这一发展形势，很值得研究。

二　燃料电池汽车即将进入产业化

美、日、欧盟等主要国家将燃料电池汽车纳入国家或地区战略发展体系，推动配套设施的建设、设立专项进行研发与示范推广，并制定各种政策抢占先机。例如，日本计划到 2020 年普及约 4 万辆燃料电池汽车，建设 160 座加氢站；德国计划在 2023 年左右普及 10 万辆，建设 400 座加氢站。总体看，目前全球燃料电池汽车已进入市场示范阶段，预计在 2020 年后将开始小规模产业化。

我国是全球最大的汽车生产基地和销售市场，面对百年来汽车产业最重大的技术变革，我们已经输不起。在储能电池上我们带了个头，在燃料电池上也要搭上这班车，否则将错失走向汽车强国的战略机遇。

近两年，国家相关部委密集出台政策，大力支持燃料电池汽车发展。提出：2020 年实现 5000 辆级、在特定地区公共服务用车领域的示范应用，建成 100 座加氢站；2025 年实现 50000 辆规模的应用，建成 300 座加氢站；2030 年实现百万辆燃料电池汽车的商业化应用，建成 1000 座加氢站。

上海制定《燃料电池汽车发展规划》，广东、湖北等地纷纷成立氢能与燃料电池汽车产业基金，助推基础设施建设、形成产业集群，开展具有一定规模的示范应用。一些技术创新公司专业化研发燃料电池相关技术、零部件和发动机，开启了产业链的建设。值得注意的是我国一些大型能源公司启动。他们的进入会带来新的思维，注入强大的技术与资本，形成新的动力。

三　几点判断和对策

2019 年上半年，在汽车市场走低、补贴退坡的情况下全国新老新能源车企的新能源汽车产销量无一超过年度计划的 50%，在企业利润大幅下降、电池和整车企业开始经受大浪淘沙磨难。

向前看，跨国公司重组后巨无霸的储能电池电动车的平台效应，将强有力地挑战中国车企的“各自为战”；特斯拉的进入，对国产中高档车造成很大的压力。这类事态还在发展。近十年来，我国新能源汽车取得了举世瞩目的成就，毋容置疑。但还没有赢得不可动摇的优势地位，对我国电动汽车，特别是作为主力的乘用车的竞争力还不可估计过高。

目前我国储能电池的电动车尚未完全站住脚，燃料电池的国际竞争又起，一些车企兼顾两头，已感力不从心。社会舆论面对两种技术路线也很纠结，不知所措。

当前，通过广泛研讨合理地摆正两者关系至关重要。针对当前发展态势，可以做出几点判断。

第一，从中长期来说，这两条技术路线各有优劣，是互补关系，在不同的场景各有优势，不是简单替代关系。

第二，两者从技术成熟度、产业化发展、基础设施看，处在不同阶段，呈梯级发展态势。储能电池电动车产业链日臻成熟，基础设施基本形成、其性价比与燃油车逐步接近。总体上已经进入大规模产业化阶段；燃料电池汽车开始进入示范生产和应用阶段，产业链尚有薄弱环节，生产成本较高，基础设施有待建设，离大规模产业化发展还有一段距离。

第三，从已知的全球主要国家和主要汽车公司的战略布局看，2030 年之前乘用车电动化的主体仍是储能电池汽车。至 2030 年大公司储能电池电动车的平台产能将达百万辆至数百万辆级，而燃料电池汽车则为数万至数十万级。

做出这样判断的重要性和必要性在于引导有限的资源的合理配置，实现梯级发展，防止顾此失彼。

四　几点建议

2020 年前后市场不振、政策转型和外资发力的三重叠加的挑战形势，将严峻地考验我国的电动汽车产业。如何保障我国电动汽车不至大起大落，产生“起个大早赶个晚集”的结果？这是对企业考验，也是对政府的考验。其中有几点值得注意。

一是要向企业和社会释放明确的信号：两条技术路线都属国家战略，两者是互补而不可替代的关系；当前应加大氢燃料电池及相关技术的研发力度，为后续的发力打好基础；而产业化的力量则要聚焦储能电池技术路线。为迎接全球化竞争的挑战，企业和政府要稳住军心，集中精力，增强储能电池电动车的竞争力，一定要打赢储能电池电动车这一仗。这并不影响专业零部件公司加大研发力度，突破燃料电池汽车核心技术的进程。

二是对燃料电池汽车的发展要加强顶层设计和协调。企业和一些城市有很高的积极性，这是难能可贵的。但基础设施单凭企业的力量很难建立、对标准法规的完善和制定，地方和企业也无能为力。目前很需要政府与企业合作，制定一个更加可行的总体方案，协调推进。例如，加大技术研发投入，突破一些“卡脖子”技术与零部件，加强基础设施规划与建设、着力解决清洁氢来源和氢能储运难题、借鉴国际经验完善法规和标准等。

三是在政府指导下，通过市场力量加强跨界合作，因为电动车是一个机械产品，但它也是电工产品、电化学产品、电子产品和互联网产品。这些已经远远超出既有汽车产业链所覆盖的范围。在产业链重构中特别需要跨界的技术和企业大跨度进入，共同分享这十万亿产值的大蛋糕。从这个意义上说，未来的汽车产业成在跨界、败也在跨界。

第四，国内车企已经进入了大浪淘沙、重构重组的阶段，政府应鼓励和支持通过重组联合打造高水平、大规模的电动化平台、网联化平台、智能驾驶平台，迎接全球化竞争的挑战。还应巩固和提高共享出行的能力和水平。因为他不仅是未来电动汽车最大的单一买家，而且是未来竞争的另一个焦点。

创新中国氢燃料电池汽车产业发展的三个思考与推动

佛山市人民政府*

习近平总书记指出，当前随着新一轮科技革命和产业变革孕育兴起，新能源汽车产业正进入加速发展的新阶段，不仅为各国经济增长注入强劲新动能，也有助于减少温室气体排放，应对气候变化挑战，改善全球生态环境。中国愿同国际社会一道，加速推进新能源汽车科技创新和相关产业发展。2015年前后，中国氢燃料电池汽车产业在北京、上海以及广东佛山、云浮等地率先发展，并在技术、资金、市场、政策等持续推动下，逐步形成京津冀、珠三角、长三角、华中地区和山东半岛等五大区域性产业集群。但实现中国氢燃料电池汽车产业的高质量发展，仍面临亟待跨越的“三座大山”：一是核心材料与关键技术水平仍较大落后于国际先进水平；二是加氢站等基础设施规划建设严重滞后；三是氢燃料电池汽车商业化应用模式选择面临两难。

回顾过去几年，广东依托佛山、云浮两市，从零起步超前探索氢能产业发展，在构筑氢能与燃料电池汽车产业体系方面走到了全国前列，也扭转了核心关键技术与日韩等国差距拉大的不利局面。在这一过程中，我们最深的体会和感受是，唯有坚定走持续创新道路，才有足够动力爬坡越坎继续前进，实现氢燃料电池汽车产业可持续发展。

一　创新核心技术：“高铁模式”+“轻资产模式”

技术尤其是核心技术的成熟突破，始终是氢燃料电池汽车产业加速发展的首要前提。佛山、云浮两市氢能产业基础如一张白纸，从零起步，发展的起点很低，除了曾经举办过国际论坛展会经验外，在产业发展方面不仅技术

---

* 本篇作者为佛山市人民政府，执笔人：许国。

缺乏、人才稀少，产业配套和政策环境等也严重缺失。如何在2020年产业发展的窗口期到来前，取得技术上的比较优势，我们下定决心依托佛山对口帮扶云浮产业园平台，借鉴中国高铁发展模式，精准判断选择与全球最早从事燃料电池技术研发的加拿大巴拉德公司开展深度开放合作，通过跟跑和追赶阶段的技术引进消化吸收，实现高起点高标准的技术与产品创新，即第一步少量HD7氢燃料电池电堆原装进口，合作组装研发投放3条氢能城市公交示范运营线路；第二步采购1600套各等级功率的电池电堆，在国内规模组装并实现产品多样化；第三步全面引进FC－9SSL燃料电池技术以及生产线项目，用不到1年时间建成国际全套成熟燃料电池发动机生产线，在国内此领域实现零的突破。在引进吸收先进技术的基础上，放眼全球燃料电池汽车产业链，跟随国际先进技术，实现燃料电池发动机技术2.0版的突破，并实现40%自主产权配件的覆盖率。正因为我们主动将自己融入国际燃料电池汽车产业链，才在2018年底前实现了燃料电池整车“走出去”的零突破。

同时，采用混合所有制发展氢能产业，充分调动民营企业参与产业发展的积极性，将国资嫁接民资创新“轻资产模式”，组建国资与民资合资公司引进技术与成套设备，快速实现规模化生产和产业化导入。这其中，要重点把握好三个关键环节。

一是创新项目建设，实施“轻资产模式”。在项目招商和土地出让等方面创新途径，以国资先期投入实施“先租后购、拎包入驻”的轻资产招商，为氢能民营企业定制建设生产厂房，以国资股权投资形式为民营企业发展提供资金支持，在产业化发展步入正轨并保障国有资产适当增值收益的前提下，出让国资所持股份，同时为民营企业引入战略合作投资方，促进企业的健康长远发展。

二是创新科研机制，实现“技术引进吸收”。着力打造多个新型研发机构承接核心技术引进吸收和自主创新，创建佛山（云浮）氢能产业与新材料发展研究院、云浮（佛山）氢能标准化创新研发中心等两家省级新型研发机构；推动国鸿氢能和飞驰客车等两家企业获评国家级高新技术企业；抢先创建国内唯一的国家级氢能技术标准化创新基地。依托新型科研平台引进一批国内外氢能领域高端领军人才、高层次人才，同时选派人员赴国外技术培训；承接国家发展改革委、工信部、财政部、科技部以及中央引导地方财政资金等一批重点研发项目，极大地提高了自主氢能技术水平。

三是创新二次研发，推动“全球化布局”。在引进生产线技术消化吸收的同时重点进行二次研发创新，对生产线做出持续改进并提升设备精密度和操控一致性，经对比测试分析，国鸿重塑自主电堆 CAVEN30 相较巴拉德进口电堆 MD30 性能指标实现较大提升，其中防护等级由 IP55 提升至 IP67，低温冷启动由 -10°C 下降至 -30°C，使用寿命持平，同时体积功率密度提升 21%，质量功率密度提升 39%，价格降低 20%，并在产品稳定性和一致性方面更优。正是由于产品过硬的质量和较高性价比，国鸿重塑自主电堆市场占有率持续攀升，据统计国内市场占有率 2018 年为 70%，2019 年上半年为 80%，成为行业内标杆企业。此外，重塑能源公司还通过全球化布局来加快产品迭代升级，在北美研发中心进行原型机研发，在上海进行电堆模块开发与测试，在佛山进行电堆及 MEA 等核心零部件的规模化国产，预计 2020 年上半年将建成中试生产线。

二　创新加氢站建设：“住建审批”+“多元化建站”

加氢站建设是当前和今后一个时期，中国氢燃料电池汽车产业发展的瓶颈，是技术成熟后最先要解决的关键问题。目前，一方面我国氢气属于危险化学品，生产、运输及使用管理都受到严格的法律法规限制，导致制氢、加氢和加氢站建设等环节相关标准和管理办法还不够明确和统一，产业的发展制度保障还不完善；另一方面，虽然我国是世界第一产氢大国，2019 年的《政府工作报告》也首次提出“推进充电、加氢等设施建设”，为加氢站投资建设打了一剂强心剂，但加氢站行政审批空白、数量少、氢气资源分布与车辆投放区域不匹配等现实困境，导致氢燃料电池汽车加氢难以得到保障。要保障和支撑氢燃料电池汽车用氢需求和规模化商用，加快加氢基础硬件设施建设，需要着重推动三方面创新。

一是参照天然气管理办法将氢气纳入能源管理范畴。按照国际通行的《联合国危险货物运输建议书》和危险化学品鉴别分类的国际协调系统（GHS）标准，氢气、天然气、原油，以及汽油、柴油等成品油都因其易燃、易爆等物化属性，属于危险化学品范畴。但是，由于原油、天然气等能源属性被广泛认可，在按照危险化学品管理的同时，其早已被纳入能源管理范畴，为其推广应用提供了依据和便利。从 2016 年开始，根据原国家安监管理总局的有关批复精神（安监总厅政法函〔2014〕30 号），加气站（含汽车加气站）属于燃气设施，适用燃气管理有关法律法规，在广东省原安监局的指导下，打通了加氢站建设行政审批和管理路径，建立起由住建部门牵头的联合审批管理模式。

二是放宽氢气储运压力限制，提高氢气输送效率。目前，我国氢气输送以压缩氢气为主，压力上限为 20MPa，长管拖车储氢密度低，车身重量是载输氢气质量的几十倍，运输效率极低。国际上公路运输氢气压力限制比较宽松，从 20MPa 到 52MPa 不等，以 30MPa 输送为例，相对于 20MPa 输送能够提高输送效率一倍以上。我们从标准化创新入手逐步探索推动允许开展 20MPa 以上压力等级的公路运输试点。此外，佛山也正启动管网输氢试点研究工作，探索提升氢气运输效率和降低氢气运输成本的技术路径。

三是创新加氢站建设多元化投资模式，加快完善加氢基础设施配套。现有加氢站相关技术标准规范为《加氢站技术规范》（GB 50516－2010）和《加氢站安全技术规范》（GB/T 34584－2017），难以满足产业发展的实际需求。此外，针对《加氢站技术规范》的宣传仍有待加强，存在执行落实难等问题。这几年在推动氢能产业发展过程中，佛山突破了加氢站行政审批方面的难题，积极推动加氢站建设标准不断向国际接轨，2019 年累计规划建设 32 座加氢站，其中建成并投入运营加氢站 5 座，在建加氢站 9 座。同时，积极探索利用大型公交停保场等用地由国资直接投资建设撬装式加氢站，并直接推动了中石油、中石化等参与加油加氢合建站的出现。2019 年 7 月，国内首座油氢合建站、中国石化佛山樟坑油氢合建站正式建成，这是国内首次采取“利用现有加油站改造为油氢合建站”模式开发加氢站，还配备建设了充电设施，使该站成为全国首座油、氢、电“三位一体”能源供给及连锁便利服务新型网点。佛山正借鉴山西大同的做法经验，探索工业用地招拍挂制氢加氢一体化加氢站建设示范。

三　创新商业应用：租赁 +TCO 模式 +TC 模式

尽可能短时间减少和降低对中央和地方财政补贴的依赖，是氢燃料电池汽车推广和实现商业化需要重点考虑的现实问题。当前，国内氢燃料电池汽车推广应用集中于公共交通和物流领域，北京、上海、佛山、云浮、成都、武汉、张家口等城市都相继投放了氢燃料电池公交车和物流车，但是较高的综合成本，商业推广模式的不成熟，极大制约了氢燃料电池汽车的商业化进程。高成本主要体现在购车及运营上。例如，上汽大通 V80 氢燃料电池车官方指导价为 130 万元，氢燃料电池物流车和公交车出厂价也普遍在 100 万元以上，虽然国家对氢燃料电池汽车补贴力度较大，但补贴后相较纯电动车和燃油车依然没有明显的价格优势。此外，由于目前车用氢气供应量少，氢气制储运成本高，市场上车用氢气价格为 60 ~ 80 元/公斤，据初步测算，氢气价格降到 35 元/公斤以下，才具有能源价格方面的比较优势。后期维护方面，部分部件依赖国外进口，维护成本仍然较高。

加快中国氢燃料电池汽车商业化进程，一方面要增加氢气资源有效供给，完善加氢基础设施建设，降低加氢用氢成本；另一方面要创新商业应用，降低企业和个人使用氢燃料电池汽车的成本，进而刺激氢燃料电池汽车消费，进一步扩大产能和摊薄成本。在探索商业模式创新方面，有三条现实路径。

一是在物流领域推广租赁运营解决方案（即租赁模式）。主要是氢燃料电池汽车租赁公司承担氢燃料电池汽车的购车成本，并通过租赁费用回收投资。运输企业通过从平台租赁车辆，减少了车辆购置成本的支出，显著地降低了综合运营成本，从而增强了氢燃料电池汽车对运营企业的吸引力，进一步推进了氢燃料电池汽车商业化。

二是组建氢燃料电池汽车综合服务平台（即TCO模式）。借鉴燃料电池叉车在北美地区实现规模化推广经验，主要考虑总拥有成本，提供从购车、维护到报废“一体化”解决方案，聚集市场需求，使购车、维护等服务规模化，降低服务管理成本。此外，通过维护集约化提高相关氢燃料电池汽车零部件的需求，促使零部件等厂商成批量生产并增加产量，降低成本。

三是在城市公交领域统筹深化TC改革（即TC模式）。组建由政府决策层、运营管理层和公共汽车运营企业层构成的交通共同体（Transport Community），政府负责公共交通发展的规划和决策，引导推动加快以氢燃料电池公交车为重要特色的新能源汽车推广，并对氢燃料电池公交车推广应用给予政策倾斜。目前，佛山正通过TC模式实现1000台氢能公交车推广目标，今后还将根据实际分阶段进一步扩大推广规模。

佛山自2016年9月率先在三水区正式开通全国首条氢燃料电池城市公交车示范线路以来，全市目前已开通13条氢燃料电池公交线路，共计投入氢燃料电池城市公交车317辆，是迄今为止全球运营氢燃料电池城市公交车车队规模最大的城市。此外，佛山还推广运营有448辆氢燃料电池城市物流车、5台氢燃料电池列车，并实现佛山产氢燃料电池大巴整车出口马来西亚，成为联合国“促进中国燃料电池汽车商业化发展项目”示范城市中项目推进最快的城市和引领中国氢燃料电池汽车规模化商用浪潮的地区。

产 业 篇

Industry Reports

B.3

中国车用氢能制取技术及装备进展

王业勤 张碧航 康 鹏 张红飞 叶根银*

摘 要： 氢能产业涉及上游氢气的制备、中游储存与运输、下游加氢站的建设，以及氢燃料电池系统与整车的生产与集成等。而氢气制备位于这一庞大产业链之首，其技术以及装备进展直接影响到中下游产业的建设及运营成本，并最终对氢燃料电池汽车的经济性产生影响。本报告从不同制氢原料入手，详细阐述工业富氢气体提纯制氢、甲酸制氢以及水电解制氢等技术路线下的制氢技术进展以及制氢经济性。总体来看，上述制氢技术在技术层面与经济性、适用性方

* 王业勤，高级工程师，四川亚联高科技股份有限公司董事长兼总经理，全国氢能标准化委员会（SAC/TC309）委员及副秘书长；张碧航，经济师，苏州竞立制氢设备有限公司董事长；康鹏，博士，天津大学化工学院教授；张红飞，碳能科技（北京）有限公司总工程师；叶根银，高级工程师，四川亚联高科技股份有限公司副总工程师。

面仍具备进步空间。

关键词： 工业副产气 纯化制氢 甲酸制氢 电解水制氢 经济性

一 工业副产气纯化制氢技术进展

燃料电池技术日渐成熟并在交通领域开始大规模的示范应用，促进了氢气从化工原料向能源资源角色的转换。作为二次能源的氢气无法直接从自然界中获取，在从现有的工业领域中获取廉价的氢气方面，人们更加关注制取氢气的原料和工艺。工业富氢气体主要分布在焦化、石油化工、氯碱、煤化工等行业；回收利用工业富氢气体，既能够提高资源的综合利用效率和经济效益，又可降低大气污染，改善环境。本部分将系统地介绍工业富氢气体的提纯技术现状及经济性。

（一）常见工业富氢气体

1. 焦炉煤气

焦炉煤气是炼焦过程中煤在炼焦炉中经高温干馏的产物，在产出焦炭和焦油产品的同时所得到的富氢气体，是炼焦产品的副产品。1 吨煤在炼焦过程中可产出 730～780 千克焦炭和 300～340 立方米焦炉煤气以及 35～42 千克焦油。[①] 典型通过预处理的焦炉煤气组分如表 1 所示。

表 1 典型焦炉煤气组分

组分	占比(%)	杂质	含量
二氧化碳	5.2	硫化氢	≤20mg/m^3
C_nH_m	2.53	氨	≤50mg/m^3

① 国家统计局工交司：《能源统计知识手册》，中国统计出版社，2006。

续表

组分	占比(%)	杂质	含量
氧气	0.24	苯	≤2g/m^3
一氧化碳	14.49	焦油尘	≤20mg/m^3
甲烷	17.02	萘	≤150mg/m^3
氢气	57.12	压力	4kPa
氮气	3.4	—	—

目前焦炉煤气应用主要在城市燃气、发电、制甲醇/天然气、提纯氢气、高炉炼钢、还原铁等领域。图 1 显示了 2014～2018 年全国焦炭产量，若按每吨焦炭产生 426 立方米焦炉煤气计算①，2018 年焦炉煤气产量为 1866.7 亿立方米；假设平均氢气含量 50%，氢气回收率按 80% 考虑，氢气的量为 746.68 亿立方米（约 66.45 万吨）。

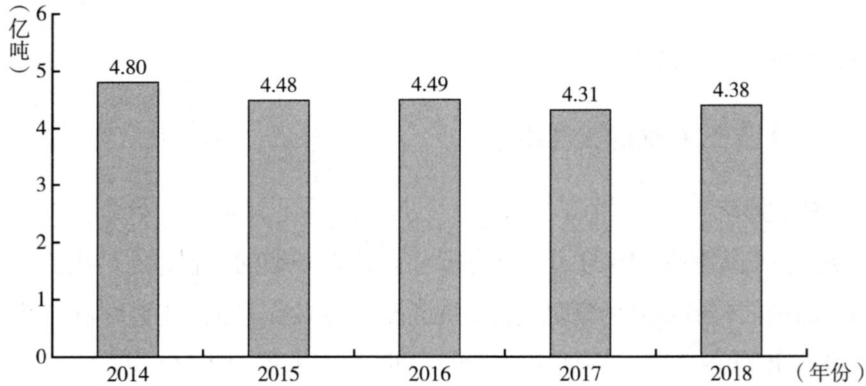

图 1　2014～2018 年全国焦炭产量

2. 氯碱尾气

氯碱尾气是工业上为了生产 NaOH、KOH 和 Cl_2，采用电解饱和 NaCl、KCl 溶液方法。电解过程中在阴极室产生氢气。表 2 是某公司氯碱尾气组成数据。

① 刘文宇、江宁、倪维斗、李政：《焦炉煤气资源及利用系统》，《煤化工》2005 年第 3 期。

表 2　典型氯碱尾气数据

单位：μmol/mol

组成	数值
总碳氢化合物(以甲烷计)	<2.91
He	<1
CO_2	1.75
总含硫量	<0.007
甲醛	<1
甲酸	<1
NH_3	0.0047
氯化物	<1
水	饱和水@40℃
Cl_2	15(事故状态下)

目前我国烧碱生产工艺主要有隔膜法和离子膜法两种，近年来全国烧碱产量在3000万~3500万吨，如图2所示。氯碱工厂对氢气的利用主要是两个方面，一方面是与氯气反应生成盐酸，另一方面是将氢气生成双氧水或提纯氢气或燃烧发电。按理论计算，生成1吨烧碱会产生25千克氢气，以2018年全国烧碱产量3420万吨为例，若其中有50%将用于氢气提纯，氢气的回收率按90%考虑，氯碱尾气提纯氢气的产量将达到34.2万吨。

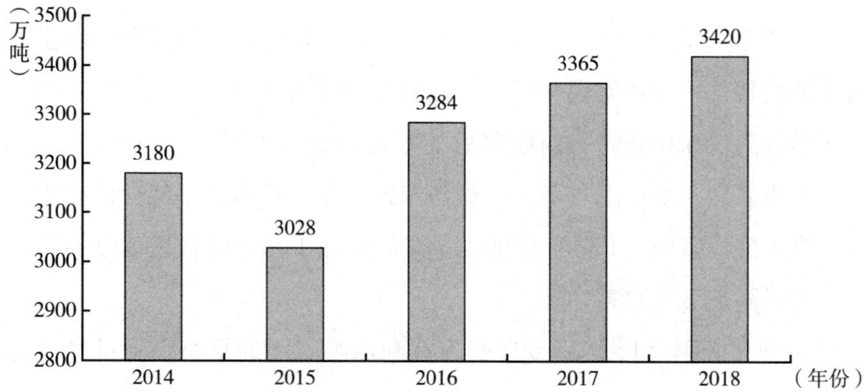

图 2　2014~2018 年全国烧碱产量

资料来源：国家统计局，http://www.stats.gov.cn/。

3. 丙烷脱氢

丙烷脱氢（PDH）是丙烯生产工艺路线之一，2013 年 10 月，天津渤化 60 万吨/年的丙烷脱氢装置投产运行，丙烷脱氢装置在国内正式拉开序幕。目前国内丙烯总产能近 600 万吨/年。2019 年浙江卫星石化成立的浙江卫星氢能科技有限公司利用公司的 PDH 副产氢气参与氢燃料电池产业的发展。PDH 工艺对原料气的要求高，特别对硫化物含量进行严格限定，PDH 副产氢气含量较高，杂质组分主要是少量的碳氢类化合物及微量的硫化物。①

4. 其他工业尾气

在化工合成及石化生产中需要对惰性气体进行驰放以保证产品的质量，这些驰放气中含有一定量的氢气。主要有合成氨的驰放气、甲醇合成驰放气、油品加氢尾气、有机合成的驰放尾气。这些气体中氢气及杂质气体组分根据工艺不同而不同，需要采用变压吸附或者其他气体纯化工艺配套来提纯氢气。

（二）工业富氢气体提纯技术

工业含氢气体组分复杂，氢气提纯是一个有机的结合体，需要对原料气的组分进行综合分析判断，挑选合适的提纯方法。目前用于工业富氢气体提纯的方法主要有以下几种。

（1）变温吸附（TSA）：变温吸附是利用吸附剂的平衡吸附量随温度升高而降低的特性，采用常温吸附、升温脱附的操作方法。除吸附和脱附外，整个变温吸附操作中还包括对脱附后的吸附剂进行干燥、冷却等辅助环节。变温吸附主要用于焦炉煤气等含有微量焦油、苯、萘等重烃组分的脱出，通常作为进入变压吸附（PSA）前的大量杂质脱除工艺，以防止该类物质造成后工序的吸附剂微孔堵塞。

（2）变压吸附（PSA）：变压吸附是利用吸附剂的平衡吸附量随压力升高而升高的特性，采用高压吸附、低压解析的操作方法。在吸附过程中，伴

① 中国标准化研究院、全国氢能标准化技术委员会：《中国氢能产业基础设施发展蓝皮书（2018）——低碳低成本氢源的实现路径》，中国质检出版社/中国标准出版社，2018。

随着升压、降压、逆放、冲洗等多个过程。根据原料气的组分及用户对产品气的要求，通常采用的吸附剂有氧化铝、硅胶、活性炭、碳分子筛、13X、5A 等吸附剂。解吸方式通常有常压解吸和真空解吸。规模从几立方米到几十万立方米每小时均可，是目前工业上最广泛使用的氢气提纯技术。

（3）湿法脱碳/硫：主要利用有机溶剂吸收气体内的 CO_2 或 H_2S；主要工艺采用碳酸丙烯酯（PC）、NHD（聚乙二醇二甲醚）、MDEA（醇氨）等。该工艺主要用于富氢气体中的 CO_2 及 H_2S 的脱出，脱碳后还需经过变压吸附脱除 CO、CH_4、N_2 等得到产品氢气。采用湿法工艺，氢气的损失小，能够减轻变压吸附的负荷，同时脱除的 CO_2 浓度可以达到 98% 以上，通过进一步深加工可以得到食品级二氧化碳。该工艺流程较为复杂，一般在规模较大的装置上使用。

（4）干法脱硫：主要有氧化铁、氧化锰、氧化锌、氧化铜及活性炭等脱硫。其中金属氧化物脱硫主要利用金属氧化物与硫化氢反应生成金属硫化物而实现脱硫功能。活性炭脱硫分为两种，一是物理吸附脱硫，该种脱硫容量很低；二是化学法脱硫，主要是硫化氢与原料气中的氧在活性炭表面生成硫单质实现脱硫功能，硫容可以超过 40%，并且可以通过蒸汽再生回收硫磺。

（5）膜分离：膜分离分为有机膜分离和金属钯膜分离；有机膜分离根据气体中各组分渗透速率不同，通常渗透速度快的称为“快气”，而渗透速度慢的称为“慢气”，H_2 渗透速率很快，从而实现与其他杂质的分离。但此处“快”与“慢”是一个相对的概念，因此采用有机膜分离很难实现高纯度氢气的提纯，后续还需要采用其他气体提纯工艺。金属钯膜材质一般是钯银或钯铜合金，可以用于氢气的分离，也可以用于氢同位素的分离，可以一步法获得高纯氢气。目前钯膜主要处于试验场景以及在小规模的制氢场景上使用。

（6）深冷分离：通过气体的沸点不同实现低温精馏，实现氢气分离；这在焦炉煤气制 LNG 以及煤化工 H_2-CO 合成气中广泛使用；该方法很难获得高纯度氢气，后续需要采用 PSA 等方法进行深度提纯。

在氢气分离中通常根据含氢气体中杂质含量、组分以及业主的产品要求采用多种提纯方法进行工艺联合，完全可以将工业富氢气体提纯并达到燃料电池用氢的标准。

焦炉煤气提纯氢气的工艺路线一般如图 3 所示：焦炉煤气先经过预处理除去焦油、苯、萘及硫等物质，然后再增压除氧，再经过变压吸附提纯氢气，获得产品氢气。若焦炉煤气压力较低一般会通过螺杆压缩机先增压然后再进行预处理；某些工艺会将脱氧放置在 PSA 提纯后，但是脱氧后仍需采用无损干燥脱水工艺。目前工业上普遍采用一段变压吸附方法从焦炉煤气中提纯氢气，纯度在 99% ~99.99%，难以满足燃料电池需要，需要对原有装置进行改造或者后续工段增加一段变压吸附，进一步深度脱除硫、氨、CO 等。

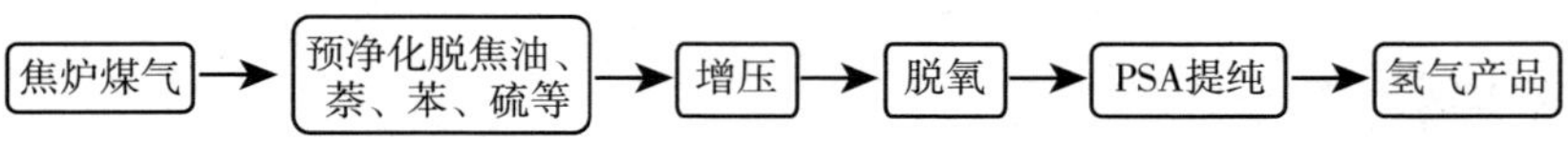

图 3　典型焦炉煤气提纯氢气技术路线

氯碱尾气提氢的工艺路线如图 4 所示：由于氯碱尾气氢气浓度较高，通过脱氯、脱氧、脱水、PSA 提纯后获得的高纯氢气，能满足燃料电池用氢要求。

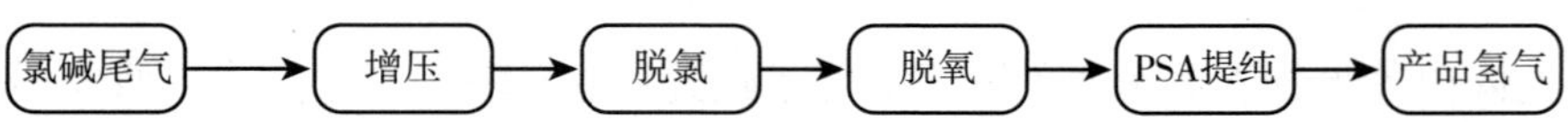

图 4　典型氯碱尾气提纯氢气技术路线

（三）工业富氢气体提纯经济性

工业富氢气体提纯氢气的成本主要包括一次投资成本，原料成本、电力消耗及运行成本等。对于复杂的富氢气提纯，投资成本会随着气体杂质含量的复杂程度而增加，例如同等规模采用焦炉煤气提纯氢气投资成本是氯碱尾气提纯氢气的 2 倍以上。但是按固定资产折旧折算到单位氢气产量上仅 0.1 ~0.2 元/kg，主要成本在于原料。工业尾气的价格还没有一个完整的定价机制，一般是企业之间相互协商。由于目前工业富氢气体通常用于发电等，工业富氢气体的价格可以根据其热值折算成天然气热值并按当地天然气价格折算或者按发电上网电价折算。例如，表1的焦炉煤气企业自有电厂，发电富裕，发电电价为0.3元/kWh，焦炉煤气热值为15883kJ/Nm^3，发电效率按38%考虑，每立方米焦炉煤气发电1.68KWh，焦炉煤气的价格为0.504元/Nm^3；通过氢气提纯得到燃料电池用氢气回收率按80%考虑，单位氢气的成本为1.06元/Nm^3（折合11.9元/kg，不含压缩成本），考虑固定资产折旧及人工成本，焦炉煤气制氢成本在12.5元/kg左右（不含压缩成本）。较甲醇制氢与天然气制氢有一定的优势。表3是目前几种主要的原料工业制氢成本比较。

表3　不同原料制氢成本比较

制氢种类	制氢方式	能源价格	制氢成本
电解制氢	低谷电	0.3元/kWh	20元/kg
	大工业用电	0.6元/kWh	38元/kg
	可再生能源弃电	0.1元/kWh	10元/kg
化石能源制氢	天然气	3元/m^3	18元/kg
	煤炭	550元/t	10元/kg
	甲醇	2500元/t	23.3元/kg
工业副产氢	—	—	8～14元/kg

（四）总结

我国目前工业富氢气体提纯氢气装置遍布全国各地，但工业富氢气体提纯得到的氢气主要用于石油化工等领域，产品氢气中杂质含量偏高，难以满足燃料电池的需求，大部分装置需要进行整改或增加深度脱除有害杂质工艺才能达到燃料电池用氢需求。目前采用的定向脱除CO及S等吸附剂的吸附性能还有待改进和提高。对杂质的吸附量及吸附深度指标，特别是针对燃料电池要求苛刻的CO、S、卤素杂质的去除仍需改进。

回收利用工业富氢气体，既能够提高资源的综合利用效率和经济效益，又可降低大气污染，改善环境。制氢成本也比传统能源制氢有一定优势，建议各地因地制宜根据当地富氢气体性质进行氢源回收与利用。

由于化工行业集中在偏远地区，氢气存储运输问题是推动工业富氢气体利用与商业化的瓶颈所在。

二 甲酸储氢制氢技术进展

氢燃料电池汽车是我国着力发展的清洁能源交通工具之一，然而这种新能源汽车的大规模应用受储氢制氢技术的制约。目前开发或应用较多的储氢技术路线主要有：高压气瓶储氢、低温储氢、甲醇重整制氢、金属储氢和有机液体储氢。这几个路线各有自身的优势和适用场景，但在燃料电池汽车方面仍存在一定的挑战，需要发展新的技术路线。

高压气瓶储氢是目前应用较多的储氢方式，但是安全方面的要求较为苛刻。氢气压缩的高能耗、氢气压缩设备的进口依赖性、氢气高压储存的危险性及氢气运输和加注的不便性是我国燃料电池汽车产业发展的瓶颈。发展新的储氢制氢技术路线的出发点是增强车用安全性、基础设施契合度和燃料电池耦合能力，另外还需要考虑其环保属性及与其他能源产业的关联程度。

甲醇重整制氢技术可以实现车载使用，但制氢条件较苛刻（需要 200 ~ 300 摄氏度）、一氧化碳去除任务重（CO 浓度可达 1%），故工艺设备复杂、启动慢，与车用属性契合度低。相对于前三个技术路线，车载甲酸重整制氢作为一项新兴的技术，近年有了迅速的发展。

（一）甲酸储氢制氢技术的优势

甲酸的物理性质跟水类似，气味类似于醋酸，具有弱酸性、还原性、生物可降解性，是美国 FDA、欧盟批准的食品和动物饲料添加剂。甲酸具有较高的吉布斯自由能，因此在催化剂的作用下，常温常压条件下就可以分解成氢气和二氧化碳。到目前为止，能够在该温和条件下制氢的有机液体介质只有甲酸。另外，与甲醇相比，甲酸无毒无害，不易燃烧，容易在自然环境下分解，因而具有较好的环保安全属性。这些特性使甲酸成为优秀的储氢介质，尤其是这些安全环保的优势使甲酸不但适合车载制氢，更可以作为野外营地、楼宇、核电站等后备电源应用。甲醇和甲酸储氢制氢的主要参数见表4。

甲酸更易作为以二氧化碳为原料的储能储氢介质。到目前为止，通过二氧化碳电化学还原途径合成甲酸的技术已经成熟，因而甲酸储氢制氢成为当前可以匹配车用燃料电池需求的主要选择。并且，甲酸储氢制氢技术的发展受到了二氧化碳减排的巨大压力、燃料电池汽车发展的巨量需求以及可再生能源发电过剩的联合强力推动，有着迫切且强大的市场支撑。

表4　甲醇与甲酸重整制氢主要参数

参数	氢气	甲醇(66%)	甲酸
车载制氢方式	减压释放	重整 1.0MPa/200～400℃	重整 常压/40～110℃
储氢方式	高压储罐 (35～70MPa)	常压储罐	常压塑料内衬储罐
质量密度(%)	100	12.5	4.3
体积密度(g/L)	2～13	63.7	52
终端成本(元/kgH_2)	40～90	28	40～80
杂质种类	无	CO(～1%)、CO_2	CO_2
工业安全性	高压、易燃、易爆	易燃、有毒	不易燃、腐蚀性
碳排放/kgCO_2/KgH_2	9.8(天然气制氢)	9.77(煤制甲醇)	22.9(煤制甲酸) 0(电化学制甲酸)

（二）甲酸储氢制氢技术简述

1. 直接甲酸燃料电池

直接甲酸燃料电池（DFAFC）是以液体甲酸代替氢气直接作为阳极燃料的质子交换膜燃料电池（PEMFC）。DFAFC在电池结构上与PEMFC、直接甲醇燃料电池（DMFC）基本相同，核心元件为膜电极。甲酸在阳极催化剂作用下被电氧化为二氧化碳，同时释放出质子和电子，氧气在阴极催化剂作用下接受电子和质子被还原为水，质子和电子分别在电池内部和外部电路完成从阳极到阴极的传递。

甲酸电催化氧化的研究开始较早，但 DFAFC 引起关注和对其广泛研究则集中在2000年后。DFAFC 的主要优点在于甲酸毒性小、可燃性低、越膜传输比例低，且理论开路电压也更高。虽然 DFAFC 具有诸多优点，但也存在制约其发展和商业化应用的诸多问题，最主要的是阳极催化剂（选择性、活性、抗中毒性和成本等）。目前 DFAFC 主要采用钯作为阳极催化剂，但使用钯作为催化剂时存在甲酸的化学催化分解副反应，降低了甲酸的利用率，另外会产生毒性物种，从而降低了催化活性和使用寿命。

2. 甲酸重整制氢

借助于专属催化剂，甲酸催化重整制氢可以高效地完成，其反应温度可在室温至120℃范围进行调节，与 PEMFC 操作温度范围一致。甲酸分解的产物为等体积比的二氧化碳和氢气，一氧化碳副产物的含量较低（与催化剂及工作条件有关，优选的催化剂基本没有或仅有微量一氧化碳产生），其分解反应方程式为：

$$HCOOH \rightarrow CO_2 + H_2$$

甲酸制氢系统主要包括甲酸储罐、甲酸重整反应器、甲酸吸收器、二氧化碳分离器和氢气缓冲罐等。在甲酸储氢制氢系统中，来自储罐的甲酸在重整反应器内转为以氢气和二氧化碳为主、夹带有甲酸蒸汽的混合气。混合气通过甲酸吸收器和二氧化碳分离器后形成高纯氢气，氢气经过氢气缓冲罐后再进入燃料电池。氢气缓冲罐压力较低，在工况变化时起到缓冲作用，几乎不存在高压气瓶面临的压力安全问题。

电化学制甲酸技术是近年兴起的新型甲酸制备技术。以二氧化碳和水为原料的电化学制甲酸技术主要包括电化学转化和后处理两个工艺。在电化学工艺中，水在阳极催化剂表面发生电化学氧化释放出氧气，二氧化碳在阴极催化剂的作用下电还原转化为甲酸溶液。经后续蒸馏处理工艺，最终生成纯度99%以上的甲酸。

（三）甲酸储氢制氢技术进展

对甲酸制氢技术的关注始于西方国家，目前对甲酸制氢进行学术研究的机构虽然众多，进行商业开发的团队却比较少。国际上，甲酸制氢技术较为突出的是瑞士和荷兰。瑞士联邦理工学院的 Gábor Laurenczy 团队开发了一个小型甲酸制氢装置，匹配了输出功率为 1kW 的氢燃料电池。荷兰的埃因霍芬理工大学的 Teamfast 团队开发了一套名为 Hydrozine 的中型甲酸制氢系统原型，并成功用于 25kW 氢燃料电池大巴车。

在我国，甲酸制氢技术的开发偏重于学术研究，研究重点主要是甲酸重整催化剂的设计，在有关车载装备方面的成套技术鲜有报道。北京青木子科技发展有限公司是国内甲酸储氢技术研究较早的商业机构。2015 年研发出世界上第一辆 12 瓦的模型车，2016 年研发出 400 瓦的模型车。最近两年，研发出目前世界上效率最高的水溶性分子催化剂，并解决了燃料电池二氧化碳耐受性和热利用等一系列技术问题，开发出了世界上第一套全自动的甲酸储氢燃料电池发电设备商品化样机。

在电化学制甲酸方面，碳能科技（北京）有限公司自主研发的二氧化碳电化学制甲酸小试技术在 2018 年通过了技术鉴定，达到国际先进水平。该技术在二氧化碳电化学转化催化剂、反应器和工艺等多方面进行创新，初步具备了产业化应用的条件。

（四）甲酸制氢技术的挑战及发展策略

相对于高压气瓶储氢和甲醇制氢，甲酸制氢也具有一些方面的不足：质量储氢密度稍低，甲酸价格相对较高，单位制氢的碳排放量偏大。甲酸储氢相对于甲醇储氢而言质量密度偏低，但高于 35MPa 气瓶的储氢密度。至于后两个不足则可以借助新型甲酸制备技术来克服。当前煤化工制备甲酸是其产能的主流，也是甲酸价格偏高的主要原因。二氧化碳电化学转化制备甲酸将有效地降低甲酸的成本。该路线原料为二氧化碳和水，因此成本构成的主要部分是电力。以二氧化碳为原料的电化学方法制备甲酸与甲酸制氢相结合是一条碳中性的能源利用途径。甲酸制氢环节的碳排放直接来源于工业二氧化碳，作为一个闭合循环来看，总的碳排放量则变为零，相对于石化制氢、煤制氢等路线更加绿色环保。

（五）甲酸制氢经济性

当前市售甲酸多采用甲酸甲酯法生产，原料最终来自煤。市场价格大约为3500元/吨，合81元/kg氢气。甲酸若利用工业排放二氧化碳和可再生能源，通过新型电化学方法合成，根据太阳能、风能等电价来计算，电化学方法合成的甲酸的成本大概为2000元/吨，合46元/kg氢气。结合对已有加油站改造的优势，可以降低固定资产投资，无须新建加氢站，加快普及氢能源汽车的进程。

甲酸的价格相对于甲醇而言仍偏高，甲酸制氢的运行成本较高。但甲醇制氢需要高品质的热量输入（>200摄氏度），必须通过电加热来提供。另外，甲醇重整制氢产物中含有大量的CO，也需要大量的净化工序。综合而言，甲酸制氢与其他液体储氢技术相比具有自有的优势，在安全性方面的优势更加突出。另外，未来新的甲酸电化学制备技术的应用将大幅降低甲酸的价格，从而进一步降低甲酸制氢的成本。

三　水电解制氢技术进展

（一）代表性水电解装置及技术成熟度

1. AE（碱性电解槽）、PEM（质子交换膜电解槽）及SOEC（固体氧化物电解质电解槽）的技术状况

（1）碱性电解槽的技术状况

国外的技术概况。自英国化学家Nicholson和Carlisle于1800年发现直流电可将水分解成氢气和氧气以来，水电解制氢技术已经发展了两个多世纪了，在水电解技术发展过程中，一般都使用强碱溶液作为电解质，所以简称为碱性槽。迄今为止，大规模制氢方法仍采用这一技术，国内外情况都是如此。

在漫长的发展过程中，国外涌现了许多著名的生产厂商，主要有挪威的

海德罗公司，瑞士的鲁奇公司、巴曼格公司，美国的德立台公司及加拿大的Hydrogenics公司等。其中海德罗公司和巴曼格公司的产品都是常压电解槽，海德罗公司的生产史要追溯到1927年，可谓历史悠久，最大单台容量485Nm^3/h，产品销往世界各地，影响较大。鲁奇公司的产品是压力型电解槽，也有70多年的生产史，操作压力为3.2MPa，最大单台容量达760Nm^3/h，长久以来一直占据着世界第一的位置。德立台公司的氢气发生器是一台箱式装置，电解槽、后处理设备、管道、阀门及仪表，包括气体纯化系统等统统装在一个箱子内，专用电源则装在另一个箱体中，最大容量为11.2Nm^3/h，设备制作得十分精巧。Hydrogenics公司的产品起源于比利时，其中隔膜采用的是范登堡博士发明的无机离子膜，电室采用无间歇结构，电流密度可达4300A/m^2，性能参数比较先进。除此之外，还有许多厂商生产箱式制氢装置，操作及安装都极为便利，这种产品，现在似乎成为一股潮流。

国内的技术概况。我国大规模地生产水电解槽产品始于改革开放之后，但目前已发展为世界上最大的水电解槽生产国之一，生产规模较大的有三家，即苏州竞立制氢设备有限公司、中船重工第718研究所和天津大陆制氢设备有限公司。此外，尚有若干小公司，如北京中电丰业、扬州中电等。

上述三家产品相差无几，基本特征是：双极性压滤型结构，加压水电解工艺，操作压力0.8～3.2MPa，运行温度不大于90℃，单台容量1－1000m^3/h，分成若干个系列，也可根据用户要求定制。苏州竞立公司2018年投产的单台容量1000m^3/h的制氢设备，已超越了国外鲁奇公司产品，为世界之最。

碱性电解槽性能特点。碱性槽的电流密度在2000A/m^2～4000A/m^2，小室电压在1.85V～2.1V，单位能耗4.4～5.0kWh/Nm^3 H_2，相应能效在70%～80%。

碱性槽的优点是：技术成熟、设备及流程简单、操作维护方便、制作成本相对较低、使用寿命可达20～30年。当今科技水平的不断提高，引入并开发了许多先进的生产工艺及控制方式，产品档次提升了，也极大地提高了设备运行的可靠性和稳定性。碱性槽的缺点是电流密度较低、设备小型化比较困难、电耗较高、运行成本相对较高。

苏州竞立制氧设备有限公司的研发动态。苏州竞立制氢设备有限公司在碱性水电解技术的研发上做了许多工作，着重于三个方面。其一是把单台电解槽容量做大，DQ－1000/1.6 电解槽已经投入运行，成为世界上最大的水电解制氢装置。其二是研发新的电极活化材料，降低电极的超电位，与中科院大连化物所协作，对大化所研发的阴极与阳极活化电极进行中试，取得了初步成效，在4000A/m^2电流密度下，小室电压小于 1.85V，使用性能最好的催化剂，小室电压有望低于 1.7V；另外还研发了无接触电阻电极，在提高产气量的同时，还降低了电耗，此技术列入了工信部 2017 年节能产品推荐目录。其三是将碱性槽与可再生能源匹配使用，公司与荷兰壳牌集团、中国华能集团合作，采用 DQ－50/1.3 碱性槽对于可再生能源的不确定性，即间歇性、波动性做了许多试验，得到了以下结果：电源功率波动采样时间已小于等于 10 秒，整流电源响应时间已小于等于 0.5 秒，装置产氢量调节范围为20%～110%，为大规模发展可再生能源制氢提供了可靠的技术基础。

（2）PEM 电解槽的技术状况

PEM 电解技术是由美国通用电力公司于 20 世纪 70 年代研发成功的，但其产品直到近年才实现了商业化，因时间不长，多数产品容量不大，国外厂商有美国的 Proton-Onsite 公司、德国的西门子公司等，前者采用多台小型电解槽集成大型装置的方法，制成了 MW 级的制氢装置，并推向了市场。

国外对 PEM 的技术非常重视，投入了大量的人力、物力进行研发，特别是 Proton-Onsite 公司，已经推出了不同规格的众多产品。PEM 产品可用于航天工程或在潜艇上作为供氧装置，或在高端实验室中使用。PEM 技术的一个重要优势在于它对可再生能源的适应性，风电、光电等可再生能源的特点是电源功率的不确定性，对于这一特点，PEM 电解槽比较能适应，在不到 10 秒的时段内，PEM 电解槽就能反应过来，所以在可再生能源领域，PEM 技术是可以大有作为的。

PEM 电解槽的技术核心是膜电极，在离子隔膜两侧，粘着有阴极和阳极活化电极。活性催化层多数采用稀有金属制作，成本不菲，隔膜采用美国杜邦公司生产的 Nafion 膜，价格也十分昂贵，所以 PEM 电解槽的制作成本比起碱性槽要高出不少，据称要贵上 10 倍。另一个缺点是寿命较短，有报道称仅为碱性槽的一半左右，甚至不到 1/3。

PEM 电解槽技术的优点是：采用纯水电解，无须添加电解质，因此，杜绝了因电解液可能的渗漏所酿成的事故，提高了设备的安全性；可在高压下运行，最高压力可达 10MPa 甚至更大，大大地缩小了设备体积，还省去了压缩气体的成本；较高的电流密度提高了单台设备的产气率。但昂贵的价格无疑限制了 PEM 电解槽的应用领域。

近期挪威海德罗公司重组建立了 NEL 公司，收购了 Proton-Onsite 公司，组装了世界上最大的碱性电解槽和 PEM 电解槽生产企业，强强联合，这样可把两种产品同时推出。

PEM 电解槽，国内商业化生产的厂家并不多，上述三家企业在 PEM 技术研发方面尚处于起步阶段，商业化道路还很长。但也有个别厂家已实现了商业化生产，如济南赛克赛斯公司，产品规格不少但容量都不大，多数产品以 L/min 为产气单位，适宜于实验室内使用，最大规格达 $10m^3/h$ 左右。

据资料报道，PEM 电解槽的电流密度可达 $6000 \sim 30000A/m^2$，但较高的电流密度会使电解槽的电压降高得惊人，单位电耗也随之迅速攀升。在较低的电流密度下，PEM 单位能耗及能效与碱性电解槽相差并不大。

（3）SOEC 电解槽技术状况

SOEC 水电解技术，国外尚处于研发阶段，国内未见报道，所以商业化生产尚早。商用碱性槽和 PEM 槽运行温度都在 100℃以下，而 SOEC 电解槽则在 800 ~ 1000℃的气相状态下工作。较高的运行温度带来的好处是显著地降低了小室电压，从而降低了制氢的单位能耗，能效可达到 90% 以上。缺点是显然的，首先热源是个大问题，有关报道称，此设备宜与核能装置相配套。另外高温下运行会带来很多麻烦，如加快了相关材料的腐蚀和高分子材料的降解等，这同样是一个大难题，这或许是 SOEC 技术目前仍处于研发状态的主要原因。

2. 不同规模碱性槽的技术成熟度

碱性槽的工业化运行已有100多年历史了，在这漫长的岁月中，电解槽经历了若干次重大的改进，结构上由单极性改进成双极性，形体上由箱式改进成压滤型，操作工艺由常压改成加压等。

当今碱性槽制作工艺仍在不断的创新中，如研发活性电极材料来降低能耗，用低电阻的有机高分子或无机隔膜材料来替代传统的石棉布……

苏州竞立制氢设备有限公司自1993年成立至今，已形成了七大系列、数十个型号的产品，所有这些产品都经过了现场长时期的运行考验，技术上是完全成熟的。下面是2018年推出的DQ—1000/1.6大型水电解装置的技术参数：

氢气产量：1000m^3/h

氧气产量：500m^3/h

运行温度：≤90℃

运行压力：1.6MPa

氢气纯度：99.89%

氧气纯度：99.15%

直流电流：7600A

直流电压：588V

直流单位电耗：≤4.4kWh/m^3H_2

（二）不同类型电解槽的经济性状况

1. 不同类型电解槽产氢成本比例

为了计算不同类型电解槽的产氢成本，需要做如下假设：①电解槽的价格，单位氢（元/m^3H_2）的设备价，随着设备大小而异，小规格价高，反之亦然。对于DQ500为1万元/m^3H_2左右，DQ1000为0.78万元/m^3H_2左右，而对于10m^3/h PEM槽，则价格可达40万元/m^3H_2左右；②设备寿命，碱性槽为20年，PEM槽为10年，工作时间为8000h/a；③工人工资设为6000元/月，34元/h，值班人员设为2人，PEM槽为1人；④原料费用，纯水价

50 元/t，0.05 元/kg，此价格在制氢成本中几乎可以忽略不计，KOH 成本考虑在设备中；⑤电价，谷电 0.3 元/kWh，平峰电 0.75 元/kWh，可再生能源电 0.2 ~ 0.25 元/kWh，这里以谷电 0.3 元/kWh 进行计算，结果如表 5 所示。

表 5　不同类型电解槽的产氢成本

类型	应用规模最大电解槽（碱性槽 $500m^3/h$）		最大规模电解槽（碱性槽 $1000m^3/h$）		新技术电解槽（PEM 槽 $10m^3/h$）	
固定资产	0.069	3.3%	0.054	2.7%	5.5	51%
原料费用	0.05	2.4%	0.05	2.5%	0.05	0.5%
维护费用	0.05	2.4%	0.05	2.5%	0.05	0.5%
用电费用	1.8	86%	1.8	89%	1.8	30%
人工费用	0.14	6.7%	0.07	3.5%	3.4	17%
m^3H_2 成本	2.1（元）	100%	2.0（元）	100%	10.8（元）	~100%

从以上结果可见，电解槽规格越大，制氢成本越低。对于 PEM 电解槽，由于规格小、设备价格高、寿命短，所以制氢的成本就相当高了。

2. 不同类型电解槽车用氢气制备成本

（1）计算依据：原材料价格（电力来源及电价）

采用碱性槽，原料水价格设定为 50 元/t，谷电价为 0.3 元/kWh，则制得的氢气如上计算，每立方米成本为 2 元左右。

（2）将氢气产品转换为车用（燃料电池用）氢气的成本

用上述方法制得的氢气，车用时还需净化、压缩及加注，这些均需要增加成本，估计每立方米氢气为 2.5 元左右。

B.4

中国车用氢能储运技术进展及示范应用

魏 蔚　屠 硕　杨树军　严 岩*

摘　要： 氢能的使用主要包括氢的生产、储存和运输、应用等方面，而氢气储存技术较为滞后，制约了氢气的大规模应用。本报告围绕氢气液态储运和气态储运两种技术路线，分析了其技术进展和应用状况。结果表明，虽然高压气态储氢已实现规模化应用，但当极大规模氢液化生产成为可能时，液化能耗大幅降低，液氢在运输和加注环节的优势才得以凸显，从而使得液氢作为汽车燃料可以推广应用。

关键词： 氢气液化　氢气储运　储氢瓶　车载储氢

一　氢气液化技术及储运技术进展

（一）国外氢液化技术进展

液氢的应用始于航空航天的需要，在相同重量下具有最大的比推力，是最理想的火箭推进剂燃料。同时，由于液氢的温度低至 -253℃，除了氦气之外其他气体都会凝固分离，因此液氢汽化可以获得 6N 以上的超纯氢，作

* 魏蔚，博士，副教授，高级工程师，张家港氢云研究院院长，《氢能与燃料电池汽车技术路线图 2.0》编制组成员；屠硕，工程师，沈阳斯林达安科技术有限公司总经理；杨树军，高级工程师，沈阳斯林达安科技术有限公司副总经理兼总工程师；严岩，博士，张家港氢云新能源研究院院长助理。

为重要的工业气体，应用于金属加工、化学合成、粉末冶金、电子工业和大规模集成电路芯片生产等。随着氢能汽车发展和对高纯氢燃料的规模化需要，美国、欧洲和日本相继把液氢用在了加氢站。在美国，33.5%的液氢用于石油化工电子行业，18.6%用于航空航天，超过10%用于燃料电池车辆，且这一比例还在不断提高。

氢气无法在常温下通过压缩液化，需要先降温至其临界温度（-240℃）以下才能够液化。可以液化氢气的制冷方法有多种，主流的氢气液化技术一般有三种方式：J-T节流液化循环、氦膨胀制冷液化循环、氢膨胀制冷液化循环（预冷型Claude系统）。各种制冷方法在氢液化过程中所能达到的㶲效率和适用的规模见表1。目前适合工业化液氢生产的技术为氦膨胀制冷循环和氢膨胀制冷循环。对于液化规模5吨/天及以上的大规模液氢工厂，均采用预冷型氢透平膨胀机制冷循环。

表1　不同制冷方法适用的氢液化规模和㶲效率

<table>
<tr><th>氢液化规模（kg/d）</th><th>制冷方法</th><th>㶲效率（%）</th></tr>
<tr><td rowspan="3"><34</td><td>预冷型J-T节流</td><td rowspan="3">3.0~3.4</td></tr>
<tr><td>磁制冷</td></tr>
<tr><td>低温制冷剂</td></tr>
<tr><td rowspan="2">34~850</td><td>氦膨胀制冷</td><td>4.4~7.4</td></tr>
<tr><td>氢膨胀制冷</td><td>21</td></tr>
<tr><td>>850</td><td>氢膨胀制冷</td><td>>50</td></tr>
</table>

常温下氢气由75%正氢和25%仲氢组成，随着温度的降低，正氢缓慢向仲氢转化。正氢在向仲氢转化的过程中会释放热量引起液氢的汽化，因此采用催化方法实现正仲氢快速转化和提高正仲氢转化率，是实现液氢工业化生产和储存的关键技术。液氢产品中的仲氢含量应不少于95%，大规模液氢储运时要求仲氢含量不少于98%。

液氢工厂的生产规模是决定液氢成本的关键因素，随着规模扩大，氢液化所需的单位能耗和工厂建设所需的单位投资都会显著降低。Linde公司和德国慕尼黑工业大学联合研究结果显示：5吨/天及以下规模，氢液化单位能耗超过 10kWh/kg；而当液化规模达到 50 吨/天时能耗可降低至 6.4 ~ 7.4kWh/kg；扩大至 150 吨/天可降低至 6kWh/kg。这是因为极大规模氢液化时，不仅可采用更多级的预冷与冷能回收，以及氮膨胀制冷、MRC 混合工质制冷等更高效的预冷工艺来节省能耗，还可实现更高效的绝热效率和正仲氢转化率，来减少液氢汽化损失和提高液化率。

当极大规模氢液化生产成为可能时，液氢产业链最令人诟病的液化能耗大幅降低，液氢在运输和加注环节的优势才得以凸显，从而使液氢作为汽车燃料可以推广应用（见图 1）。

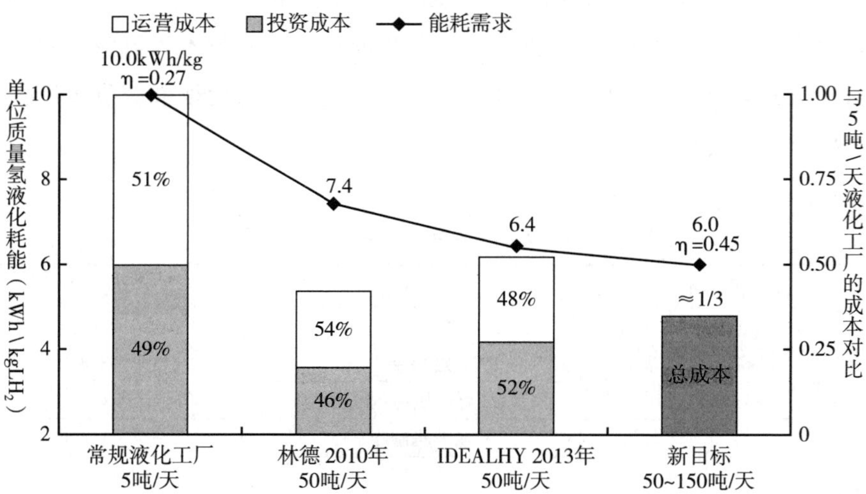

图 1　不同规模的液氢工厂单位液化能耗与成本对比

1. 国外液氢储运技术进展

液态氢的密度为 71g/L，不仅远高于压缩氢气，而且相同有效装载容积下液氢罐的重量比高压储氢装备轻得多，因此液氢比高压氢更适合大规模、远距离运输，具有更高的运输效率和更低的运输费用。高密度的液氢储存和液氢泵增压远低于气态氢压缩机增压的能耗，使液氢储氢型加氢站比高压储氢型加氢站具有更高的效率和更低的运营费用，同时可保证全产业链氢燃料的品质纯度。

先进的液氢储运技术包括液氢储罐与大型液氢球罐、液氢罐式集装箱、液氢公路罐车与铁路罐车等。随着大规模氢液化和液氢进出口需求的提升，海上长距离运输的液氢船技术也在不断发展。

液氢储罐分别用于液氢储氢型加氢站和氢液化工厂。加氢站用的液氢储罐一般不超过70立方米，储氢量不超过4.5吨，而液氢工厂用的液氢储罐容积从数百到数千立方米不等。球型储罐的表面积最小、蒸发损失少，在美国和俄罗斯的大型液氢工厂应用广泛。美国国家航空和航天局（NASA）最大的液氢球罐直径达到25米，容积为3800立方米，可储存240吨液氢，采用冷能回收与真空玻璃微球绝热相结合来降低液氢的蒸发损失。而俄罗斯1400立方米液氢球罐则采用高真空多层绝热技术，日蒸发率低至0.13%/d。

在液氢运输领域，美国Gardner公司代表了全球最先进的设计制造水平，容积从5立方米到113立方米不等，系列化产品种类包括罐箱、罐车和车用、船用燃料罐等，已累计生产包括液氦容器在内的产品约4000台，全球市场占有率超过60%。另外，德国Linde公司、俄罗斯CryoMash-BZKM、JSC深冷机械公司、日本岩谷产业等也是主要的液氢储运装备企业（见图2）。

图2 美国液氢球罐与德国液氢罐式集装箱

在车载储氢领域，液氢和深冷高压氢（Cryo-compressed H_2）是目前最有可能同时达到美国DOE系统储氢质量密度6.5wt%和系统体积密度50g/L的技术，德国Linde公司与宝马汽车相关的产品见图3。这一技术被用于宝马5系GT、宝马i8轿车以及大巴和重卡等样车。相关的研究机构和企业包括美国 Lawrence Livermore 国家实验室、德国宝马汽车和 Hynergy GmbH。以 Tobias Brunner 博士为代表研发的车载深冷高压储氢技术，已经获得超过液氢的流体密度，车载储氢的维持时间也超过 15 天（见图 3）。

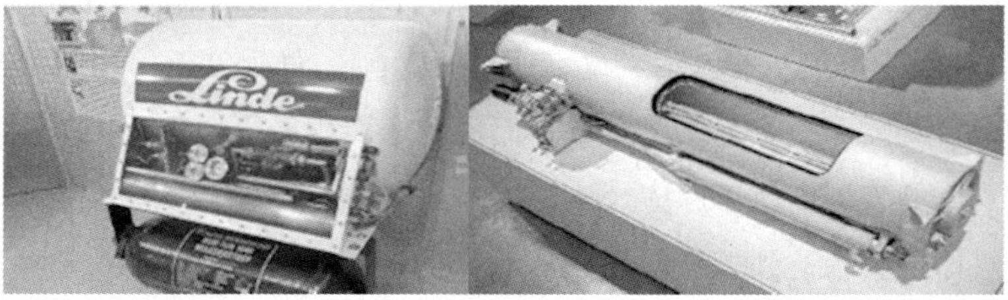

图 3　车载液氢系统与车载深冷高压储氢系统

2. 全球液氢产业链及其在燃料电池汽车中的应用

目前全球液氢总产能已超过 470 吨/天，其中北美占全球液氢市场总量的 85% 以上。从在用建设规模来看，美国的液氢工厂均为 5 吨/天以上的中大规模，并以 10 ~ 30 吨/天以上大规模工厂占据主流。美国 AP 是全球最大的液氢企业，产能约占全球市场的 40%。其他主要的液氢生产企业包括美国 PRAX、德国 Linde、法液空、日本岩谷产业等。

随着氢能与燃料电池汽车产业的发展，近年来全球掀起大规模液氢工厂建设的热潮。2018 年和 2019 年，PRAX、AP、法液空在美国西部地区相继新建三座 30 吨/天及以上的液氢工厂来满足氢燃料电池汽车燃料快速增长的需求，预计 2021 年美国液氢产能将突破 500 吨/天。

日本川崎重工集团（简称川崎重工）布局液态氢海上运输和构建液氢供应链，2018 年初与澳大利亚政府合作，分阶段建设 770 吨/天褐煤制氢和氢液化项目，将在 2030 年之前完全达产，并将建造两艘 16 万立方米的液氢运输船实现大规模的海上运输，日本大阪海上液氢接收站已经在建设中。川崎重工同时也与挪威达成合作意向，利用风电制氢并建设日产百吨级的液氢工厂。

全球液氢储氢型加氢站建设历史已超过 10 年，日本和德国均有 10 座以上的液氢储氢型加氢站对外运营，服务于燃料电池汽车乘用车和商用车。美国除了在加州有 5 座对外运营的液氢储氢型加氢站之外，典型案例是 Plug Power 公司为超过 2 万辆燃料电池叉车而建设的 109 座场内专用加氢站，其中 84 座为液氢储氢型加氢站。目前 Plug Power 公司的液氢采购量已超过 30 吨/天。美国通过大规模的氢液化工厂和由高效的液氢储运体系所建立的氢能基础设施，已经实现了燃料电池叉车不依赖于国家补贴的市场化运营。

车载液氢和基于液氢的车载深冷高压储氢在全球目前均处于试点阶段，尚未有商业化应用。尤其是车载深冷高压储氢技术，全球尚无相关标准出台。美国 DOE 也把实现车载系统 6. 5wt% 质量密度和 50g/L 体积密度的产业化进程延迟到 2025 年。

（二）中国氢液化技术进展

从 20 世纪 50 年代末开始，伴随航天事业的发展，我国已形成了液氢生产、试验及测控、安全与检测等完整的应用技术体系和工业装备，在北京、四川西昌、海南文昌等地建有液氢工厂，均服务于航天火箭发射及相关试验研究，最大的海南文昌液氢工厂由蓝星航天化工公司运营，液化能力 2. 5 吨/天。

在氢液化装置自主开发方面，北京航天试验技术研究所在引进 Linde 与法液空装置并多年应用实践的基础上，已经可以自主开发氢液化工艺包并进行系统设计。中科富海与中科院理化所已联合开发出氦膨胀制冷系统并应用于液氦生产，正在向氢液化领域推广应用。江苏国富氢能公司引进了俄罗斯氢膨胀制冷工艺包，正在开发和集成制造 8 吨/天及以上的大规模氢液化装置。以上技术储备为液氢的开发和利用在民用和商用上的推广打下了坚实的基础。

中国航天系统已经建立了完善的液氢生产储运和使用管理的标准体系，已有多家企业具备军用液氢储运装备的设计制造能力，如张家港中集圣达因、南京航天晨光、四川空分集团等企业。中国尚未有民用液氢储运装备产品国家标准，需要行业龙头企业先行先试，制定企业标准并通过国家市场管理总局指定的技术评审，来进行液氢储运容器的设计制造。目前江苏国富氢能公司、中集圣达因公司已经先后开始了相关技术评审工作，预计在 2020 年将会有民用液氢储运装备面向市场销售和使用。

我国从 1966 年开始研制 3.5m^3 液氢容器，到 2011 年研制成功 300m^3 液氢储存容器并应用于军事火箭发射场储运，基本掌握了液氢容器的设计、制造工艺等核心技术。然而，由于民用液氢储运的技术壁垒较高，目前中国液氢在民用领域的推广才刚刚开始，与美国、欧洲和日本相比落后了十年以上。鉴于数十年来我国航天领域液氢取得的成果和技术积累，目前产业链瓶颈主要在于大规模装备技术开发和液氢使用管理领域标准法规的突破。

在车载液氢储氢领域，清华大学正在联合北汽福田开展液氢储氢燃料电池重卡的开发，富瑞特装、北京天海、江苏国富氢能等企业已经结合国家和地方科研项目开始了车载液氢瓶的研制，由北京航天试验技术研究所开展可靠性试验测试。在车载深冷高压储氢领域，东南大学倪中华团队、张家港氢云新能源研究院等科研机构正在开展相关的基础研究、流程技术、装备研发与试验条件建设等，预计还需三年左右才能实现产业链示范应用。

1. 中国民用液氢示范应用可行性探索

北京航天试验技术研究所作为我国规模最大、功能最全、技术先进的航天动力试验研究基地，是目前国内最大的液氢生产储运应用单位，也是国内唯一有液氢试验检测条件的单位。其 1 吨/天的氢液化能力，主要用于火箭发动机试验，难以满足越来越多的民用液氢瓶、液氢泵、液氢阀门零部件等研发测试需要。而中国液氢的高成本也制约了新产品开发和试验检测条件建设。

燃料电池汽车高功率密度、长续驶里程和快速加注燃料的技术特点决定了其未来目标市场是长续驶里程和大功率的重型车辆替代现有高污染的柴油车辆。商业化推广的前提是氢燃料的成本可以与柴油相当，是否能够达到大众可接受程度取决于氢燃料价格能否降到 30 元/kg 及以下，同时液氢还是燃料电池重卡车载储氢的终极解决方案。液氢产业链会在燃料电池汽车的商业化进程中扮演重要角色，尤其是大规模氢液化工厂和液氢储氢型加氢站。因此，中国氢能产业急需建设大规模氢液化工厂，降低液氢成本来支撑液氢储运和液氢加注体系。

中科富海公司已完成0.5~5吨/天的系列氢液化装置，与中科院理化所在北京成立了联合工程设计中心，在广东中山成立了低温装备制造公司，并与浦江特气合作在上海化工园区规划建设液氢工厂。

江苏鸿达兴业在2019年初开始与北京航天试验技术研究所在内蒙古乌海开展氢液化示范项目，面向当地燃料电池汽车以及部分高纯氢气用户。与此同时，浙江嘉化能源也陆续与美国AP（中国）和浙江省能源集团展开氢能尤其是液氢领域的布局。

江苏国富氢能公司联合陈学东院士建立氢能院士工作站，以产业化推广为导向，研发大规模氢液化装置、液氢储运容器与液氢加氢基础设施成套技术及关键设备等，从8.5~10吨/天规模逐步向30吨/天目标提升。以山西同煤集团为代表的大型国有企业，正在规划日产百吨级液氢工厂，并建设大规模液氢运输体系，使未来液氢终端消费价格可以降到30元/kg以下。

2. 中国液氢示范应用的政策可行性

由全国氢能标准化技术委员会立项的《氢能汽车用燃料液氢》、《液氢生产系统技术规范》和《液氢贮存和运输安全技术要求》三项军民融合国家标准2019年6月已经在征求意见，预计在年底颁布实施，标志着我国民用液氢领域将有国家标准法规可依。与此同时，中国加氢站建设标准中尚未有针对液氢储氢型加氢站的规定，也急需新制修订标准来适应中国液氢市场的飞速发展。而创建相应液氢与深冷高压氢试验检测条件并鼓励科研院所和企业分别开展基础研究和工程化研究，是实现液氢产业链支持燃料电池汽车商业化运营与大规模发展的重要保障。

二　气态氢气储运技术进展及应用

氢能的使用主要包括氢的生产、储存和运输、应用等方面，而氢能应用的关键是安全高效的氢能储运技术。由于氢气储存技术滞后，安全性无法得到保障，这严重限制了氢能源的大规模应用，目前大规模储氢应用的方法是高压气态储存。全球有关储氢技术的申请最早出现于1967年，此后针对储氢技术的研究也有所增加，直至今日，从钢瓶到复合材料气瓶的研制成功，实现了储氢向产品结构合理、质量轻的巨大转变。我国于“十五”期间开始对储氢气瓶进行研究，在“十一五”“863计划”中提出“新能源汽车专用装置加注站成套设备开发”研究，开展了工作压力为35MPa压缩氢气金属内胆复合材料气瓶结构设计，奠定了国产高压储氢气瓶的研究基础。目前我国已具备35MPa车用铝内胆纤维全缠绕高压氢气瓶的设计、制造能力，同时具备批量化生产规模。

综观国际，燃料电池汽车的研发和示范都在向70MPa车载储氢方向发展，因此迫切需要开发具有自主知识产权的70MPa储氢瓶、加氢机和高压组合阀等关键零部件，以进一步降低加氢储氢技术成本，进一步为打造我国的氢基础设施产业链、大规模推广应用氢能、建设氢基础设施奠定良好基础。

70MPa车用高压储氢气瓶具有安全性好、单位体积储氢密度高等优点。在35MPa轻质高压储氢气瓶的基础上，进一步提高了70MPa车载储氢气瓶的单位体积储氢密度和行驶里程，将主体技术提高至国际先进水平，而且提高了我国纤维缠绕高压氢气瓶的设计制造能力。在航空航天、国防、消防等领域也具有广阔的应用前景。

（一）氢能瓶储运氢技术

1. 储氢方式

储氢方式分为物理储氢和化学储氢两大类。物理储氢主要有液氢储存、高压氢气储存、活性碳吸附储存和碳纳米管储存等。化学储氢法主要有金属氢化物储氢、有机液氢化物储氢、无机物储氢等。衡量储氢技术性能的主要参数是储氢体积密度、质量分数、充—放氢的可逆性、充放氢速率、可循环使用寿命及安全性等。从技术条件和目前的发展现状来看，高压储氢、液氢储存及金属氢化物储氢三种方式更适用于商用要求。

高压气态储氢是指在氢气临界温度以上，通过高压压缩的方式存储气态氢。主要优点是存储能耗低、成本低（压力不太高时）、充放氢速度快，在常温下就可进行放氢。由于上述优点，高压气态储氢已成为成熟的储氢方案。

2. 主要储氢瓶技术

（1）35MPaⅢ型瓶储氢技术

35MPaⅢ型瓶储氢技术主要以气瓶作为容器通过高压压缩的方式储存氢气，35MPa碳纤维缠绕瓶由内至外包括铝合金内胆、纤维缠绕层、外保护层。内胆主要作为储存氢气的容器，纤维缠绕层为主要承压部分。内胆通过冲压、拉深及旋压、收口等工序制成，内胆制造完成后，在内胆的外侧缠绕碳纤维，通过合理的缠绕程序及固化制度，最终完成储氢气瓶的加工。

（2）70MPaⅢ型瓶储氢技术

参照储氢气瓶使用环境特点，70MPa储氢气瓶的研制也成为当前企业高度重视的方向。目前，对70MPa的储氢气瓶的研发设计主要针对70MPa储氢Ⅲ型气瓶和Ⅳ型气瓶的研究。

（3）70MPaⅢ型储氢气瓶储氢技术

70MPaⅢ型储氢气瓶的结构与35MPa Ⅲ型储氢气瓶基本相同，包括铝合金内胆、纤维缠绕层、外保护层。与35MPa Ⅲ型储氢气瓶相比，相同外形尺寸70MPa Ⅲ型储氢气瓶的缠绕层厚度更厚。70MPaⅢ型储氢气瓶的使用环境为－40℃～85℃，其爆破压力不低于工作压力的2.25倍，充装次数为7500次。2016年，国内的沈阳斯林达公司已成功研制出70MPaⅢ型纤维全缠绕高压储氢气瓶，大大提高了氢燃料电池汽车的续驶里程。

（4）70MPaⅣ型瓶储氢技术

Ⅳ型瓶由内胆、纤维增强层、外保护层等部分构成。内胆材料为聚乙烯塑料，内胆的加工成型一般采用旋转成型（滚塑）、注塑、吹塑工艺。纤维增强层是连续的玻璃纤维或碳纤维浸渍树脂，按照铺层设计工艺缠绕在内胆上，然后通过固化处理得到复合材料层。

（5）35MPa 储氢瓶与 70MPa 储氢瓶的对比

近年来，70MPa 储氢Ⅲ型气瓶已经进入示范使用阶段。在 35MPa 储氢Ⅲ型气瓶的设计基础上，70MPa 储氢Ⅲ型气瓶的体积效率明显增高。同等外形尺寸下 70MPa 储氢Ⅲ型气瓶的单位体积储氢密度高于 35MPa 储氢Ⅲ型气瓶的单位体积储氢密度，但气瓶的重量也有所提高。在使用寿命上，35MPa 储氢Ⅲ型气瓶的使用寿命为 15 年，70MPa 储氢Ⅲ型气瓶的使用寿命为 10 年。同时，35MPa 储氢Ⅲ型气瓶的压力循环次数为 11000 次，70MPa 储氢Ⅲ型气瓶的压力循环次数为 7500 次。

塑料内胆纤维全缠绕气瓶（Ⅳ型气瓶）在 70MPa 储氢瓶的应用上，相较于金属内胆纤维全缠绕气瓶（Ⅲ型气瓶）在重量上有一定的优势，但受限于我国生产工艺不成熟，早期国产的Ⅳ型气瓶存在一定缺陷。高压气体易从塑料内胆向外渗透造成泄漏，且金属阀座与非金属内胆的连接部位密封性难以保证。同时，因为内胆与缠绕层线膨胀系数相差巨大，多次充装后内胆易向内“鼓起”与外层脱离，2003 年和 2004 年的几起安全事故后至今被禁止在国内销售。

（二）应用情况及市场情况

1. 35MPa 储氢瓶应用情况

目前，我国企业开发的 35MPa 碳纤维缠绕储氢瓶在经过合理的设计及试验验证已达到国内外标准要求，已实现国产化和批量化生产，在国内燃料电池汽车领域得到了广泛应用（见表 1）。

表 1　储氢瓶应用实例

应用实例	储氢气瓶生产商
2008 年奥运会氢燃料电池客车	Dynetek
2010 年上海世博会上汽氢燃料电池汽车	沈阳斯林达
2010 年广州亚运会上汽氢燃料电池观光车	沈阳斯林达
佛山公交	北京科泰克
青年汽车	北京科泰克
东风特汽（十堰）专用车	富瑞氢能

续表

应用实例	储氢气瓶生产商
东风特汽(十堰)客车	沈阳斯林达
上汽大通 FCV80	北京科泰克
上汽申沃客车	沈阳斯林达
飞驰客车	北京科泰克/富瑞氢能
宇通客车	富瑞氢能
2022 年冬奥会用车	北京天海

2. 35MPa 储氢瓶市场前景

我国燃料电池汽车产品以商用车为主，主要采用 35MPa 储氢瓶。截至 2019 年 7 月，我国燃料电池汽车保有量已突破 3500 辆。2019 年以来，开展燃料电池汽车推广应用的城市数量进一步增加。随着国家氢能及燃料电池汽车支持政策的逐渐明朗，2019 年起我国有望迎来燃料电池汽车大幅增长，主要整车企业已经开始燃料电池汽车的布局与批产。从使用 35MPa 储氢瓶的公交车、物流车以及城市专用车来看，2019 年将会产生 2 万支左右的储氢瓶用量，在 2020 年将会有不少于 3 万支的用量。

3. 70MPa 储氢瓶的应用

在产品开发及应用方面，我国一些企业初步掌握了 70MPa 储氢瓶技术，已开发出 70MPaⅢ型储氢瓶产品，并应用于燃料电池汽车。例如，沈阳斯林达研制生产的水容积 52L、70MPa 车用储氢气瓶已经通过了型式试验验证，进入批量生产阶段，并于 2016 年批量应用于上汽荣威 950 氢燃料电池汽车。

4. 70MPa 储氢瓶市场展望

目前，国内一些整车企业正在推进使用 70MPa 储氢瓶的燃料电池汽车产品开发。从合作情况来看，沈阳斯林达已承接上汽集团、广汽集团、亿华通等公司批量定点订单。另外，沈阳斯林达已交样瓶运行并合作的企业有上汽大众、一汽红旗，已有意向合作的企业有东风、格罗夫等厂家。同时，国内已有几家储氢瓶企业崭露头角。例如，北京天海与亿华通合作，在国家研发项目支持下推动 70MPa 储氢瓶在燃料电池客车领域应用。预计 2020 年国内将出现 3000 支左右的 70MPa 储氢瓶需求，且会逐年递增。

B.5
中国车用燃料电池产业化进展

杨 程　卢兵兵　余 意　胡辰树*

摘　要： 燃料电池电堆是燃料电池汽车的核心部件，其可靠性、耐久性和经济性是制约燃料电池汽车推广应用的关键问题。经过多年发展，我国已经拥有了一批燃料电池电堆、关键材料及燃料电池系统关键部件企业，由于燃料电池关键材料工程化缓慢、个别环节缺失，以及燃料电池系统关键部件尚未完全自主化等，我国的车用燃料电池电堆在可靠性、耐久性方面与国外相比还存在差距，生产成本偏高。为破解这些问题，建议我国在车用燃料电池基础技术及集成技术研发、鼓励车用燃料电池自主开发的产业政策及车用燃料电池产业链建设等方面发力。

关键词： 车用燃料电池　电堆　膜电极　质子交换膜　自主开发

在氢能及燃料电池产业链中，燃料电池系统处于中游核心环节。其中，燃料电池系统包括电堆、供氢系统、进风系统、冷却系统、加注系统、控制系统等部件。作为燃料电池系统的核心，燃料电池电堆由膜电极、双极板、密封件构成。而膜电极又包括催化剂、质子交换膜、气体扩散层等关键材

---

* 杨程，硕士，工程师，就职于上海捷氢科技有限公司；卢兵兵，高级工程师，上海捷氢科技有限公司总经理；余意，博士，高级工程师，上海捷氢科技有限公司项目总监；胡辰树，工程师，北京卡达克科技中心有限公司产业市场部主管。

料。燃料电池电堆及系统可应用于交通、固定和便携三个领域（见图1）。在交通领域中，燃料电池汽车是发展最快的方向。本报告围绕车用燃料电池产业化进展，主要对车用燃料电池电堆及关键材料，以及车用燃料电池系统关键部件的技术特征、产业化进展、代表性企业等展开分析。

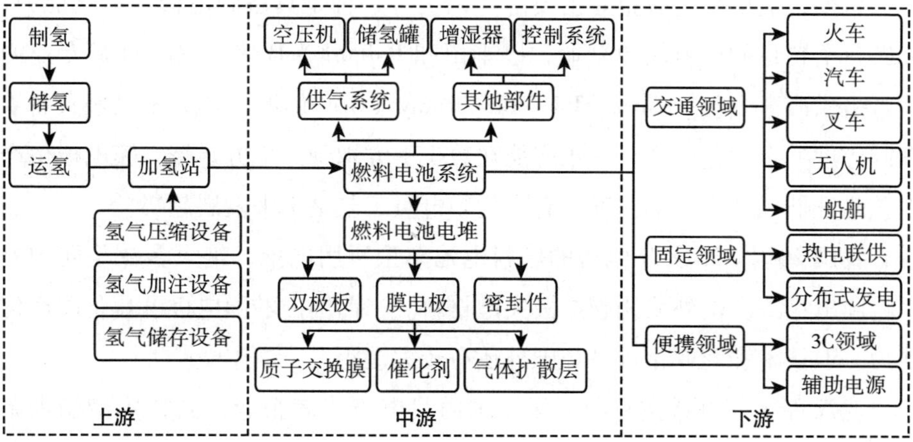

图1　氢能及燃料电池产业链

一　车用燃料电池材料进展

车用燃料电池电堆由多个单体电池以串联方式层叠组合构成，而单体电池又由质子交换膜、催化剂、气体扩散层、双极板等关键材料构成。其中，质子交换膜、催化剂、气体扩散层构成膜电极，是车用燃料电池电堆的核心。经过多年努力，我国在车用燃料电池材料方面取得明显进步。

（一）膜电极

膜电极是质子交换膜燃料电池发生电化学反应的场所，相当于燃料电池的心脏。总体来看，燃料电池膜电极技术经历了三代发展，大体上可以分为热压法、CCM（catalyst coating membrane）法和有序化膜电极三种类型。目前大部分厂商选择第二代CCM三合一膜电极技术，有序化膜电极是当下工艺发展趋势。有序化膜电极能兼顾超薄电极和结构控制，拥有巨大的单位体积的反应活性面积及孔隙结构相互贯通的新奇特性，可以实现高效三相传输、高 Pt 利用率、高耐久性，使其成为 PEMFC 领域的研究热点，也是下一代膜电极制备技术的主攻方向。

目前，全球膜电极企业主要分为两类，一种是具备膜电极产业化能力，能够自给自足的燃料电池企业，以丰田和 Ballard 为代表。另一种是专业的膜电极供应商，包括 Gore、JM、3M、Toray（Greenerity）等，都已经具备了不同程度的自动化生产线，年产能在数千平方米到万平方米级。膜电极生产工艺瞄准低铂和高功率密度，有序化膜电极工艺是未来发展趋势。

我国 2017～2018 年销售的燃料电池车型所用电堆，绝大多数是向国外采购膜电极或向国外采购膜电极关键材料。当前国内的膜电极已具备国产化能力，但技术和商业化水平与国外还有较大差距。

武汉理工氢电科技有限公司是国内膜电极代表企业，其技术最初来源于武汉理工大学自主研发的基于 CCM 技术的膜电极，依托武汉理工大学材料复合新技术国家重点实验室、燃料电池湖北省重点实验室，已建成一个完善的燃料电池膜电极开发平台。公司已建成一条燃料电池膜电极（MEA）生产线，开展 CCM 膜电极产业化研究；通过自主研发，现已开发出车用膜电极、风冷膜电极、电解水膜电极、天然气膜电极、传感器膜电极等多种产品。产品性能国内领先，生产的车用膜电极功率密度可达 $1.4W/cm^2$，Pt 用量低至 0.2g/kW。产品常年出口美国、德国等国际市场，已在燃料电池叉车、燃料电池商用车、燃料电池备用电源等领域实现规模化应用。

具体来看，武汉理工氢电科技有限公司 2019 年之前的主要产品包括车用膜电极、风冷膜电极、电解水膜电极、传感器膜电极等，应用于燃料电池汽车、备用电源、电解水、传感器等领域。当前开发的主要产品为抗反极车用膜电极和超低铂长寿命车用膜电极。其中，抗反极车用膜电极的抗反极时间可达 200 分钟以上，超低铂长寿命车用膜电极的目标铂载量为 0.125g/kW（见表 1）。

表 1　武汉理工氢电科技有限公司主要膜电极产品及性能

产品分类	车用膜电极	风冷膜电极	电解水膜电极
产品应用	商用车、乘用车、船舶、轨道交通	固定电源、叉车、无人机、便携电源	电解水制氢、制氧
应用图片	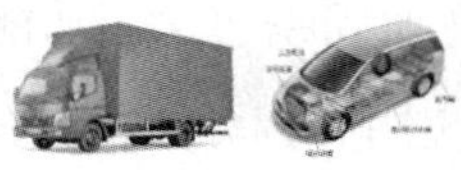		
结构	MEA－7，MEA－5，MEA－3	MEA－7，MEA－5，MEA－3	MEA－3
输出特性	~1.4W/cm^2	~0.65W/cm^2	~1.9V@1.8A/cm^2
运行温度	60~95°C	30~60°C	25~90°C
催化剂载量	Pt：0.2~0.5mg/cm^2	Pt：0.2~0.5mg/cm^2	Pt：0.4~0.8mg/cm^2 Ir：1.0~3.0mg/cm^2
寿命	≥6500h	≥18000h	—

（二）催化剂

催化剂是质子交换膜燃料电池膜电极的关键材料之一，主要可分为铂催化剂、低铂催化剂与非铂催化剂。PEMFC 工作温度不足 100℃，对催化剂活性要求很高，因此，铂催化剂成为较理想并实现商业化的催化剂。国外铂基催化剂产业发展较成熟的有 JM、TKK、BASF 等公司，我国目前以进口国外催化剂为主。但是，也有一些国内企业在迅速发展，如贵研铂业、喜马拉雅光电、擎动科技等，已初步形成打破国外垄断之势。

（三）质子交换膜

质子交换膜是燃料电池的关键部件之一，具有传递质子和分离阴阳两极气体的双重功能，其性能直接影响燃料电池的稳定性和耐久性。目前，主要是全氟磺酸质子交换膜应用于燃料电池，但其成本占燃料电池各组成部件之首。在燃料电池的电堆成本中，质子交换膜占据了将近 30% 的份额。同时，质子交换膜的技术水平直接影响电堆的使用寿命。

就国内来看，山东东岳集团在质子交换膜技术研发和产业化方面进展较快，是继戈尔、科慕两家外国企业之后市场占比最大的中国企业。东岳集团基于拥有的完善氟硅材料产业链优势，长期致力于在含氟功能膜材料领域的自主创新，自 2004 年开始燃料电池质子交换膜的研发。历经 15 年的科技攻关，形成了从原料、中间体、单体、聚合物到成膜技术、功能化技术等全产业链条。早在 2016 年，东岳膜 DF260 就已应用于奔驰、福特公司第一批量产燃料电池汽车，之后开发了三种新样品，进入批量化试产阶段。东岳 DMR100 膜技术已成熟并实现定型量产，该膜厚度可达 15um，在 OCV 情况下，耐久性大于 600 小时；乘用车工况加速寿命测试达到 6000 小时；在干湿循环和机械稳定性方面，循环次数超过 20000 次。2017 年 12 月，东岳集团成立东岳未来氢能材料有限公司，全面实施燃料电池膜及系列配套产品商业化开发及市场推广。

（四）气体扩散层

气体扩散层通常由基底层和微孔层组成，基底层通常使用多孔的碳纤维纸、碳纤维织布、碳纤维非纺材料及碳黑纸，也有的利用泡沫金属、金属网等来制备，主要起到支撑微孔层的催化层的作用，微孔层主要是改善基底层孔隙结构的一层碳粉，目的是降低催化层和基底层之间的接触电阻，使流道气体以及产生水均匀分配。气体扩散层的材质是经疏水材料处理的碳基材料（碳纸或碳布）。疏水材料的作用是防止水在扩散层孔中积聚，影响气体扩散。气体扩散层将膜电极组合体夹在中间，主要起气体扩散的作用。主要功能包括：①实现气体在催化层表面的扩散；②提供机械支撑；③导通电流；④排除反应生成水。

工艺方面，气体扩散层所用碳纸初坯的制备方法可分为两种：湿法和干法。湿法造纸技术制备的扩散层用碳纸具有良好且均匀的大量孔隙，能够通过调节酚醛树脂的量来控制孔隙率的大小，有利于加工成满足实际需求的碳纸。

（五）双极板

双极板也叫作流场板，是构成质子交换膜燃料电池重量和体积的主要部分。双极板是电堆中的“骨架”，与膜电极层叠装配成电堆，在燃料电池中起到支撑、收集电流、为冷却液提供通道、分隔氧化剂和还原剂等作用。

双极板材料主要包括石墨、金属以及复合材料三类。石墨基双极板在燃料电池的环境中具有非常良好的化学稳定性，同时具有很高的导电率，是目前质子交换膜燃料电池研究和应用最为广泛的材料。金属材料相比石墨材料具有更好的导电和热传导性能，同时金属材料良好的机械加工性能会大大降低双极板的加工难度。复合材料双极板能较好地结合石墨板与金属板的优点，使电堆装配后达到更好的效果。现在也有大量开发新材料的研究，其目的是减轻双极板的重量，从而提高燃料电池的功率密度，但均存在一定问题。

二　车用燃料电池电堆及系统部件进展

通过国家科技研发支持、技术成果转化和技术引进等方式，我国形成了一批车用燃料电池及关键部件企业，在车用燃料电池技术研发、产品开发及产业化应用方面取得较大进展。

（一）电堆

2017 年，大连新源动力股份有限公司在国家重点研发计划“新能源汽车”重点专项的支持下，在高功率密度燃料电池电堆技术开发上取得重要进展，完成了Ⅰ型电堆功能样机的开发，电堆功率密度超过 2.0kW/L，可以于 -30℃存储和 -20℃启动，并进行了相当于轿车工况 5 万公里的耐久性考核。同时，针对以更高功率密度（3.1kW/L）为目标的Ⅱ型电堆开发工作也取得了明显进展，电极铂用量已经大幅降至 0.33g/kW，并且在无外增湿条件下电极功率密度超过 1W/cm^2。按计划，此型电堆将在 2021 年实现商业化应用。2018 年 3 月，新源动力 HYMOD© -300 型车用燃料电池电堆模块完成寿命测试和整车应用验证。该电堆模块采用高稳定性、高性能的“膜基催化层膜电极设计”和高可靠性的“复合双极板结构”，经寿命测试和整车应用验证，突破了车用燃料电池 5000 小时的耐久性难关，成为我国首例自主研发的超越5000小时耐久性的燃料电池产品。同时，该产品还实现了电堆在－10℃环境下的低温启动，以及在－40℃下的储存。经过大量的工艺开发，该公司建立起了符合汽车行业质量管理标准要求的电堆小批量生产线，已累计销售几百台。2019年2月，大连新源动力股份有限公司发布了最新一代产品：第三代金属双极板质子交换膜燃料电池电堆模块HYMOD©－70。单堆功率高达85kW，电堆体积功率密度突破3.3kW/L。环境适应性强，能够采用不影响电堆耐久性的低温环境应用策略及水热管理方案，实现－30℃低温启动和－40℃低温存储。该产品易于批量制造：采用易于批量制造的薄金属双极板方案，配备有规模化的膜电极生产线、电堆/模块组装生产线、专用质量保证下线测试台架。该产品适用于乘用车和商用车的应用，已经获得多家车企的小批量订单。

上海神力科技有限公司联合上海申龙客车有限公司研发的两款氢燃料电池公交车2019年1月正式交付上海奉贤巴士公共交通有限公司、上海奉贤汽车客运有限公司。其燃料电池电堆产品体积功率密度突破2.2kW/L，支持－30℃低温自启动、－40℃低温存储，广泛适用于客车、物流车、乘用车等领域。

北京氢璞创能科技有限公司主要产品为第三代和第四代碳基石墨板燃料电池水冷电堆。其中，第三代燃料电池电堆功率为18kW，功率密度为1.5kW/L，设计耐久性为10000小时，产能达4000套/年。第四代燃料电池电堆功率为46kW，功率密度为1.8kW/L。两款产品主要用于商用车。公司当前的燃料电池金属板水冷电堆功率密度为2.5kW/L，正在研发第二代金属板水冷电堆。

广东国鸿氢能科技有限公司分别与加拿大巴拉德公司和上海重塑成立合资公司，生产燃料电池电堆和系统模块。当前，国际氢能燃料电池电堆年产能2万套，国产化程度达到90%，工作寿命在12000小时以上。9SSL系列燃料电池电堆是为交通领域设计的液冷式电堆产品，能够满足车用变载动态特性要求，具有良好的单电池均一性，根据组装单电池数的不同，额定功率为3.8～30kW，工作寿命超过12000小时。

明天氢能科技股份有限公司目前已成功开发出64kW的商业化金属双极

板电堆，体积比功率达到3.0kW/L。在市场开发方面，公司已与多家整车厂建立战略合作关系。新研氢能源科技有限公司于2018年8月在大同投资设立大同新研氢能源公司，拟投建氢能和燃料电池生产基地项目。该项目总投资8亿元，建设规模年产10000套燃料电池电堆。

（二）系统辅助部件

1. 空压机

空压机的作用是将常压的空气压缩到燃料电池运行所需的压力，并根据电力需要提供相应的空气流量。车用燃料电池使用的空压机主要有螺杆式空压机缩机和涡轮式空压机等。螺杆式空压机的优点是压力/流量可以灵活调整、启停方便、安装简单，缺点是噪声大、体积大、价格高重量大，已在美国GM、PlugPower和加拿大Ballard等公司的燃料电池系统中采用。涡轮式空压机容积效率较高，压力与气量连续可调，但尺寸和重量较大，本田和现代等公司已定制开发了空气轴承的涡轮式空压机。

空压机是车用燃料电池阴极供气系统最重要的部件。国内车用燃料电池空压机基本依赖进口，自主开发的燃料电池空压机大多为有油空压机，无法保证供给的空气绝对干净，且流量和压比无法满足大功率燃料电池系统运行；无油、高压比、大流量、响应快、噪声小的高速直驱离心式空气压缩机技术仍掌握在国外少数供应商手中。目前，国内企业中主要有广顺新能源的空压机产品在上汽荣威950及大通FCV80上有实际应用。但是，国内开始有一批企业发力燃料电池空压机，航天11所、国家电投、稳力科技等企业也在投入研发，预期在2~3年内能取得较大进展。

2. 加湿器

Gas-to-Gas是当前国际主流加湿器技术。国外已有一批企业开发出加湿器产品，能够满足备用电源到氢燃料电池公交车用加湿需要。例如，美国Perma-Pure公司管式加湿器、加拿大Dipont公司板式加湿器、德国Mann-Hummel公司板式和管式加湿器和德国FreudenbergFCCT公司管式加湿器等产品。国内生产车用燃料电池加湿器的企业较少，且性能有待提高。

3. 氢气循环泵

目前，我国的氢气循环泵产品主要依赖进口，美国 Park 公司开发的氢气循环泵可用于不同的氢燃料电池汽车。国内目前没有氢气循环泵替代品，主要是由于氢气循环泵的氢气密封和水汽腐蚀和冲击问题难以解决，国外也仅有几家企业能够提供解决方案。国内的雪人股份、广顺新能源、汉钟精机等企业正在进行氢气循环泵的研发。

（三）车载储氢系统

目前国际主流燃料电池汽车企业均采用 70MPa 储氢系统，而国内 90% 以上燃料电池车型均采用 35MPa 储氢系统制造技术，70MPa 氢系统的应用尚不成熟；另外，受法规限制，国内的 70MPa 氢气瓶主要是Ⅲ型氢气瓶，而国外已量产的主流氢气瓶为成本更低的Ⅳ型气瓶，国内的 70MPaⅣ型氢气瓶尚处于开发阶段。

1. 储氢瓶

国外燃料电池乘用车较多使用 70MPaⅣ型瓶（塑料内胆碳纤维缠绕），商用车还是使用 35MPaⅢ型瓶（铝胆碳纤维缠绕）。国内储氢瓶主要是 35MPa 和 70MPa 的Ⅲ型瓶，已有五家企业产品获得认证，如斯林达、科泰克、天海、富瑞氢能等，比较成熟。IV 型瓶国内由于法规限制尚未批准使用。

2. 高压阀件

储氢瓶瓶口阀、PRD 阀等需要承受高压（45MPa 以上）和温度冲击，目前国内基本上依赖进口，但进口产品也不尽如人意，国产产品的可靠性还亟待提高。需要强调的是，国内的博肯、舜华和科泰克等公司正在积极开发相关产品。

三　总结及建议

通过燃料电池汽车实现车用能源清洁化，这是未来汽车产业发展的趋势，丰田、现代、本田等国外汽车企业已陆续开发出可商业化的燃料电池车型。燃料电池汽车也是我国新能源汽车发展的重要方向，经过二十年的技术研发和验证，已经开始步入商业化导入期。燃料电池电堆是燃料电池汽车的核心部件，其可靠性、耐久性和经济性是制约燃料电池汽车推广应用的关键问题。从商业化路线图来看，在2020年前后，随着技术进步与规模效益的发展，燃料电池的成本将不断下降，燃料电池汽车产品的竞争力将逐渐提升，潜在市场将逐步壮大。

根据前文的分析，由于燃料电池关键材料工程化缓慢、个别环节缺失，以及燃料电池系统关键部件尚未完全自主化等，我国的车用燃料电池电堆在可靠性、耐久性方面与国外相比还存在差距，生产成本偏高。为破解这些问题，我国需要做好以下几个方面的工作。

第一，加强车用燃料电池基础技术及集成技术研发，包括燃料电池核心材料和燃料电池过程机理研究等，如新型低铂或非铂催化原理及催化剂、高化学和机械稳定性固体电解质开发、单电池综合仿真技术、燃料电池电热分布分析、空气杂质的影响、电堆“气水电热”多重耦合特性研究等。集成技术研发主要包括应用于燃料电池系统的集成技术研发和应用于整车的集成技术研发等。

第二，强化车用燃料电池关键零部件研发和国产化，例如高性能燃料电池系统所必需的空压机、加湿器、氢循环装置等重要零部件，都应尽快实现国产化，以确保车用燃料电池产业健康发展。

第三，研究鼓励车用燃料电池自主开发、促进技术进步的产业政策。2020年前，保持燃料电池汽车补贴力度，逐步提高技术门槛，补贴向鼓励自主开发和高性能、低成本车用燃料电池倾斜，确保技术进步，为下一阶段的全功率燃料电池奠定基础；2020年后，根据车用燃料电池产业链建设及燃料电池汽车推广应用情况，形成激励车用燃料电池自主核心技术开发的政策设计，要从补贴政策上区分国内先进的自主开发技术和国外落后的技术，鼓励自主开发，避免国外落后甚至淘汰技术进入中国。

第四，完善车用燃料电池产业链，尽快实现电池关键材料如电催化剂，质子交换膜、MEA、双极板等批量生产，为降低电堆成本和提高电堆一致性奠定基础。例如，建立扩散层碳纸、催化剂、质子交换膜、电极、MEA生产线等，研发生产空压机、氢气循环泵等。

B.6
中国燃料电池汽车产业化进展及示范运行

杨 程 程 伟 张长令 汪晓健 于 丹*

摘 要： 我国车用燃料电池的研发经过了“九五”至“十二五”四个五年计划的积累，在863计划“电动汽车”重大科技专项、“节能与新能源汽车”重大项目等支持下，我国初步掌握了燃料汽车整车开发、动力系统集成及零部件匹配等关键技术，基本建立了具有自主知识产权的车用燃料电池技术平台，开展了多层次的燃料电池汽车示范运行。在此过程中，我国燃料电池汽车产业链不断完善和强化，不仅形成了一批车用燃料电池企业，上汽集团、宇通客车、东风特汽等代表性整车企业燃料电池汽车产品开发进程加快，核心技术取得突破，产品应用范围不断扩大。

关键词： 车用燃料电池 燃料电池汽车 燃料电池系统 示范运行

大力发展新能源汽车是应对全球能源短缺和环境污染的重大战略举措。在众多的新能源汽车中，燃料电池汽车因其具有零排放、高效率、燃料来源多元化、能源可再生等优势而被认为是未来汽车工业可持续发展的重要方

* 杨程，硕士，工程师，上海捷氢科技有限公司；程伟，博士，高级工程师，上海捷氢科技有限公司副总经理；张长令，博士，高级工程师，北京卡达克科技中心有限公司产业市场部；汪晓健，上汽集团技术管理部总监；于丹，项目总监，中国汽车技术研究中心有限公司全球环境基金（GEF）、联合国开发计划署（UNDP）“促进中国燃料电池汽车商业化发展”项目办公室。

向，是解决全球能源问题和气候变化的理想方案之一。长期以来，世界主要国家和主要汽车企业都投入大量资金用于燃料电池汽车关键技术攻关，已成功开发出性能良好的燃料电池汽车产品，并进行规模化市场示范。目前，燃料电池汽车的可靠性、环境适应性及经济性方面取得突破，陆续推出了用于租赁与前商业化的燃料电池汽车产品。高效率和低氢耗，全新车型开发，一体化集成式动力系统和长电堆车载寿命是未来燃料电池汽车大规模商品化的四个趋势。

一 我国燃料电池电动汽车的发展历程及技术路径

（一）我国燃料电池电动汽车发展历程

我国燃料电池汽车研发起步较晚，经过“十五”、“十一五”和“十二五”期间的燃料电池汽车技术攻关，基本掌握了动力系统与关键零部件的核心技术，建立了具有自主知识产权的燃料电池汽车动力系统技术平台。然而，在整车层面上，目前推出的车型均为电—电混合动力燃料电池汽车，全功率车型尚属空白，自主开发的燃料电池汽车在效率及经济性、动力系统一体化集成、燃料电池发动机功率及耐久性等方面与国外存在一定的差距。

上汽集团是国内最早研发燃料电池乘用车的企业，最早可以追溯到2001 年与美国通用汽车一起开发的“凤凰一号”燃料电池汽车。2008年，上汽集团在北京奥运会上展示了与同济大学共同开发的 20 辆燃料电池汽车。2010 年，上汽集团为上海世博会提供了总计 174 辆燃料电池汽车，圆满完成了世博会示范运行任务；2011 年上汽集团发布自主开发的新一代“上海牌” Plug - in 燃料电池轿车，集成了中等容量动力电池及新一代燃料电池系统。2014 年荣威 750 燃料电池轿车成为国内首款完成整车公告的燃料电池乘用车，并进行小批量生产，累计销售 31 辆。同年，荣威 750 燃料电池轿车圆满完成了创新征程新能源汽车万里行示范活动，充分验证了燃料电池汽车的可靠性、安全性和环境适应性。2016年，上汽集团完成了荣威950燃料电池汽车的开发，成为国内首个采用金属双极板电堆技术的燃料电池乘用车，并成功实现了-20℃低温冷启动（见图1）。

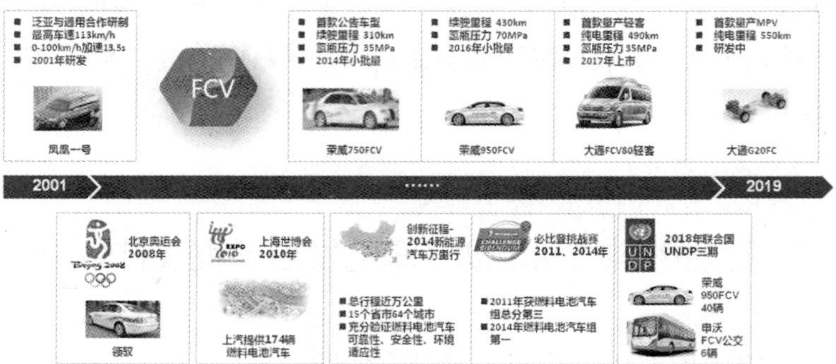

图1　上汽集团燃料电池汽车开发历程

资料来源：上汽集团。

东风汽车集团有限公司是国内最早从事燃料电池汽车技术研究的企业，早在“九五”期间就联合中科院大连化学物理研究所开发出国内首台30kW燃料电池示范车EQ640，并于2005年和2008年联合武汉理工大学合作开发了“楚天一号”乘用车和“楚天二号”中巴车。近年来，东风汽车集团有限公司将燃料电池汽车作为未来战略方向之一，先后在燃料电池发动机、关键零部件及整车等方面开展研究，不断加强燃料电池汽车技术储备和提升开发能力。

中国一汽集团从“十五”开始燃料电池汽车技术研究，2010年基于奔腾品牌，开发出5台燃料电池轿车，投入上海世博会进行示范运行，积累了一定的道路运行数据和燃料电池整车设计开发经验；近年来，中国一汽集团将全功率燃料电池汽车开发作为战略目标，研究燃料电池动力系统匹配技术、发动机集成与控制技术、电堆及关键部件需求开发技术、燃料电池测评技术等，逐渐形成在全功率燃料电池发动机以及整车开发方面的关键技术积累，燃料电池电堆及零部件方面的研发能力。

二 燃料电池电动汽车产业化进展

2017 年以来，随着各类投资主体和新企业的涌入，我国燃料电池汽车产业发展的“热度”不断增加。与此同时，上汽集团、宇通客车、东风特汽等代表性整车企业燃料电池汽车产品开发进程加快，核心技术取得突破，产品应用范围不断扩大。

1. 上汽集团

近 5 年来，上汽集团加大了燃料电池汽车产开发力度，陆续推出了燃料电池乘用车、轻型客车、轻型商用车等产品。

2016 年，上汽集团推出了搭载 PROME P240 燃料电池系统的荣威 950 燃料电池轿车，成为国内唯一一款完成公告、销售和上牌的燃料电池轿车，也是国内首次搭载 70MPa 储氢系统的乘用车。2017 年，上汽集团推出了上汽大通 FCV80 燃料电池轻客。此后，上汽集团在 2018 年推出了搭载 PROME 260 燃料电池系统的申沃燃料电池客车，并在 2019 年将 PROME P390 燃料电池系统应用于上汽大通 G20FC。2019 年起，上汽集团将陆续推出燃料电池轻中重型卡车。其中，PROME 系列燃料电池系统均由上海捷氢科技有限公司及其核心技术团队开发。上汽大通正在开发的 G20FC 将成为国内首款量产燃料电池 MPV，电机最高功率达到了 150KW。G20FV 可实现 -30℃冷启动，NEDC 工况续驶里程高达 550 公里，可在 5 分钟内完成加氢，产品将于 2020 年底 SOP。另外，上汽将逐步推出燃料电池物流车、卡车等车型。

上汽大通 FCV80 燃料电池轻客于 2017 年投产，目前共有 390 辆车分别在上海、佛山、大连、抚顺等地运营，主要用于通勤、公路客运和旅游客运。经统计至 2019 年 5 月，2017 年投入运营的 90 台车辆，总运行里程超过 110 万公里，总载客人数超过 46 万人次。其中抚顺 40 辆 FCV80 车辆，经受住了东北严寒考验，当地有 5 个月平均最低气温为 0 ~ -20℃，极端最低气温甚至达到 -30℃，车辆运行状况良好。

上海申沃客车于2018年交付上海嘉定公交的6辆氢燃料客车，自投入运营以来，车辆完全按照既定的时刻表运营，满足线路运营需求。

2. 宇通客车

宇通客车公司是国内最早建立燃料电池客车研发团队的企业之一，涵盖整车控制技术、燃料电池系统控制技术、整车及零部件试验验证等技术方向，自主研发了燃料电池电—电混合动力匹配与控制等多项核心技术。2014年通过了国内首个燃料电池客车资质认证，2015年取得了国内首款燃料电池客车公告，2017年成功开发了第三代燃料电池客车，在整车经济性、动力性方面达到行业领先水平。在研发平台方面，2017年宇通客车获批行业内首家“郑州市燃料电池与氢能工程技术研究中心”，目前拥有各类试验设备200余套，建成10kW和100kW级燃料电池系统测试平台、空压机测试台、燃料电池专用DC/DC测试台等，形成了完备的电堆、系统、氢系统等测试平台，具备了国内较为完备的燃料电池客车零部件、系统、整车三级试验验证体系。

宇通燃料电池客车产品布局为“3+1”模式，其中3款为8米、10米和12米公交产品，1款为8.9米公路产品。

表1　宇通客车氢燃料电池整车产品开发状况

细分产品	8米公交	10米公交	12米公交	8.9米公路
车型号	ZK6856FCEVG1	ZK6105FCEVG3	ZK6125FCEVG10	ZK6906FCEVQ1
最大总质量(Kg)	14000	16500	18000	13500
燃料电池系统(kW)	重塑46	重塑50	亿华通63	重塑50
氢系统	35MPa/6*140L	35MPa/8*140L	35MPa/8*140L	35MPa/5*140L
续驶里程(km,等速法)	480	600	600	460
接近角/离去角(°)	11/10	8/7	7/7	9/9
最高车速(km/h)	69			90

资料来源：宇通客车。

2018年以来，宇通客车公司先后在郑州推广燃料电池公交车22辆，在河北张家口推广燃料电池公交车25辆，在江苏张家港推广燃料电池公交车10辆。

3. 东风特汽

东风特汽（十堰）专用车有限公司（简称“东风特汽”）具备良好的新能源汽车研发生产制造能力，拥有传统专用车整车和新能源专用车整车设计主要核心技术。东风特汽自2015年开始燃料电池车型的研发工作，通过与亿华通、上海重塑、普拉格等知名燃料电池系统企业合作，在2016年开发成功了数款30kW燃料电池中型物流车，并试验性开发了甲醇重整燃料电池汽车。2017年，东风特汽批量生产燃料电池物流车了530辆。

表2　东风特汽燃料电池物流车车型

车型	燃料电池供应商	动力电池容量	续驶里程	供氢系统
EQ5080XXYTFCEV1	30kW/重塑	20kWh	>300km	140L*3
EQ5080XXYTFCEV2	20kW/氢洁	60kWh	>500km	甲醇重整系统
EQ5080XXYTFCEV3	30kW/亿华通	50kWh	>300km	140L*3
EQ5080XLCFCEV1	30kW/上海清能	28kWh	>300km	140L*3

资料来源：东风特汽。

目前，全国共有547辆东风特汽燃料电池物流车投入运营。其中，有17辆燃料电池物流车在武汉运营，13辆用于城郊物流运输，4辆用于冷链物流运输。其余530辆燃料电池物流车分布在上海、佛山、十堰三个城市，主要用于城郊物流运输。

三　车用燃料电池系统进展

在国家电动汽车重大科技专项等研发项目的支持下，通过产学研联合研发团队的攻关，我国燃料电池汽车技术取得了一定的进展，初步掌握了燃料电池电堆和关键材料、动力系统与核心部件、整车集成和氢能基础设施等核心技术，也初步形成了燃料电池发动机、动力电池、DC/DC变换器、驱动电机、储氢系统等关键零部件的配套研发体系。同时，我国形成了一批燃料电池电堆及燃料电池系统企业。

1. 亿华通

北京亿华通科技股份有限公司（以下简称“亿华通”）一直专注于氢燃料电池发动机研发及产业化发展。2012 年，亿华通推出燃料电池发动机，并在 2013 年装车应用。2014 年，亿华通的燃料电池发动机产品开始应用于有轨电车。2015 年，亿华通控股上海神力，开始布局国产化电堆研发及生产基地。2016 年起，亿华通燃料电池发动机产品性能升级并实现批量装车应用。2017 年，亿华通燃料电池发动机产品经历 -15℃低温和 37℃高温运营环境，同时在张家口建成投产国内首条具有自主知识产权的半自动化生产线。2018 年，亿华通推出自主开发的新一代国产燃料电池发动机采用神力科技国产化电堆，具备 -30℃低温启动、-40℃低温储存、通过第三方强制检测发动机功率密度超过 300W/kg，在功率密度、低温环境适应性、耐久性等多项关键性能上接近国际先进水平，已提前实现了我国商用车燃料电池系统 2020 年的技术目标，相关产品已投入批量化生产。

表 3　搭载亿华通燃料电池发动机的汽车运营情况

城市	时间(年)	运行车辆数(辆)	车型	备注
北京	2017	5	12 米公车车	384 路运营
北京	2017	30	团体客车	中关村园区通勤班车
张家口	2017	2	团体客车	创坝园区通勤班车
北京	2018	30	团体客车	中关村园区通勤班车
北京	2018	5	12 米公交车	384 路运营(UNDP 三期)
张家口	2018	74	公交车	1 路、23 路和 33 路
郑州	2018	22	12 米公交车	727 路、K351

资料来源：亿华通。

当前，亿华通的主要有 30kW/60kW 和 40kW/80kW 燃料电池发动机产品，电堆功率密度达到 2.0kW/L，耐久性达到 8000h，冷启动 -30℃，-40℃低温存储，公交车百公里氢耗约 6.3kg，已实现批量生产。其中，40kW/80kW 燃料电池发动机产品采用国产电堆。在北京市科委的大力支持下，亿华通正在开发 120kW 燃料电池电堆，将应用于北京冬奥城际高速客车和35吨、49吨重型氢燃料电池卡车；联合福田开发8吨物流车、12吨环卫车和25吨重卡。

目前，亿华通与国内相关企业进行空压机、氢气循环泵、增湿器等关键零部件的开发，与福田汽车、宇通客车、中通客车、海格客车、申龙客车、陕汽、中国重汽、东风汽车、中植汽车、金旅客车、中国中车、北汽集团、广汽集团、长安汽车、汉腾汽车等国内多家主流整车企业合作。截止2019年6月，工信部最新发布的《道路机动车辆生产企业及产品（第320批）》，燃料电池车型共89款，其中搭载亿华通燃料电池发动机的车型有23款，数量位居第一。

2019年4月，亿华通与丰田汽车、北汽福田签署合作备忘录，拟共同合作向北京2022年冬奥会提供燃料电池大巴，因此，亿华通还将投入大量研发资源开发基于丰田汽车金属双极板电堆的大功率燃料电池发动机，完善技术与产品体系。

2. 上海捷氢科技有限公司

上海捷氢科技有限公司（以下简称“捷氢科技”），是上汽集团的 全资子公司。由捷氢科技自主研发的新一代大功率燃料电池电堆和系统已经完成性能样机开发，并交付整车使用，关键性能指标已达到国际先进水平，可用于车用全功率燃料电池动力系统，应用范围可涵盖乘用车和商用车。燃料电池系统PROME P390已实现与丰田、现代等国际一流燃料电池车企的技术对标，电堆功率为115kW，体积功率密度为3.1kW/L，可实现 -30℃低温冷启动（无需外加热源）。其中，核心单元燃料电池电堆由捷氢科技自主开发并享有知识产权，电堆采用基于精细化流场设计的超薄金属双极板和基于合金催化剂的膜电极；燃料电池系统采用无外增湿的架构、一体化集成的机械设计理念和基于功能安全设计的电气集成思路。PROME P390燃料电池系统为新一代车用质子交换膜燃料电池系统，系统功率92kW，具有一体化集成、高功率密度、高耐久性、高可靠性和强环境适应性等优点，已经具备了全功率型燃料电池动力系统应用的条件。

捷氢科技已完成三款燃料电池系统开发，分别为P240、P260和P390，产品功率涵盖40~100kW。

表 4　捷氢科技的燃料电池系统产品

	PROME P240	PROME P240S	PROME P260	PROME P390
系统功率 kW	40	40	80	92
最高效率%	51	60	51	60
低温启动℃	-20	-20	-20	-30
寿命 hr	5000	5000	5000	5000
质量功率密度 kW/kg	0.26	0.30	0.26	0.60

资料来源：捷氢科技。

捷氢科技坚持自主开发，已掌握从电堆核心零部件、电堆集成、燃料电池系统集成到动力系统集成，整车集成的完全正向开发能力，并具有完整的自主知识产权；已完成三款燃料电池系统开发，产品功率涵盖 30kW 到 100kW 级以上，燃料电池储氢系统 HSS 35、HSS 70，可提供 35MPa 和 70MPa 储氢系统及整车氢安全等研发工作。

目前，捷氢科技自主研发的 92kW 大功率燃料电池系统，产品的技术指标及成本可比肩丰田 Mirai 的技术水平，如体积功率密度可达 3.1kW/L，实现 -30℃低温冷启动，续驶里程里程将达到到 550km 以上。

产品应用方面，搭载捷氢科技燃料电池系统的燃料电池轻客已在上海、辽宁、广东批量化应用。搭载捷氢科技燃料电池系统的燃料电池乘用车已开始应用于上海车辆租赁，燃料电池客车产品已应用于上海公交。截至 2019 年 7 月，捷氢科技新增燃料电池应用场景为上汽跃进市政环卫中型卡车，搭载 PROME P390 燃料电池系统及 HSS 35 燃料电池储氢系统，续驶里程超过 400km，可在低温 -30℃实现冷启动；南京依维柯欧胜平台的燃料电池厢式物流车，搭载燃料电池系统 PROME P240 和储氢系统 HSS 35。

3. 上海重塑能源科技有限公司

上海重塑能源科技有限公司（以下简称“重塑科技”）成立于 2015 年，公司主营业务包括燃料电池系统和核心零部件的研发、制造和相关工程服务，旗下的 CAVEN 系列燃料电池系统被广泛应用于车用领域。截止目前在中国市场已销售的燃料电池汽车中，有超过 1600 辆搭载了重塑科技 CAVEN 系列燃料电池系统。公司自 2016 年启动 CAVEN 系列车用燃料电池系统的自主研发，规划了该系列 CAVEN 3、CAVEN 4 和 CAVEN 7 三款车用产品。CAVEN 系列的车用燃料电池系统的零部件进行了定制化设计，核心部件空气压缩机、升压转换器（DC/DC）、燃料电池系统控制单元（FCU）、氢系统管理单元（HMU）通过企业自主开发已完成进口替代。CAVEN 3 和 CAVEN 4 两款产品已完成开发，额定功率 30～51kw，寿命 12000h，分别于 2017 年 6 月和 2018 年 7 月投产（见表 5）。重塑科技的制造基地位于广东云浮，该基地于 2017 年建成并投入使用，目前产能 5000 套/年，扩产后可达 20000 套/年。CAVEN 7 的电堆及关键组件通过合作开发的模式已进入产品验证阶段，今年四季度将进入到可批量状态，部分其他定制化零部件与各不同专业领域的供应商进行了合作或委托开发。CAVEN7 额定功率为 60kw，而 CAVEN7ex 的额定功率可达 80kw，两款产品的寿命可达 15000h 以上。

表 5　重塑科技燃料电池系统技术参数

名称	单位	CAVEN 3	CAVEN 4
额定功率	kW	30－32	46－51
体积比功率	W/L	232	273
质量比功率	W/kg	237	287
低温启动	℃	－30	－30
操作压力	bar	1.8	1.8
系统寿命	hr	≥12000	≥12000

资料来源：重塑科技。

2018～2019 年，重塑科技分别与佛山市南海区、苏州市常熟市达成在燃料电池产业化方向的合作协议。完成支持未来长期发展的在珠三角和长三角的产业布局。今年年中，重塑科技与丰田汽车公司、中国第一汽车股份有限公司、金龙联合汽车工业（苏州）有限公司达成合作协议，共同在燃料电池客车领域开展合作。根据合作内容，中国一汽、苏州金龙生产及销售的 FC 大巴上将搭载采用丰田 FC 电堆等零部件的重塑科技 FC 系统。

4. 长城汽车 & 未势能源

长城汽车集团致力于推动氢能产业的发展，目前已吸收上燃动力资源优势，同时孵化未势能源及氢能测试分公司等多家专注于氢能相关技术研发、制造、销售的企业，截至目前已累计投入 12 亿元研发资金，建成完备的研发团队和零部件测试、试制中心。公司力争未来 3 年成为中国氢能领域技术领导者，未来 5 ~10 年成为全球氢能产品和工程服务的主要供应商。目前，未势能源已组建一支国际化氢能、燃料电池系统及储氢系统关键零部件研发团队，外籍专家 56 名，包括来自德国、英国、韩国、日本、美国和中国本土的行业精英，绝大多数拥有十年以上燃料电池、膜电极、储氢瓶、阀门、制氢等领域工作经验。

作为未势能源控股子公司，上海燃料电池汽车动力系统有限公司积累了近二十年燃料电池、纯电动、混合动力汽车动力系统集成、匹配、测试能力，以及动力系统控制策略开发技术，目前主要产品覆盖5 ~100kW 燃料电池动力集成系统。

未势能源已完成膜电极研发、测试、生产全部能力搭建及设备准备，预计 2020 年中开始量产。未势能源引进 24 台国际顶级技术设备，设备精准度高、可靠性强，是目前国内最大的燃料电池单体测试试验室，具备业界资深的专家研发团队，其测试能力及测试范围达到国际领先水平。燃料电池堆方面，未势能源已积极投入两代金属板电堆技术的研发，在研第一代燃料电池堆于 2019 年底推出，同步开展第二代燃料电池堆开发，计划 2020 年 6 月推出。通过新材料、新工艺开发与应用进一步提升性能，降低整堆成本，将满足未来更高功率燃料电池应用需求，同时电堆产品将向应急发电车、分布式电站、社区热电联供系统、备用电源等领域积极拓展。燃料电池发动机方面，未势能源首款 85kW 燃料电池系统将于 2020 年初装车。

四　燃料电池汽车示范运行状况

我国燃料电池汽车示范运行始于 2003 年“UNDP/GEF 燃料电池汽车示

范项目”，经过十几年努力，开展燃料电池汽车示范的城市已超过 10 座，燃料电池汽车示范运行总数已超过 3000 辆。据新能源汽车国家监管平台统计，截至 2019 年 7 月，我国已推广燃料电池汽车 3509 辆，占新能源汽车总量的 0.1%。

根据组织者的不同，我国燃料电池汽车示范运行可分为 3 类，即由国际合作项目推动的燃料电池汽车示范运行、由科技部推动的示范运行和由地方政府推动的示范运行。其中，前两类组织者推动的燃料电池汽车示范运行车辆数均在百辆级别，由地方政府推动的示范运行车辆数量合计已达千辆级别。

1. UNDP/GEF 燃料电池汽车示范项目

由全球环境基金（GEF）、联合国开发计划署（UNDP）共同支持，科技部和财政部联合地方城市共同实施。项目名称为“促进中国燃料电池汽车商业化发展”。项目秘书处设在中汽中心北京工作部，项目已经完成 2 期示范，当前正在开展第 3 期示范。

项目一期：2003 ~2007 年，在北京示范，示范车辆为 3 辆戴姆勒 - 克莱斯勒燃料电池客车。

项目二期：2007 ~2011 年，在北京和上海示范，示范车辆为 6 辆上汽燃料电池客车，和 3 辆北汽福田燃料电池客车，共计 9 辆。

项目三期：2016 年 8 月正式启动。项目执行期为四年，计划在北京、上海、郑州、盐城、佛山、张家口等城市开展燃料电池客车、轿车、物流车等百辆级的商业化运行工作。截至目前，已在北京市示范运行车辆 15 辆，其中燃料电池客车 10 辆，燃料电池卡车 5 辆；已在上海市示范运行车辆 86 辆，其中燃料电池客车 5 辆，燃料电池轿车 40 辆，燃料电池物流车 30 辆，燃料电池通勤车 10 辆；已在郑州示范运行车辆 3 辆，全部为燃料电池客车；已在佛山示范运行车辆 2 辆，全部为燃料电池客车；已在盐城示范运行车辆 10 辆，全部为燃料电池客车。另外，还在张家口和常熟分别投放燃料电池乘用车 1 辆。

2. 科技部“典型区域多种燃料电池汽车示范运行研究”项目

2018 年 5 月，科技部重大专项立项支持我国燃料电池汽车示范，由中国汽车技术研究中心有限公司牵头，在 GEF/UNDP/科技部“促进中国燃料电池汽车商业化发展”项目基础上，组织在京津冀、中原、长三角、珠三角四个区域进行不少于 120 辆的燃料电池汽车示范运行。目前计划内的 149 辆燃料电池汽车已经全部上牌，车型主要以商用车为主，包括燃料电池城市客车和物流车，其中 129 辆已经投入正式运营，投入运营的车辆数已经达到项目要求，正在正常进行示范运行相关数据的采集工作，其他车辆未投入运营的原因主要是加氢站的准备尚未到位等。

表 6　科技部示范运行项目燃料电池汽车投入情况

	客车	物流车
北京	65	10
张家口	10	0
上海	0	28
郑州	10	0
盐城	0	2
佛山	24	0
合计	149	

资料来源：作者统计整理。

3. 地方政府推动的燃料电池汽车示范运行

除了国家层面推进的燃料电池汽车示范运行之外，一些地方政府也积极推进本地区燃料电池汽车示范运行。上海、佛山等国家燃料电池汽车示范城市为加快本地氢燃料电池汽车产业发展，开展了更大规模的燃料电池汽车示范运行。还有一些非示范城市，诸如武汉、江苏如皋等，为了启动和推进本地氢燃料电池汽车产业发展，也积极开展燃料电池汽车示范运行。

上海：是我国燃料电池汽车示范运行规模最大的地区。截至 2019 年 7 月，上海有 905 辆燃料电池汽车在示范运行。其中，上汽大通 FCV80 燃料电池轻客和荣威 950 轿车分别达到 347 辆和 50 辆，燃料电池公交车 6 辆，燃料电池物流车 500 辆。

佛山：是我国燃料电池公交车示范运行规模最大的地区。在承担 GEF/

UNDP/科技部“促进中国燃料电池汽车商业化发展”项目的同时，佛山积极推进更大规模的燃料电池汽车示范。截至2019年7月底，佛山已推广燃料电池汽车768辆。其中，燃料电池公交车317辆，燃料电池物流车448辆，燃料电池通勤车3辆。

作为2019年刚刚入选的示范城市，张家口借助2022年冬奥会举办的机遇，已推广燃料电池客车174辆。同时，作为非示范城市，成都、武汉、潍坊等城市启动了燃料电池客车示范，山东德州、辽宁新宾等城市开始了燃料电池商用车示范。

燃料电池客车示范方面，武汉市分别在今年3月和5月投入5辆和21辆氢燃料电池公交车。2018年，成都市有10辆燃料电池公交车交付使用。2019年7月，20辆由中植一客生产、搭载了亿华通最新一代氢燃料电池发动机的氢燃料电池客车在成都市挂牌。2019年以来，潍柴联合中通客车在潍坊城区打造了3条氢燃料电池公交车运营专线，共投放30辆燃料电池公交车开展试运营。2019年3月，大同市40辆燃料电池大巴车已实现全部上牌，并交付由大同公交运营。2019年8月，聊城市首批30辆氢燃料电池公交车投放至两条公交线路，张家港市也有15辆燃料电池公交车开始运行。

燃料电池商用车方面，辽宁新宾2018年开始40辆上汽大通FCV80轻型客车示范运行。2019年5月，山东德州首批30辆氢燃料电池物流示范车辆投入运营，未来将投入100辆以上物流车、公交车以及冷链车。

政 策 篇

Policy Reports

B.7 国内外车用氢能安全技术标准及发展趋势

杨燕梅　王 赓*

摘　要： 氢能安全技术标准是促进车用氢能产业规范、安全发展的基础保障。本报告梳理和分析了车用氢能安全相关国家标准、国际标准，详细分析了我国车用氢能安全技术国家标准和ISO标准的基本情况。当前，我国亟须建立系统完善的车用氢能安全技术标准体系；各标准化技术委员会应加强合作，共同推动我国车用氢能安全技术标准的研究；应进一步加强车用氢能安全技术标准的宣贯与实施，消除公众因对氢能缺乏正确认知而产生的畏惧心理，建设绿色低碳社会。

关键词： 氢能　氢安全　技术标准

* 杨燕梅，博士，中国标准化研究院；王赓，研究员，中国标准化研究院。

2016年以来，我国车用氢能产业进入了快速发展阶段，地方政府和企业积极探索车用氢能产业发展之路，已形成了京津冀、珠三角、长三角等主要氢能产业集群，并逐步辐射到周边地区。据不完全统计，截至2018年底，全国16个省25座城市累计发布了36项氢能与燃料电池汽车产业发展规划和扶持政策，积极推动地方氢能产业的发展；建成和运营加氢站23座，规划建设中的加氢站超过40座；燃料电池车累计销售3428辆，北京、上海、郑州、佛山、盐城等多个城市开展了百辆级燃料电池客车、物流车、邮政车等的商业化运行。

氢分子量小，易泄漏扩散，氢气的燃烧极限宽，易燃易炸，氢分子对材料有劣化作用，安全是车用氢能产业发展的前提。标准对产业发展具有规范和引领作用，氢能安全技术标准是促进车用氢能产业规范、安全发展的基础保障。

一　国内外车用氢能安全技术标准进展

（一）国内氢能安全技术标准概况

我国主导氢能技术国家标准研制的技术委员会主要包括：全国氢能标准化技术委员会（SAC/TC 309）、全国燃料电池及液流电池标准化技术委员会（SAC/TC 342）、全国汽车标准化技术委员会电动车辆分技术委员会（SAC/TC 114/SC 27）、全国气瓶标准化技术委员会车用高压燃料气瓶分技术委员会（SAC/TC 31/SC 8）、全国气体标准化技术委员会（SAC/TC 206）、全国安全生产标准化技术委员会（SAC/TC 288）等，其他标准化技术委员会也制定氢能相关国家标准。SAC/TC 309主要负责氢能生产、储运、应用等领域的标准化工作，主导制定氢能直接相关国家标准28项，主要涉及氢能术语、系统能效、氢品质、氢安全、加氢站建设、氢的制备与提纯、氢储运与加注、氢能应用以及氢检测等重点领域；SAC/TC 342主要负责燃料电池及液流电池的术语、性能、通用要求及试验方法等领域的标准研制工作，主导制定燃料电池领域国家标准 37 项，主要涉及燃料电池术语、模块以及固定式燃料电池、便携式燃料电池、驱动和辅助动力用燃料电池、微型燃料电池等的安全、安装、测试方法等重点领域；SAC/TC 31/SC 8 主要负责车用高压氢气瓶等复合材料气瓶方面的标准化工作，主导制定国家标准 1 项（GB/T 35544－2017《车用压缩氢气铝内胆碳纤维全缠绕气瓶》）；SAC/TC 114/SC 27 燃料电池车辆工作组主要负责氢能燃料电池车辆相关国家标准的研制，主导制定国家标准 13 项，主要涉及燃料电池汽车整车、部件、接口与通信等重点领域。

氢安全标准是氢能产业发展的基础，据统计，截至 2019 年 6 月，我国已发布氢安全直接相关国家标准 20 项（见图 1），其中车用氢能安全技术标准 15 项，涉及制氢、储氢、加氢站、氢燃料电池汽车等方面，具体列于表 1 中。

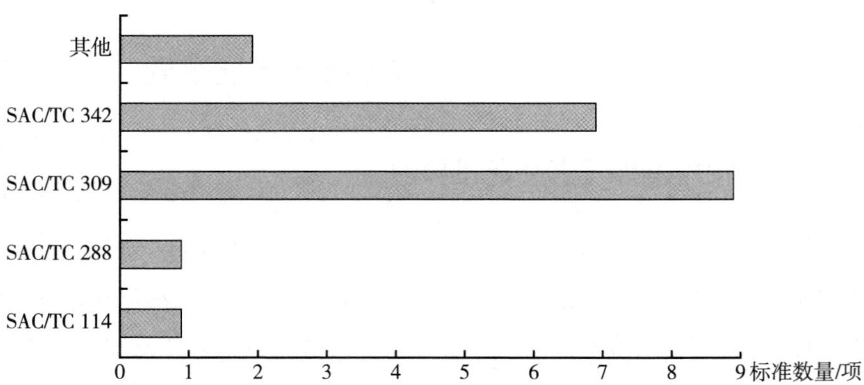

图 1　我国车用氢能安全技术标准分布情况

表 1　我国车用氢能安全技术标准

序号	标准号	标准名称
1	GB 4962－2008	氢气使用安全技术规程
2	GB/T 24549－2009	燃料电池电动汽车　安全要求
3	GB/T 29729－2013	氢系统安全的基本要求
4	GB/T 31037. 1－2014	工业起升车辆用燃料电池发电系统　第 1 部分:安全

续表

序号	标准号	标准名称
5	GB/T 31139 - 2014	移动式加氢设施安全技术规范
6	GB/T 34539 - 2017	氢氧发生器安全技术要求
7	GB/T 34542. 1 - 2017	氢气储存输送系统　第 1 部分:通用要求
8	GB/T 34544 - 2017	小型燃料电池车用低压储氢装置安全试验方法
9	GB/T 34583 - 2017	加氢站用储氢装置安全技术要求
10	GB/T 34584 - 2017	加氢站安全技术规范
11	GB/T 36288 - 2018	燃料电池电动汽车　燃料电池堆安全要求
12	GB/T 37563 - 2019	压力型水电解制氢系统安全要求
13	GB/Z 34541 - 2017	氢能车辆加氢设施安全运行管理规程
14	GB 50177 - 2005	氢气站设计规范
15	GB 50516 - 2010	加氢站技术规范

（二）国际和国外氢能安全技术标准概况

主导氢能技术国际标准研制的国际组织主要为国际标准化组织（ISO）和国际电工委员会（IEC），相关技术委员会包括：ISO/TC 197（氢能技术标准化技术委员会）、ISO/TC 22/SC 37（车辆技术委员会电动汽车分委会）、IEC/TC 105（燃料电池技术委员会）等。ISO/TC 197 致力于氢能安全性、加氢站、氢燃料等领域的标准化工作。ISO/TC 197 主导制定氢能技术现行国际标准 18 项，分别涉及水电解及天然气重整等制氢技术、储氢容器及气瓶、固态储氢、氢安全、氢气及液氢品质、氢气及液氢加注接口、加氢站及其关键设备、氢气检测等重点领域。IEC/TC 105 主要负责燃料电池及其应用相关的国际标准制定，具体应用领域涉及燃料电池发电系统、交通工具用燃料电池等。IEC/TC 105 已经发布燃料电池相关标准 17 项，主要涉及燃料电池术语、模块以及固定式燃料电池、驱动和辅助动力用燃料电池、微型燃料电池等的安全、安装、测试方法等重点领域。美国国家标准学会（ANSI）、欧洲标准化委员会（CEN）、德国标准化学会（DIN）、法国标准化协会（AFNOR）、日本工业标准调查会（JISC）、韩国标准协会（KSA）

等也致力于氢能标准化工作。

氢能安全技术标准方面，据统计，截至 2019 年 6 月，ISO 已发布氢安全直接相关标准 4 项，IEC 已发布燃料电池及其应用相关安全标准 5 项。美国、德国、法国、日本、韩国也发布了氢安全直接相关国家标准（见图 2），其中，德国、法国多为转化的 IEC 标准，韩国为转化的 ISO 和 IEC 标准。上述标准中，车用氢能安全技术标准 9 项，涉及制氢、储氢、氢燃料电池汽车安全等方面，具体列于表 2 中。

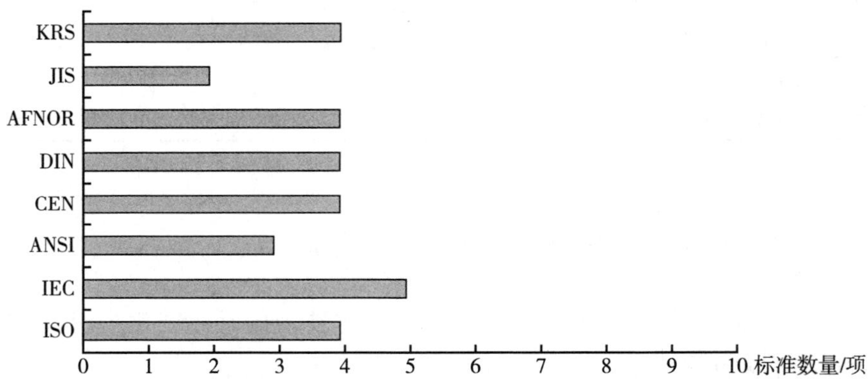

图 2　国际和国外氢能安全技术标准分布情况

表 2　国际和国外车用氢能安全技术标准

序号	标准号	标准名称
1	ISO/TR 15916:2015	氢系统安全的基本要求
2	ISO 16110 - 1:2007	燃料转化制氢系统　第一部分:安全
3	ISO/TS 19883:2017	变压吸附提纯氢系统安全要求
4	ISO 23273:2013	燃料电池道路车辆—安全规范—压缩氢气车辆的氢风险防护
5	ANSI/AIAA G - 095A - 2017	氢和氢系统安全指南
6	ANSI/UL 2267 - 2013	工业电动卡车用燃料电池动力系统安全标准
7	NF M58 - 002 - 1 - 2009	燃料转化制氢系统　第一部分:安全
8	KS B ISO/TR 15916 - 2016	氢系统安全的基本要求
9	KS R ISO 23273 - 2014	燃料电池道路车辆——安全规范——压缩氢气车辆的氢风险防护

二 车用氢能安全技术标准概况[①]

车用氢能产业链涵盖了制氢、氢储运、加注、应用、检测等多个环节，安全技术标准是车用氢能产业安全、规范发展的基础。我国各相关技术委员会，积极推动氢能安全技术标准研制工作，加强 ISO、IEC 氢安全国际标准转化工作，现有国家标准和国际标准中车用氢能安全技术标准的分布情况如图 3 所示，其中，加注安全（加氢站和加氢设施）和燃料电池车辆安全标准相对较多，氢储运安全标准较少。

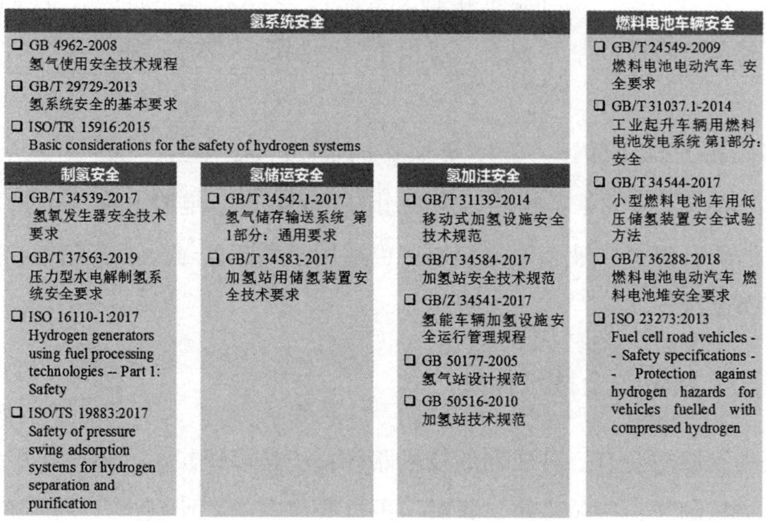

图 3 车用氢能安全技术标准分布情况

（一）氢系统安全要求

氢系统包括：制氢系统、储存系统、输送系统等，这是氢能基础设施的重要组成部分。氢系统安全相关的国家标准现有 2 项，ISO 标准现有 1 项，

① 以讨论国家标准和 ISO、IEC 标准为主。

分别为：GB 4962－2008《氢气使用安全技术规程》、GB/T 29729－2013《氢系统安全的基本要求》和 ISO/TR 15916：2015 *Basic considerations for the safety of hydrogen systems*，其中，GB/T 29729－2013 非等效采用了 ISO/TR 15916：2004。各标准的范围具体如下。

（1）GB 4962－2008《氢气使用安全技术规程》：规定了气态氢在使用、置换、储存、压缩与充（灌）装、排放过程以及消防与紧急情况处理、安全防护方面的安全技术要求。适用于气态氢生产后的地面上各种作业场所，不适用于液态氢、水上气态氢、航空用氢场所及车上供氢系统。

（2）GB/T 29729－2013《氢系统安全的基本要求》：规定了氢系统的基本类别（制氢系统、储存系统和输送系统）、氢的基本特性、氢系统的危险因素及其风险控制的基本要求，适用于氢的制取、储存和输送系统的设计和使用。

（3）ISO/TR 15916：2015 *Basic considerations for the safety of hydrogen systems*：规定了氢的基本特性、氢使用的安全要求、危险和有害因素控制等内容。适合气态氢、液态氢的应用，也适用于气态储氢、液态储氢和金属氢化物储氢系统。

（二）制氢安全技术标准

氢的制取主要有三种成熟的技术路线：一是以煤炭、天然气、甲醇等化石原料重整制氢；二是炼焦、氯碱、丙烷脱氢等的工业副产气提纯制氢；三是水电解制氢。现有制氢安全技术标准涉及水电解制氢、变压吸附提纯制氢以及燃料转化制氢等技术，相关的国家标准 2 项，ISO 标准 2 项，分别为：GB/T 34539－2017《氢氧发生器安全技术要求》、GB/T 37563－2019《压力型水电解制氢系统安全要求》、ISO 16110－1：2017 *Hydrogen generators using fuel processing technologies—Part 1：Safety* 和 ISO/TS 19883：2017 *Safety of pressure swing adsorption systems for hydrogen separation and purification*，其中，ISO/TS 19883：2017 是我国负责制定的首个氢能技术领域国际标准。各标准的范围具体如下。

（1）GB/T 34539－2017《氢氧发生器安全技术要求》：规定了氢氧发生器的安全基本要求、设置氢氧发生器场所环境安全要求、供气系统、电气装置、安全防护装置、试运行、运行及维护、应急处理等要求，适用于工作压力≤0.2MPa 且 *PV*≤8.0MPa·L 的氢氧发生器及其氢氧混合气管道。

（2）GB/T 37563－2019《压力型水电解制氢系统安全要求》：规定了压力型水电解制氢系统的危险和有害因素、安全基本要求及其在环境条件、系统组件、运行维护、作业人员和应急处理方面的要求，适用于工作压力≥0.3MPa 且≤5.0MPa 的碱性水电解系统和质子交换膜水电解系统。

（3）ISO 16110－1：2017 *Hydrogen generators using fuel processing technologies—Part 1*：*Safety*：规定了以天然气（或者其他富含甲烷气体）、炼油产物（柴油、汽油、煤油等）、含氢有机物（醇类、脂类、醚类等）、含氢气体等为原料，通过燃料转化技术的制氢装置的安全与可靠性分析、配置、环境与操作条件、设计要求、材料、压力设备及管道、火灾与爆炸控制、电磁兼容性、系统与保护控制、阀门等的安全要求，适用于产能不超过 $400m^3/h$（0℃，101325kPa）的集装箱式、成套或者工厂用制氢系统，包括：商业用、工业用、轻工业用和民用固定式制氢系统。

（4）ISO/TS 19883：2017 *Safety of pressure swing adsorption systems for hydrogen separation and purification*：规定了变压吸附提纯氢系统的设计、调试和运行的安全要求和设计要求，适用于以工业或商业用的固定式、撬装式变压吸附提纯氢气系统。

（三）氢储运安全技术标准

氢储运按照氢形态主要分为气态储运、液态储运和固态储运三种方式。目前，高压气态储氢技术应用最广，液态储氢和固态储氢处于研究和示范阶段。氢储运安全相关国家标准现有 2 项，分别为 GB/T 34542.1－2017《氢气储存输送系统　第 1 部分：通用要求》和 GB/T 34583－2017《加氢站用储氢装置安全技术要求》，各标准的范围具体如下。

（1）GB/T 34542.1－2017《氢气储存输送系统　第 1 部分：通用要

求》：规定了氢气储存输送系统总体设计、安全附件、安装调试、运行管理和风险评估的通用要求，适用于工作压力不大于140MPa，环境温度不低于－40℃且不高于65℃的氢气储存系统、氢气输送系统、氢气压缩系统、氢气充装系统及其组合系统。

（2）GB/T 34583－2017《加氢站用储氢装置安全技术要求》：规定了加氢站用气态氢储存装置的安全技术要求，适用于设计压力不大于100MPa，使用温度不低于－40℃且不高于60℃，充装高压氢气的加氢站用固定式储气罐储氢装置和无缝管式储气瓶储氢装置。

（四）加氢站/加氢设施安全技术标准

加氢站/加氢设施是氢能应用的关键环节，是为燃料电池车充装燃料的场所。2008年奥运会以来，我国建成并运行了20余座加氢站，规划建设中的加氢站超过40座。加氢站正由示范阶段向商业化阶段过渡，加氢站/加氢设施安全相关国家标准现有5项，分别为：GB/T 31139－2014《移动式加氢设施安全技术规范》、GB/T 34584－2017《加氢站安全技术规范》、GB/Z 34541－2017《氢能车辆加氢设施安全运行管理规程》、GB 50177－2005《氢气站设计规范》和GB 50516－2010《加氢站技术规范》。各标准的范围具体如下。

（1）GB/T 31139－2014《移动式加氢设施安全技术规范》：规定了移动式加氢设施的安全技术要求、运行安全管理、运输和长期停放的要求，适用于加注压力在15MPa～70MPa范围的移动式加氢设施。

（2）GB/T 34584－2017《加氢站安全技术规范》：规定了氢能车辆加氢站的氢气输送、站内制氢、氢气存储、压缩、加注以及安全与消防等方面的安全技术要求，适用于采用各种供氢方法的氢能车辆加氢站，也适用于加氢加油、加氢加气、加氢充电合建站等两站合建或多站合建的加氢站。

（3）GB/Z 34541－2017《氢能车辆加氢设施安全运行管理规程》：规定了涉及氢能车辆加氢设施的安全运行、人员、设备安全、气体质量、生产作业、监督检查和应急预案等方面的管理规程，适用于高压气态氢、液态氢、氢混合气体作为燃料，为氢能车辆提供加氢服务所涉及设施的安全运行管理。

（4）GB 50177－2005《氢气站设计规范》：规定了平面布置、工艺系统、工艺布置、建筑结构、电气及仪表控制、防雷及接地、给排水及消防、采暖通风、氢气管道等的安全要求，适用于新建、改建、扩建的氢气站、供氢站及厂区和车间的氢气管道设计。

（5）GB 50516－2010《加氢站技术规范》：规定了站址选择、平面布置、加氢工艺及设施、消防与安全设施、建筑设施、电气装置、采暖通风、施工、安装和验收等环节的安全要求，适用于新建、改建、扩建的加氢站、加氢加油合建站、加氢加气合建站工程的设计、施工和建造。

（五）燃料电池汽车安全技术标准

燃料电池汽车安全技术标准涉及整车、车载氢系统、辅助系统、燃料电池堆等安全标准，燃料电池汽车安全技术国家标准现有 4 项，ISO 标准现有 1 项，分别为：GB/T 24549－2009《燃料电池电动汽车　安全要求》、GB/T 31037.1－2014《工业起升车辆用燃料电池发电系统　第 1 部分：安全》、GB/T 34544－2017《小型燃料电池车用低压储氢装置安全试验方法》、GB/T 36288－2018《燃料电池电动汽车　燃料电池堆安全要求》和 ISO 23273：2013 *Fuel cell road vehicles—Safety specifications—Protection against hydrogen hazards for vehicles fuelled with compressed hydrogen*。各标准的范围具体如下。

（1）GB/T 24549－2009《燃料电池电动汽车　安全要求》：规定了燃料电池电动汽车特有的燃料系统、燃料电池系统、动力电路系统、功能、故障防护和碰撞等方面的安全要求，适用于使用气态氢的燃料电池电动汽车。

（2）GB/T 31037.1－2014《工业起升车辆用燃料电池发电系统　第 1 部分：安全》：规定了起升车辆用燃料电池发电系统的构造、标识和性能试验等方面涉及的安全要求及安全防护措施，适用于以气态氢为燃料、空气为氧化剂的质子交换膜燃料电池工业起升车辆（平衡重式叉车、插腿式叉车、托盘堆垛车、平台堆垛车、操作台可升降的车辆、侧面式叉车、越野叉车、侧面堆垛式叉车、三向堆垛式叉车、堆垛用高起升跨车、托盘搬运车、平台搬运车、非堆垛低起升跨车、拣选车）本标准仅考虑了可能对燃料电池发电系统之外的人身、物体或环境造成伤害的危险情况，提出针对此类危险情况的安全规定要求，不包括可能对燃料电池发电系统自身造成损害时应采取的安全措施。

（3）GB/T 34544－2017《小型燃料电池车用低压储氢装置安全试验方法》：规定了小型燃料电池车用低压储氢装置安全的试验条件和试验方法，适用于内容积不大于 3L、最高温升压力不大于 25MPa、工作温度不低于－40℃且不高于 65℃的小型燃料电池车用低压储氢装置。

（4）GB/T 36288－2018《燃料电池电动汽车　燃料电池堆安全要求》：规定了燃料电池电动汽车用燃料电池堆的氢气安全、电气安全、机械结构等方面的安全要求，适用于车用质子交换膜燃料电池堆（只涉及对人体和燃料电池堆外部产生的危险，不涉及对燃料电池堆内部的保护）。

（5）ISO 23273：2013 *Fuel cell road vehicles—Safety specifications—Protection against hydrogen hazards for vehicles fuelled with compressed hydrogen*：规定了氢燃料电池车的人员和车内外环境的安全要求，包括：燃料系统设计和性能要求、车辆周围可燃性的测试方法、验证氢相关安全要求的方法、加注安全要求等，适用于压缩氢气燃料电池车辆。

三　车用氢能安全技术标准展望

氢能安全技术标准是车用氢能产业发展的基础，车用氢能产业链长，涵盖的领域广，目前，我国尚未建立系统完善的车用氢能技术标准体系，制氢、氢储运、加注、氢应用、检测等方面的安全标准数量不多，不足以支撑车用氢能产业的规范发展。车用氢能安全技术标准发展建议如下。

第一，国家及各地方需尽快明确氢能产业发展的主管部门，做好顶层设计和规划，统筹建立科学完善的氢能安全技术标准体系，充分发挥标准对产业发展的引领和规范作用。

第二，加快氢能安全技术标准立项，推动研制一批关键核心氢能安全技术标准。各标准化技术委员会之间应加强沟通与合作，逐步建立由国家、行业、地方、团体和企业标准构成的氢能安全技术标准体系。

第三，加强国家合作，联合学校、企业、研究机构等针对关键共性问题组织开展氢安全技术标准化的前期研究，为推动氢能国际标准化工作提供支撑。

第四，加强标准的宣贯和培训，消除公众因对氢能缺乏正确认知而产生的畏惧心理；加强氢能安全技术标准的实施与监督，促进车用氢能产业的安全、有序、规范发展。

B.8

中国氢燃料电池汽车产业发展战略与支持政策

张长令　朱 成　王建建*

摘　要：　为推进氢燃料电池汽车产业发展，我国已形成覆盖产业引导及研发支持、财政补贴、激励政策、投资管理、准入管理等方面的氢燃料电池汽车产业支持政策体系。其中，产业引导、技术研发、车辆购置补贴、投资管理等政策持续完善和强化。然而，随着规模化的氢燃料电池汽车示范运行即将展开，我国燃料电池汽车技术自主化程度低、生产成本高、产业链不健全、使用成本高、加氢站建设滞后等问题在一定程度上存在。面对新的发展形势，我国需明确氢燃料电池汽车的战略定位，健全产业发展领导机制，完善示范运行支持政策，推进氢燃料电池汽车产业体系建设和研究加氢站支持政策。

关键词：　氢燃料电池汽车　支持政策　战略定位　产业体系　加氢站

一　我国氢燃料电池汽车产业政策分析

截至2019年9月，我国在国家层面已出台氢燃料电池汽车产业相关政

* 张长令，博士后，高级工程师，中国汽车技术研究中心有限公司北京卡达克科技中心有限公司产业发展市场咨询部；朱成，博士，高级工程师，中国汽车技术研究中心有限公司新能源汽车技术服务中心主任；王建建，硕士，高级工程师，中国汽车技术研究中心有限公司北京卡达克科技中心有限公司产业发展市场咨询部。

策62项，其中宏观产业引导政策12项；研发支持政策6项、财政补贴政策7项、激励政策3项、税收减免政策6项、示范推广政策6项；标准建设8项、投资管理4项、准入管理6项、安全管理4项（见表1）。可见，我国氢燃料电池汽车产业支持政策体系已基本完善。

表1　国家发布的氢燃料电池汽车相关重要政策及措施

分类	序号	政策名称	文号	发布部门	成文时间
产业引导政策	1	国务院关于加快培育和发展战略性新兴产业的决定	国发〔2010〕32号	国务院	2010年10月10日
	2	《中国应对气候变化的政策与行动(2011)》(白皮书)	—	国务院新闻办公室	2011年11月22日
	3	国务院关于印发工业转型升级规划(2011—2015年)的通知	国发〔2011〕47号	国务院	2011年12月30日
	4	电动汽车科技发展"十二五"专项规划	国科发〔2012〕195号	科学技术部	2012年3月27日
	5	国务院关于印发节能与新能源汽车产业发展规划(2012—2020年)的通知	国发〔2012〕22号	国务院	2012年6月28日
	6	国务院办公厅关于加快新能源汽车推广应用的指导意见	国办发〔2014〕35号	国务院办公厅	2014年7月14日
	7	国务院关于印发《中国制造2025》的通知	国发〔2015〕28号	国务院	2015年5月8日
	8	节能与新能源汽车产业技术路线图	—	工业和信息化部委托中国汽车工程学会	2016年10月26日
	9	国务院关于印发"十三五"国家战略性新兴产业发展规划的通知	国发〔2016〕67号	国务院	2016年11月29日
	10	关于印发《汽车产业中长期发展规划》的通知	工信部联装〔2017〕53号	工业和信息化部、国家发展和改革委员会、科学技术部	2017年4月6日
	11	2019年政府工作报告	—	国务院	2019年3月16日

续表

分类	序号	政策名称	文号	发布部门	成文时间
产业引导政策	12	绿色产业指导目录(2019 版)	发改环资〔2019〕293 号	国家发展和改革委员会、工业和信息化部、自然资源部、生态环境部等	2019 年 3 月 6 日
研发支持	13	关于组织开展新能源汽车产业技术创新工程的通知 -《新能源汽车产业技术创新财政奖励资金管理暂行办法》	财建〔2012〕780 号	财政部、工业和信息化部、科学技术部	2012 年 9 月 20 日
	14	关于印发“十三五”国家基础研究专项规划的通知	国科发基〔2017〕162 号	科学技术部	2017 年 6 月 9 日
	15	增强制造业核心竞争力三年行动计划	发改产业〔2017〕2000 号	国家发展和改革委员会	2017 年 11 月 20 日
	16	“十三五”交通领域科技创新专项规划	国科发高〔2017〕121 号	科学技术部、交通运输部	2017 年 6 月 14 日
	17	科技部关于发布国家重点研发计划新能源汽车等重点专项 2018 年度项目申报指南的通知	国科发资〔2017〕294 号	科学技术部	2017 年 9 月 27 日
	18	科技部发布《关于发布国家重点研发计划“可再生能源与氢能技术”等重点专项 2019 年度项目申报指南的通知》	国科发资〔2019〕203 号	科学技术部	2019 年 6 月 12 日
财政补贴	19	关于继续做好新能源汽车推广应用工作的通知	财建〔2013〕551 号	财政部、科学技术部、工业和信息化部、国家发展和改革委员会	2013 年 9 月
	20	关于进一步做好新能源汽车推广应用工作的通知	财建〔2014〕11 号	财政部、科学技术部、工业和信息化部、国家发展和改革委员会	2014 年 1 月 28 日
	21	关于新能源汽车充电设施建设奖励的通知	财建〔2014〕692 号	财政部、科学技术部、工业和信息化部、国家发展和改革委员会	2014 年 11 月 18 日

续表

分类	序号	政策名称	文号	发布部门	成文时间
财政补贴	22	关于完善城市公交车成品油价格补助政策加快新能源汽车推广应用的通知	财建〔2015〕159号	财政部、工业和信息化部、交通部	2015年5月11日
	23	关于调整新能源汽车推广应用财政补贴政策的通知	财建〔2016〕958号	财政部、科学技术部、工业和信息化部、国家发展和改革委员会	2016年12月29日
	24	关于调整完善新能源汽车推广应用财政补贴政策的通知	财建〔2018〕18号	财政部、工业和信息化部、科学技术部、国家发展和改革委员会	2018年2月12日
	25	关于进一步完善新能源汽车推广应用财政补贴政策的通知	财建〔2019〕138号	财政部、工业和信息化部、科学技术部、国家发展和改革委员会	2019年3月6日
激励政策	26	乘用车企业平均燃料消耗量核算办法	—	工业和信息化部、国家发展和改革委员会、商务部、海关总署、质检总局	2013年3月14日
	27	乘用车企业平均燃料消耗量与新能源汽车积分并行管理办法	工信部联装〔2017〕44号	国家工业和信息化部、财政部、商务部、海关总署、国家质检总局	2017年9月27日
	28	《乘用车企业平均燃料消耗量与新能源汽车积分并行管理办法》修正案(征求意见稿)	—	工业和信息化部	2019年7月9日
税收减免	29	关于节约能源使用新能源车船车船税政策的通知	财税〔2012〕19号	财政部、国家税务总局、工业和信息化部	2012年3月6日
	30	三部门公告免征新能源汽车车辆购置税有关事项	—	财政部、国家税务总局、工业和信息化部	2014年8月1日
	31	关于对电池涂料征收进口环节消费税的通知	—	财政部、国家税务总局	2015年1月29日

续表

分类	序号	政策名称	文号	发布部门	成文时间
税收减免	32	关于节约能源使用新能源车船车船税优惠政策的通知	财税〔2015〕51号	财政部、国家税务总局、工业和信息化部	2015年5月7日
	33	国家税务总局关于发布《车船税管理规程(试行)》的公告	—	国家税务总局	2015年11月26日
	34	关于继续执行的车辆购置税优惠政策的公告	财政部税务总局公告2019年第75号	财政部、税务总局	2019年6月28日
示范推广	35	中国燃料电池公共汽车商业化示范项目二期项目管理申请公告	—	科学技术部	2007年10月18日
	36	“节能产品惠民工程”节能汽车推广目录(第八批)	—	国家发展和改革委员会、工业和信息化部、财政部	2012年7月10日
	37	关于印发《京津冀公交等公共服务领域新能源汽车推广工作方案》的通知	—	工业和信息化部、国家发展和改革委员会、科学技术部、财政部、环保部、住建部、国家能源局	2014年9月24日
	38	交通运输部关于加快推进新能源汽车在交通运输行业推广应用的实施意见	交运发〔2015〕34号	交通部	2015年3月13日
	39	国家重点推广的低碳技术目录(第二批)	—	国家发展和改革委员会	2015年12月6日
	40	柴油货车污染治理攻坚战行动计划	环大气〔2018〕179号	国家发展和改革委员会、工业和信息化部、公安部、财政部、交通运输部等	2019年1月4日
标准建设	41	国务院办公厅关于印发国家标准化体系建设发展规划(2016~2020年)的通知	国办发〔2015〕89号	国务院办公厅	2015年12月17日
	42	道路车辆用质子交换膜燃料电池模块	国家标准	国家标准化管理委员会	2017年7月12日

续表

分类	序号	政策名称	文号	发布部门	成文时间
标准建设	43	质子交换膜燃料电池发电系统低温特性测试方法	国家标准	国家标准化管理委员会	2017 年 7 月 12 日
	44	燃料电池电动汽车加氢枪	国家标准	国家标准化管理委员会	2017 年 10 月 14 日
		燃料电池发动机氢气排放测试方法	国家标准	国家标准化管理委员会	2017 年 10 月 14 日
	45	氢气储存输送系统第 1 部分：通用要求	国家标准	国家标准化管理委员会	2017 年 10 月 14 日
	46	燃料电池电动汽车　氢气消耗量　测量方法	国家标准	国家标准化管理委员会	2017 年 12 月 29 日
	47	燃料电池电动汽车　燃料电池堆安全要求	国家标准	国家标准化管理委员会	2018 年 6 月 7 日
	48	燃料电池电动汽车　整车氢气排放测试方法	国家标准	国家标准化管理委员会	2018 年 12 月 28 日
投资管理	49	关于完善汽车投资项目管理的意见	发改产业〔2017〕1055 号	国家发展和改革委员会、工业和信息化部	2017 年 6 月 4 日
	50	外商投资产业指导目录（2017 年修订）	—	国家发展和改革委员会、商务部	2017 年 6 月 28 日
	51	汽车产业投资管理规定	2018 年第 22 号令	国家发展和改革委员会	2018 年 12 月 18 日
	52	鼓励外商投资产业目录（2019 年版）	—	国家发展和改革委员会、商务部	2019 年 6 月 30 日
准入管理	53	新能源汽车生产企业及产品准入管理规则	工产业〔2009〕第 44 号	工业和信息化部	2009 年 6 月 17 日
	54	新能源汽车生产企业及产品准入管理规定	工产业〔2016〕第 39 号	工业和信息化部	2017 年 1 月 6 日
	55	道路机动车辆生产企业及产品准入管理办法	工业和信息化部第 50 号令	工业和信息化部	2018 年 12 月 6 日
	56	道路机动车辆生产企业及产品准入新技术、新工艺、新材料应用评估程序（征求意见稿）	—	工业和信息化部	2019 年 9 月 11 日
	57	道路机动车辆生产企业集团化试点管理实施细则（征求意见稿）	—	工业和信息化部	2019 年 9 月 11 日
	58	道路机动车辆产品系族管理实施细则（征求意见稿）	—	工业和信息化部	2019 年 9 月 11 日

续表

分类	序号	政策名称	文号	发布部门	成文时间
安全管理	59	关于加强节能与新能源汽车示范推广安全管理工作的函	国科办函高〔211〕322 号	科学技术部、财政部、工业和信息化部、国家发展和改革委员会	2011 年 8 月 18 日
	60	工业和信息化部关于进一步做好新能源汽车推广应用安全监管工作的通知	工信部装〔2016〕377 号	工业和信息化部	2016 年 11 月 11 日
	61	关于进一步加强新能源汽车产品召回管理的通知	市监质函〔2019〕531 号	国家市场监督管理总局	2019 年 3 月
	62	关于开展新能源汽车安全隐患排查工作的通知	装备中心〔2019〕520 号	工业和信息化部	2019 年 6 月 17 日

资料来源：作者根据公开资料整理。

（一）宏观导向

发展新能源汽车上升为国家战略、汽车强国战略的突破口，燃料电池汽车以其零排放、效率高、能源可再生等多重优势被视为新能源汽车发展的重要方向，一直稳居国家产业政策的战略性和技术前瞻性高度。早在 2001 年，科学技术部就将电动汽车研究开发列入了“十五”国家“863 计划”重大专项，确立了“三纵三横”的国家新能源汽车研发布局：“三纵”即燃料电池汽车、混合动力汽车、纯电动汽车，“三横”则是指多能源动力总成系统、驱动电机、动力电池 3 种关键技术。

1. 作为新能源汽车产业的技术方向之一，持续跟踪燃料电池汽车技术

2010 年 10 月，《国务院关于加快培育和发展战略性新兴产业的决定》，将新能源汽车产业列为七大战略性新兴产业之一，提出在着力突破动力电池、驱动电机和电子控制领域核心技术，推进插电式混合动力汽车、纯电动汽车推广应用和产业化的同时，开展燃料电池汽车相关前沿技术研发，大力推进高能效、低排放节能汽车发展。

2011 年 12 月，国务院印发《工业转型升级规划（2011 ~2015 年）》，在

发展先进装备制造业这一重点领域中，提出持续跟踪研究燃料电池汽车技术。

2. “十二五”专项规划电动汽车发展，燃料电池汽车是新一代纯电驱动汽车的最新阶段重点

2012 年 3 月，科学技术部印发《电动汽车科技发展“十二五”专项规划》提出，电动汽车产业化推进“三步走”战略：第一阶段（2008～2010 年），在大中城市公共服务领域开展新能源汽车示范；第二阶段（2010～2015 年），实现混合动力汽车产业化技术突破，同时研发以燃料电池汽车为代表的下一代纯电驱动动力系统平台，实现燃料电池汽车在公共服务领域小规模示范考核，为下一代纯电驱动汽车产业化做好准备；第三阶段（2015～2020 年），以下一代动力电池技术路线为主导，开启下一代动力电池和燃料电池产业化。

3. 加强燃料电池汽车的研发与示范推广，到2020年实现与国际同步发展

2012 年 6 月，国务院印发的《节能与新能源汽车产业发展规划（2012～2020 年）》，虽然明确了当时以纯电驱动为新能源汽车发展和汽车工业转型的主要战略取向，并对纯电动汽车和插电式混合动力汽车分别提出了 2015 年产销 50 万辆，2020 年产销 500 万辆的具体目标，但也给燃料电池汽车提出来一个基本的发展水平判断标准，即“到 2020 年实现燃料电池汽车、车用氢能源产业与国际同步发展”。工业和信息化部发布的《中国制造 2025》将节能与新能源汽车作为高端装备创新工程之一，指出将继续支持电动汽车、燃料电池汽车发展，掌握汽车低碳化、信息化、智能化核心技术。

4. 系统推进燃料电池汽车研发与产业化，进一步明确产业化时间节点和技术要求

2016 年 11 月，国务院印发《“十三五”国家战略性新兴产业发展规划》，明确提出要系统推进燃料电池汽车研发与产业化。加强燃料电池基础材料与过程机理研究，推动高性能低成本燃料电池材料和系统关键部件研发。加快提升燃料电池堆系统可靠性和工程化水平，完善相关技术标准。推动车载储氢系统以及氢制备、储运和加注技术发展，推进加氢站建设。

2017 年由工业和信息化部、国家发展和改革委员会、科学技术部联合

发布的《汽车产业中长期发展规划》要求制定氢能燃料电池汽车技术路线图，要求支持燃料电池全产业链技术攻关，并逐步扩大燃料电池汽车试点示范范围。

5. 节能与新能源汽车产业技术路线图发布，详细规划燃料电池汽车发展路径

2016 年 10 月 26 日，在 2016 中国汽车工程学会年会上，《节能与新能源汽车技术路线图》（以下简称《技术路线图》）发布。该《技术路线图》中对燃料电池汽车发展目标、技术路径、发展重点进行了详细的规划。其发展总体思路是：近期（5 年内）以中等功率燃料电池与大容量动力电池的深度混合动力构型为技术特征，实现燃料电池汽车在特定地区的公共服务用车领域大规模示范应用；中期（10 年内）以大功率燃料电池与中等容量动力电池的电电混合为特征，实现燃料电池汽车的较大规模批量化商业应用；远期（15 年内）以全功率燃料电池为动力特征，在私人乘用车、大型商用车领域实现百万辆规模的商业推广；以可再生能源为主的氢能供应体系建设与规模扩大支撑燃料电池汽车规模化发展。

（二）研发支持

1. “863计划”等重点专项研发持续支持，助力攻克氢能与燃料电池汽车产业技术难题

我国高度重视电动汽车技术的发展。早在 2001 年，科学技术部就将电动汽车研究开发列入了“十五”国家“863 计划”重大专项，确立了“三纵三横”的国家新能源汽车研发布局：“三纵”即燃料电池汽车、混合动力汽车、纯电动汽车，“三横”则是指多能源动力总成系统、驱动电机、动力电池 3 种关键技术，取得了一大批电动汽车技术创新成果。

“十一五”期间，为贯彻落实《国家中长期科学和技术发展规划纲要（2006—2020 年）》《节能与新能源汽车产业发展规划（2012—2020 年）》等宏观产业引导政策，科学技术部进一步发布了系列研发支持政策，组织实施了“863 计划”节能与新能源汽车重大项目，聚焦动力系统技术平台和关键零部件研发，为相关技术领域提供项目资金及人才支持。

2007 年 3 月，科学技术部发布《863 计划先进能源技术领域 2007 年度专题课题申请指南》，其中包含“质子交换膜燃料电池关键材料及其制备技术”“高容量储氢材料及其制备技术”专题，为氢能及燃料电池发展提供新材料的研发支撑。

“十二五”期间，2012 年 3 月科学技术部发布《“十二五”国家科技计划先进能源技术领域 2013 年度备选项目征集指南》和《关于聘任“十二五”863 计划专家委员会和主题专家组专家的通知》，“氢能、燃料电池与分布式供能”作为八个技术方向之一，安排经费 2000 万元，继续获得研发资金及人才支持。

“十三五”期间，2017 年 9 月，科学技术部发布《关于发布国家重点研发计划新能源汽车等重点专项 2018 年度项目申报指南的通知》，对 2018 年度燃料电池动力系统关键技术发展趋势给出指导，燃料电池动力系统作为六个主攻方向之一被认定为中国新能源汽车重大共性关键技术，继续获得支持。2018 年，“燃料电池发动机及商用车产业化技术与应用”、“燃料电池公交车电 - 电深度混合动力系统平台”、“全功率燃料电池乘用车动力系统平台及整车”、“增程式燃料电池轿车动力系统平台及整车集成”等一批燃料电池汽车技术研发项目正式启动。

2019 年 6 月 19 日，科学技术部发布的《关于国家重点研发计划“可再生能源与氢能技术”等重点专项 2019 年度项目申报指南的通知》提出，为了推进氢能技术发展及产业化，重点支持车用燃料电池膜电极及批量制备技术（共性关键技术类）、车用燃料电池空压机研发（共性关键技术类）、车用燃料电池氢气再循环泵研发、70MPa 车载高压储氢瓶技术、车载液体储供氢技术、燃料电池车用氢气纯化技术、加氢站用高安全固态储供氢技术、70MPa 加氢站用加压加注关键设备、加氢关键部件安全性能测试技术及装备等 9 项氢能及燃料电池共性关键技术类研发方向。

2. 财政资金奖励引导企业开展新能源汽车产业技术创新，发挥企业创新活力

2012 年 10 月，财政部、工业和信息化部、科学技术部组织实施新能源汽车产业技术创新工程，发布《关于组织开展新能源汽车产业技术创新工

程的通知》，并印发《新能源汽车产业技术创新财政奖励资金管理暂行办法》，对新能源汽车整车项目（包括纯电动、插电式混合动力、燃料电池汽车）和动力电池项目予以财政资金奖励。

3. “十三五”交通领域科技创新专项规划明确研发重点

2017 年 6 月，科学技术部、交通运输部联合发布《“十三五”交通领域科技创新专项规划》，明确“十三五”交通领域科技创新的总体思路、发展目标、重点任务布局和规划实施，提升交通领域技术研发与科技创新能力。规划将“新能源汽车”列为重点专项布局首位，要求突破包括纯电动汽车、燃料电池汽车、混合动力汽车以及其他新型动力驱动汽车关键技术，构建我国新能源汽车核心技术体系、提高产业化能力和持续创新能力。

（三）财政补贴

作为我国新能源汽车的三种类型之一，燃料电池汽车自 2009 年起一直得到国家新能源汽车购置补贴政策的支持。2018 年 2 月，财政部等四部委印发的《关于调整完善新能源汽车推广应用财政补贴政策的通知》。与 2017 年补贴政策相比，2018 年补贴政策主要有三大变化：一是补贴设置成“梯级”补贴，燃料电池系统的额定功率与驱动电机的额定功率比值不低于 30%，比值介于 0.3（含）~0.4 的车型按 0.8 倍补贴，比值介于 0.4（含）~0.5 的车型按 0.9 倍补贴，比值在 0.5（含）以上的车型按 1 倍补贴；二是增加了储存温度要求，燃料电池汽车所采用的燃料电池应满足《道路车辆用质子交换膜燃料电池模块》（标准号 GB/T33978 - 2017）标准中的储存温度要求（-40 ~ 60℃）；三是运营里程要求由 3 万公里调整为 2 万公里，车辆销售上牌后将按申请拨付一部分补贴资金，达到运营里程要求后全部拨付。2019 年 3 月，财政部等四部委印发《关于进一步完善新能源汽车推广应用财政补贴政策的通知》主要明确了纯电动汽车的购置补贴，并规定 2019 年 3 月 26 日至 2019 年 6 月 25 日为过渡期。其间，销售上牌的燃料电池汽车按 2018 年对应标准的 0.8 倍补贴，燃料电池汽车和新能源公交车补贴政策另行公布。截至 2019 年 9 月，新的燃料电池补贴政策尚未公布。

（四）投资管理

1. 大幅下放汽车投资项目核准权限

2016 年 12 月，国务院印发《政府核准的投资项目目录（2016 年本）》。此次修订是《目录》第三次修订，主要目的是缩小核准范围、下放核准权限，落实《国务院关于印发 2016 年推进简政放权放管结合优化服务改革工作要点的通知》中“深入推进投资审批改革”有关要求。2018 年 12 月，国家发展和改革委员会发布《汽车产业投资管理规定》，总则第五条提出，汽车整车和零部件投资项目均由地方投资主管部门实施备案管理。从核准到备案，从国务院投资主管部门到地方投资主管部门，标志着汽车类投资项目审批权限的下移。

2. 严格控制现有汽车企业扩大传统燃油汽车产能，促进新能源汽车健康有序发展

为贯彻落实《国务院关于发布政府核准的投资项目目录（2016 年本）的通知》有关要求，国家发展和改革委员会、工业和信息化部于 2017 年 6 月发布《关于完善汽车投资项目管理的意见》（以下简称《意见》），要求各地完善汽车投资项目管理，促进汽车产业健康有序发展。《意见》提出，支持社会资本和具有较强技术能力的企业进入新能源汽车及关键零部件生产领域，引导现有传统燃油汽车企业加快转型发展新能源汽车，推动新增产能向新能源汽车消费需求旺盛和传统燃油汽车替代潜力较大的区域集中。结合产业发展水平，不断完善新能源汽车投资项目技术要求和生产准入规范条件，鼓励企业提高新能源汽车产业化能力和技术水平。《意见》明确，燃料电池汽车投资项目参照纯电动汽车投资项目管理规定执行。

3. 外商投资引导，引进吸收先进技术

2017 年 6 月 28 日，国家发展和改革委员会、商务部发布《外商投资产业指导目录（2017 年修订）》，鼓励外商在以下相关领域进行投资：燃料电池和混合燃料等新能源发动机制造和研发机构、新能源汽车关键零部件制造等。其中，燃料电池相关内容主要包括燃料电池低铂催化剂、复合膜、膜电

极、增湿器控制阀、空压机、氢气循环泵、70MPa 氢瓶等。2019 年 6 月 30 日，国家发展和改革委员会、商务部发布《鼓励外商投资产业目录（2019 年版)》，燃料电池相关内容不仅有了明显增加，主要零部件和材料的技术参数也更加明确。具体来看，主要包括燃料电池发动机（质量比功率≥350W/kg)、燃料电池堆（体积比功率≥3kW/L)、膜电极（铂用量≤0. 3g/kW)、质子交换膜（质子电导率≥0. 08S/cm)、双极板（金属双极板厚度≤1. 2mm，其他双极板厚度≤1. 6mm)、低铂催化剂、碳纸（电阻率≤3mΩ · cm)、空气压缩机、氢气循环泵、氢气引射器、增湿器、燃料电池控制系统、升压 DC/DC、70MPa 氢瓶、车载氢气浓度传感器等。

（五）准入管理

2017 年 1 月，工业和信息化部制定发布了《新能源汽车生产企业及产品准入管理规定》（以下简称《管理规定》)。与 2009 年工业和信息化部发布的《新能源汽车生产企业及产品准入管理规则》相比，新准入规定更能满足我国快速发展的新能源汽车产业的管理需要，“规定”的文件层次也远高于原来的“规则”。新准入规定体现了法治化管理水平的提升，明确了上位法的依据是《中华人民共和国行政许可法》《中华人民共和国道路交通安全法》《国务院对确需保留的行政审批项目设定行政许可的决定》。

为鼓励道路机动车辆生产企业创新和促进汽车产业高质量发展，工业和信息化部研究起草了《道路机动车辆生产企业及产品准入新技术、新工艺、新材料应用评估程序》（以下简称《评估程序》)，并于 2019 年 9 月开始征求意见。道路机动车辆生产企业因采用新技术、新工艺、新材料，其产品不能满足《管理办法》规定的准入条件时，可向工业和信息化部提出相关准入条件豁免申请，并按照《评估程序》进行评估。此外，工业和信息化部还研究起草了《道路机动车辆生产企业集团化试点管理实施细则》和《道路机动车辆产品系族管理实施细则》，与《评估程序》同时征求意见。

二　完善我国氢燃料电池产业政策体系的建议

如前所述，经过近20年的努力，我国氢燃料电池汽车产业政策体系基本建立。为推进氢燃料电池汽车产业发展，我国已经形成了基本完善的支持氢燃料电池汽车技术研发、示范、投资、准入等环节的产业政策体系。其中，产业引导、技术研发、车辆购置补贴、投资管理等政策持续完善和强化。然而，自2017年以来，我国氢燃料电池汽车产业持续升温，大型国有企业、上市公司等主体加快涌入，主要氢燃料电池汽车企业更加重视技术和产品研发，地方政府积极推进产业布局，规模化的氢燃料电池汽车示范运行即将展开。同时，我国氢燃料电池汽车产业也面临一些突出问题，如燃料电池汽车技术自主化程度低、生产成本高、产业链不健全、使用成本高、加氢站建设滞后等问题在一定程度上存在。面对新的发展形势，我国氢燃料电池汽车产业政策体系亟须优化和完善。

1. 明确氢燃料电池汽车的战略定位

现有国家产业导向性政策中多次涉及燃料电池汽车定位，《国务院关于加快培育和发展战略性新兴产业的决定》将燃料电池汽车定位为前沿技术。《节能与新能源汽车产业发展规划（2012－2020年）》提出，以纯电驱动为新能源汽车发展和汽车工业转型的主要战略取向，当前重点推进纯电动汽车和插电式混合动力汽车产业化。同时提出，到2020年实现燃料电池汽车、车用氢能源产业与国际同步发展。《“十三五”国家战略性新兴产业发展规划》明确提出，系统推进燃料电池汽车研发与产业化。不难发现，现有产业导向性政策对燃料电池汽车定位过于滞后，或将其作为一项产业发展任务，但总体而言定位不够准确。

当前，随着产业化技术的加快推进和产业体系的初步形成，我国氢燃料电池汽车将进入产业启动的关键时期。为此，我国亟须从战略上高度重视，尽快明确氢燃料电池汽车的产业定位。在新能源汽车产业，宜将氢燃料电池汽车定位为一种重要的技术路线和我国“纯电驱动”发展战略的有效实现路径之一，与纯电动汽车互补发展，从而形成未来参与国际竞争的重要战略方向。

2. 健全国家氢燃料电池汽车产业发展领导机制

建立以发改、工信、科技、财政、能源五部委为核心，其他相关部委参与的国家氢燃料电池汽车产业发展部际协调机制；建立多部门联席办公制度，重点解决氢燃料电池汽车发展过程中的外部环境制约因素。由国家能源局牵头，建立以住建、市场监管、商务等部门为主的国家车用氢能工作机制，解决氢气定性、氢能供给、车用氢能产业发展等问题。

明确国家氢燃料电池汽车产业发展领导机制及主管部门分工，各主管部门应加快建立健全产业支持政策、技术规范及管理法规体系。尤其是制约行业发展的加氢站建设，应加快从国家层面、区域层面进行统筹规划。

3. 完善氢燃料电池汽车示范运行支持政策

我国已在国家层面启动了两批氢燃料电池汽车示范项目，分别为全球环境基金（GEF）、联合国开发计划署（UNDP）共同支持，科学技术部和财政部联合地方城市共同实施的“促进中国燃料电池汽车商业化发展”项目和科学技术部国家科技支持计划“典型区域多种燃料电池汽车示范运行研究”项目，示范运行规模都在百辆以上。除此之外，我国北京、上海、佛山、张家口等城市开展了更大规模的氢燃料电池汽车示范运行，示范运行总规模在3000辆以上。为支持这些区域的氢燃料电池汽车示范运行，我国亟需在国家层面研究和制定相关政策，明确氢燃料电池汽车示范运行的总体思路、组织机构、目标及要求，支持政策、配套措施等核心问题，从而引导示范运行规范、科学推进。

建议国家层面优先选择氢气资源丰富、氢燃料电池汽车产业基础好、高排放车辆替代较为迫切且已启动燃料电池汽车示范、示范运行效果明显的区域，给予政策标准法规等方面支持。鼓励有条件的地区和企业大力发展氢能及燃料电池汽车，给予其上位法的支持，制定后奖励办法，研究以中央财政支持的方式，给予发展好的地区和企业以奖励代替补贴。尽快将氢气定位为能源，突破制氢、运氢和加氢的标准法规束缚。

4. 推进氢燃料电池汽车产业体系建设

加快我国现有氢燃料电池汽车及氢气储运、加注等关键技术工程化、产业化。积极推进涵盖车用氢气及燃料电池材料产业、燃料电池汽车产业、车用氢气供给产业及相关生产、测试验证装备产业在内的氢燃料电池汽车产业体系建设。

通过国家科技专项等多种形式，重点支持氢燃料电池系统集成、氢燃料电池电堆，以及膜电极、质子交换膜、催化剂、气体扩散层、双极板等关键材料、空压机、氢气循环泵、加氢枪、氢气管路及阀件等关键部件的技术研发。

加大对产业化和工程化产品的政策支持力度，对技术指标实现突破的实际应用产品，给予一定的支持。引导实验室研发产品的产业化和工程化。对替代进口的关键核心部件的产业化和工程化，给予支持，以降低关键部件成本，提升国产化率。

5. 研究加氢站建设及车用氢能供给支持政策

为支持氢燃料电池汽车示范运行，财政部、科学技术部、工业和信息化部、国家发改委在 2014 年 11 月联合发布《关于新能源汽车充电设施建设奖励的通知》（财建［2014］692 号），对符合国家技术标准且日加氢能力不少于 200 公斤的新建燃料电池汽车加氢站每个站奖励 400 万元。然而，这项政策到 2015 年就结束了。当前，加氢站建设成本依然较高，固定式加氢站建设成本普遍在 1000 万元/座以上，一些加氢站建设成本超过 1500 万元。针对这种状况，国家层面需要出台相应的支持和引导措施，有效降低加氢站建设成本。

另外，车用氢气价格过高也成为制约我国氢燃料电池汽车示范运行的一大瓶颈。调研显示，我国车用氢气价格大多在 70 元/kg 以上，个别地区甚至在 100 元/kg 以上。而加快研究和制定车用氢能供给支持政策，无疑是破解这一问题的有效途径。为此，我国亟需研究出台加氢站建设审批流程、加快加氢站建设标准修订，并结合车用氢能供给商业化需求，完善运氢、加氢及氢气计量等相关标准。

B.9 中国燃料电池电动汽车标准化工作进展

何云堂　胡守信*

摘　要： 燃料电池汽车安全主要有电安全、储氢系统安全、氢安全（含燃料电池堆）等，由于电安全和储氢系统安全分别有过介绍，本报告的重点在氢安全（含燃料电池电堆）方面，涉及整车、关键部件和系统的安全。

关键词： 燃料电池　电动汽车　标准化

截至2018年底，我国有57家整车企业开发出了86款燃料电池汽车车型（上公告数据）并覆盖25家燃料电池系统公司，同时得益于国家的政策支持，燃料电池汽车的上下游产业如氢气制备和运输、加氢站建设等也得到快速发展。多个地方，如佛山、深圳、北京、上海、武汉、如皋、苏州、山东等省市纷纷出台相关的配套政策支持基础设施的建设，截至目前，在运营加氢站23座、在建加氢站45座，氢燃料汽车保有量约4000台。2018年我国产氢量近2000万吨，位居世界第一。

* 何云堂，中国汽车技术研究中心教授级高工，同济大学兼职教授。全国汽车标准化技术委员会灯光分委会（SAC/TC114/SC21）副主任委员，全国汽车标准化技术委员会电动车辆分委会（SAC/TC27）委员，全国燃料电池标准化技术委员会（SAC/TC342）委员，中国汽车工程学会（C-SAE）灯光分会秘书长。国际标准化组织（ISO）电动汽车注册专家，联合国燃料电池汽车全球技术法规（UN GTR13）中方负责人．国际氢能协会（IAHE）标准和规范专业委员会委员；胡守信，北京航空航天大学交通科学与工程学院。

中国燃料电池汽车标准主要是由全国汽车标准化技术委员会（SAC/TC114）电动车辆分技术委员会（SC27）下设的燃料电池汽车标准研究工作组（FCEV-WG）制定。组织结构如图 1 所示。

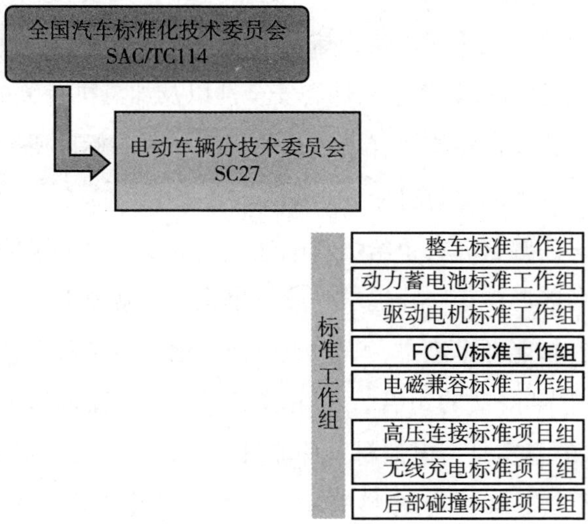

图 1　燃料电池汽车标准制定组织结构

此外，与燃料电池汽车相关的标准化机构有：中国标准化研究院 TC309（氢有关标准）、全国气瓶标准化技术委员会 TC31（高压气瓶标准）、全国燃料电池及液流电池标准化技术委员会 TC342（燃料电池标准）。

在燃料电池汽车领域，专门针对燃料电池汽车的标准体系建设一直在推进当中，同时，考虑到产业化的进程较为缓慢、标准需要也不旺盛、标准化建设的轻重缓急程度等情况，我们确立的标准体系框架如下。

- 整车涉及燃料电池汽车整车的试验方法很多，同传统汽车相比，燃料电池整车技术条件内容涉及面很广，但重点内容则是围绕安全、节能、环保等方面展开的。
- 燃料电池发动机主要包括技术条件和试验方法。在燃料电池堆方面，SAE 推出的燃料电池堆性能和耐久试验方法有一定的参考意义。我国目前在大连化学物理研究所、武汉理工大学、清华大学、同济大学都开展了燃料电池堆、燃料电池发动机的试验研究。

- 车载氢系统包括储氢瓶、加氢口、管路及阀件等三个方面内容。其中储氢瓶涉及两种状态氢的储氢瓶、附件以及安全评定。
- 氢燃料的性能不仅影响到燃料电池寿命，更会对整车的诸多性能，如动力性、排放等产生重大影响，这也是应该优先制定的项目。
- 加氢站主要考虑其技术条件和安全性以及加氢机有关的内容。

在本框架下，我们将按照轻重缓急的程度来开展标准研究。当然目前首要的是整车安全标准的修订升级。

纯电动汽车的频繁起火也给燃料电池汽车的发展敲响了警钟，在补贴新政的引导下，新能源汽车一味追求高续航里程，这就要求不断提升电池的能量密度。目前在新能源车型中，三元锂电池逐渐代替了磷酸铁锂电池成为主流，三元材料中镍钴锰的组合，也由曾经的 333，逐步迈向了 532、622、811。一个公认的事实是，电池材料的能量密度越高，安全风险也就越高。

基于这种形势，2018 年燃料电池汽车的标准化工作主要集中在安全项目上。从整车上来讲，燃料电池汽车安全有三个方面，如图 2 所示。

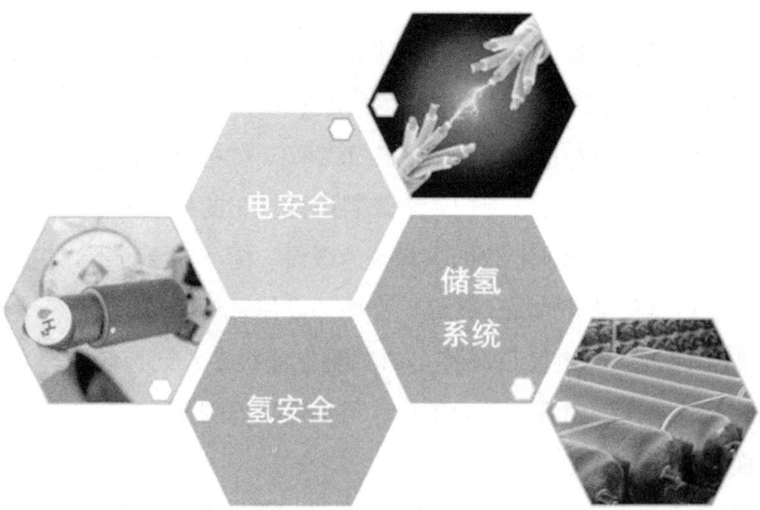

图 2　燃料电池汽车安全构成

储氢系统主要是指气态氢的储存装置及其附件，在中国目前的管理体制下，燃料电池汽车安全标准暂时不涉及；电安全主要分为正常使用时的安全以及触碰后安全两类，前者在标准 GB/T 18384 已有相关规定，后者则由 GB/T 31498 规定。因此，本文主要讨论氢安全（含燃料电池堆）标准问题。

如图 3 所示，根据我们的最新草案，将氢安全划分为如下板块：

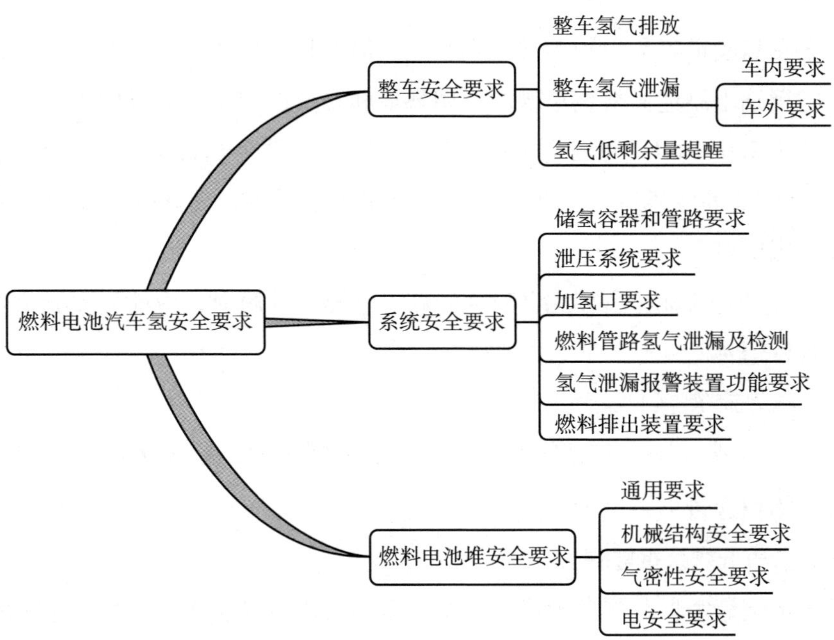

图 3　氢安全结构

一　整车安全要求

1. 整车氢气排放

按照燃料电池电动汽车整车氢气排放测试方法中关于怠速热机状态氢气排放规定的试验方法进行测试，在进行正常操作（包括启动和停机）时，任意连续 3s 内的平均氢气体积浓度不超过 4%，且瞬时氢气体积浓度不超过8%。

2. 车内要求

①储氢系统泄漏或渗透的氢燃料，不应直接排到乘客舱、行李舱/货舱，或者车辆中任何有潜在火源风险的封闭空间或半封闭空间。

②在安装氢系统的封闭或半封闭的空间上方的适当位置，至少安装一个氢气泄漏探测传感器，能实时检测氢气的泄漏量，并将信号传递给氢气泄漏报警装置。

③在驾驶员容易识别的部位安装氢气泄漏报警提醒装置，泄漏量与警告信号的级别由制造商根据车辆的使用环境和要求决定。当空气中氢气体积含量不低于2.0% ±1.0%时，发出警告；空气中氢气体积含量不低于3.0% ±1.0%立即关断氢供应；但如果车辆装有多个氢系统，允许仅关断有氢泄漏部分的氢供应。

④当氢气泄漏探测传感器发生短路、断路等故障时，应能对驾驶员发出故障警告信号。

3. 车外要求

对于M_1类车辆，在密闭空间内进行氢泄漏试验，应满足任意时刻测得的氢气体积含量不超过1%。

4. 氢气低剩余量提醒

指示储氢容器氢气压力或氢气剩余量的仪表应安装在驾驶员易于观察的地方，如果氢气的剩余量影响到车辆的行驶，应通过一个明显的信号（例如：声或光信号）装置向驾驶员提示。

二　系统安全要求

1. 安全位置要求

管路接头不应位于完全密封的空间内。储氢容器和管路一般不应装在乘客舱、行李舱或其他通风不良的地方；但如果不可避免要安装在行李舱或其他通风不良的地方时，应采取相应措施，将可能泄漏的氢气及时排出。储氢容器应该避免直接暴露在阳光下。

2. 热绝缘要求

对可能受排气管、消声器等热源影响的储氢容器、管道等应有热绝缘保护。

3. 防静电要求

高压管路及部件（含加氢口）应可靠接地，或采取其他控制氢泄漏量及浓度的措施。

4. 泄压系统要求

①在温度驱动安全泄压装置（TPRD）和安全泄压装置（PRD）释放管路的出口处应采取必要的保护措施（如加盖管帽），防止在使用过程中被异物堵塞，影响气体释放。

②通过温度驱动安全泄压装置（TPRD）释放的氢气，不应：

a）流入封闭空间或半封闭空间；

b）流入或流向任一车轮罩；

c）流向储氢瓶；

d）朝车辆前进方向释放。

③通过安全泄压装置（PRD）（如爆破片）释放的氢气，不应：

a）流向裸露的电气端子、电气开关或其他引火源；

b）流向或流入乘客舱或货舱；

c）流向或流入任一汽车轮罩；

d）流向储氢瓶。

④与 PRD 相连的管道、通道和出口的制造材料应使用熔点高于 538℃（1000°F）的金属材料。

5. 加氢口要求

汽车燃料系统应包含能够保证燃料加注时切断向燃料电池系统供应燃料的功能。加氢口应具有能够防止尘土、液体和污染物等进入的防尘盖。防尘盖旁边应注明加氢口的燃料类型、NWP 和储氢瓶终止使用日期，加氢口应设置在汽车侧面。

6. 燃料管路氢气泄漏及检测

车辆的燃料电池系统应预热至其正常运行温度并在此温度下运行，管路处于正常工作压力。应对高压部分与燃料电池堆（或燃料电池系统）之间的燃料管路的可接近部分进行氢气泄漏检测，并对接头部位进行重点泄漏检测。同时使用泄漏检测液进行目测检查，3min 内不应出现气泡。

7. 氢气泄漏报警装置功能要求

报警装置应通过警告灯或具有下列特性的文字显示对驾驶员发出警告。

①坐在驾驶座位的驾驶员应能够看到警告，不应受天气和时间的影响；

②系统故障时报警应为黄色，满足 4. 1. 2 整车氢气泄漏条件时，警告应为红色；

③按照附录 B 进行测试，在车辆运行过程中或启动过程中，当车内封闭空间或半封闭空间内出现氢气浓度超过 2. 0% 时，警告应保持亮起；

④按照附录 B 进行测试，当泄漏浓度大于 3. 0% 后，只有在下次燃料电池系统启动时才能复位报警状态，取消报警。

8. 燃料排出装置要求

为了对燃料装置进行维修保养或其他目的，应规定从汽车上排出燃料的方法。

三　燃料电池堆安全要求

1. 通用要求

①燃料电池堆应有必要防护，防止其部件与外部高温部件或环境接触。燃料电池堆外壳应避免容易对人体产生危害的结构。

②当燃料电池堆中含有易燃、易爆气体或有毒液体时，条件允许时，在易见位置清楚标注出来。有其他零件遮挡或者干涉时可以不进行标注，但需在产品说明书中说明。

③燃料电池堆中应用的材料对工作环境要有一定的耐受性，燃料电池堆的工作环境包括振动、冲击、多变的温湿度、电势以及腐蚀环境；在易发生

腐蚀、摩擦的部位应采取必要的防护措施。

④燃料电池堆使用的材料必须能够适应可能遇到的物理、化学以及热环境，而且在这些环境中能够保持性能稳定。

⑤燃料电池堆中不应使用对人体有害或者污染环境的材料。燃料电池堆使用的材料应满足 GB/T 30512—2014 的规定。

⑥在可燃气体环境中的组件和材料应该选用有利于减小起火或者燃烧的材料，该材料在切断电源或者燃料供给后不会持续燃烧。

⑦对燃料电池堆进口或出口的温度、反应气和冷却液的压力或流量等其他相关参数进行监测或者计算。

⑧对燃料电池堆的电压、或者电流进行监测或者计算。

2. 机械结构安全要求

燃料电池堆机械结构应该具有一定的抗跌落、振动、挤压，或者环境的变化如温度、湿度、气压等的能力。

按照在整车上的布置方式，燃料电池堆在 Z 向（垂直方向）上应能够承受 6. 0g 的冲击力，在 X 向（车辆前进方向）上应能够承受 5. 0g 的冲击力，在 Y 向（侧向）上应能够承受 5. 0g 的冲击力，承受冲击之后，燃料电池堆机械结构应不发生损坏，能够正常工作，气密性应满足 3. 3. 1 和 3. 3. 2 的要求，绝缘性应满足 3. 4. 1 的要求。机械冲击脉冲采用半正弦波形、持续时间 15ms，每个方向各进行一次。

3. 燃料电池堆气密性安全要求

关闭燃料电池堆的氢气排气端口、空气排气端口和冷却液出口，同时向氢气流道、空气流道和冷却液流道加注氦氮混合气体（氦气浓度不低于 10%），压力均设定为正常工作压力，压力稳定后关闭进气阀门，保压 20min。保压结束后气体压力值不得低于初始压力的 85%，但该要求不适用于风冷燃料电池堆。

4. 燃料电池堆外壳密封安全要求

如果燃料电池堆单独密封但非气密性外壳，要有防止氢气在壳内积聚的措施，如果有氢气积聚，需要采取措施（如强制通风等）将积聚的氢气排出。

5. 绝缘电阻要求

①燃料电池堆在加注冷却液而且冷却液处于冷态循环状态下正负极的分别对地绝缘阻值不能低于 100Ω/V，未加注冷却液时正负极对地绝缘阻值不能低于 500Ω/V。

②采用 GB/T 18384.3 规定的测量方法测量绝缘电阻值。

6. 人员触电防护要求

燃料电池堆人员触电防护要求应该满足 GB/T 18384.3 的相关要求。

7. 警示标识要求

①当燃料电池堆的最高电压大于 60V 时，燃料电池堆上应该有高压电标识，标识符号采用 GB/T 18384.1—2015 中第 4 章规定的标记符号。

②燃料电池堆极性标识。正极使用红色，负极使用黑色。

8. 接地保护要求

当燃料电池堆输出最高电压高于 60V，燃料电池堆外壳需有接地点，接地点与外壳金属间电阻小于 0.1Ω。

四　手册要求

对于燃料电池汽车来说，社会和公众还没有一个完全清晰的概念，尤其是对于用户，以及用户关联方，如停车、救援和维修、加氢等需要有一个全面的介绍和信息列表，以保证在任何时候都能得到相应的信息支援。

标准中规定了用户手册和服务手册的编写内容，当然，标准作为最低要求，除了标准中规定的项目以外，整车生产企业可以列出其认为重要的、关于安全等项目的其余的重要项目。

（一）用户手册

燃料电池电动汽车制造厂商应提供用户手册，指明汽车特定的操作、燃料和安全特征。手册中至少包括以下内容：

①汽车安全操作程序，包括操作环境；

②汽车上储存、使用的燃料、冷却剂等物料的注意事项；

③应对燃料电池电动汽车的停车场地要求做出说明；

④燃料加注程序和安全设备注意事项；

⑤对关系到动力电池、燃料电池堆、储氢瓶等重要部件的维护进行说明；

⑥路边紧急救援信息；

⑦说明紧急情况处理的办法；

⑧对是否有不适合行车的场所进行说明。

（二）服务手册

燃料电池电动汽车制造厂商应编制与汽车维修、保养相关的信息。推荐至少包括以下内容。

①对用户汽车维修场所进行说明；

②汽车使用的危险材料的化学和物理特性；

③在维修期间，汽车或其系统可能出现的危险；

④汽车发生某种危险时特有的急救程序；

⑤维护工具、装备和个人保护装备；

⑥特殊维护工作的方法和程序；

⑦必需的维护项目、维护周期列表；

⑧从燃料电池电动汽车中置换燃料的程序；

⑨专业操作人员更换部件或释放燃料的注意事项；

⑩高压管路，防止误破坏。

五　燃料电池汽车相关标准化工作展望

燃料电池汽车相关标准化工作应与相关技术协同发展，甚至可以进行一些前瞻性研究，同时配合相关政策项目进行规划，促进我国燃料电池汽车产业快速发展，争取早日到达世界燃料电池汽车产业一级梯队。

在技术方面，我国已制定多项燃料电池汽车相关标准，包括整车安全要求、整车氢气排放测试方法、氢气消耗量测试方法、车载氢系统等。其中车载氢系统相关标准还主要聚焦于35MPa车载储氢技术，但从燃料电池汽车发展趋势上看，为了提升单车能量密度，未来70MPa的车载储氢瓶将成为主流。因此，在标准化工作方面应多多关注70MPa储氢技术，研究制定70MPa车载储氢瓶、加氢站等相关标准，促进行业积极快速发展。

在政策项目方面，为制定燃料电池汽车相关激励政策，从国家层面引导产业更好更快发展，需要相关标准作为依托，同时为政策落地实施提供参考基准。目前，我国在燃料电池汽车测试相关标准法规方面还不健全，因此在近期应尽快开展续驶里程、燃料电池发电系统能量密度、燃料电池发电系统功率、低温启动性能等相关测试方法规程的标准研究，为国家政策制定实施、项目验收等提供参考，实现行业有序快速前进。

表1　世界范围内FCEV用储氢瓶使用情况

序号	企业	气瓶类型	工作压力(MPa)
1	VW	Ⅳ	70
2	BMW	Ⅳ	70
3	Daimler	Ⅳ	70
4	GM/Opel	Ⅳ	70
5	Nissan	Ⅳ	70
6	Toyota	Ⅳ	70
7	Honda	Ⅳ	70
8	Hyundai	Ⅳ	70
9	Ford	Ⅳ	70

此外，我国目前使用的高压储氢瓶多为Ⅲ型气瓶，随着产品的不断改进，国内35MPa储氢Ⅲ型气瓶质量储氢密度已经接近或达到了国外产品水平。但相比Ⅲ型气瓶，Ⅳ型储氢气瓶具有储氢密度和成本优势，国外已成功研制并生产了Ⅳ型气瓶，并用于汽车领域，世界范围内FCEV用储氢瓶使用

情况如表 1 所示。从中可以看出，国外各汽车公司所研发的燃料电池汽车大多采用 70MPa 储氢Ⅳ型气瓶方案，但是由于Ⅳ型气瓶的生产工艺稳定性和安全性在我国仍存在问题，因此目前Ⅳ型气瓶仍被明令禁止使用。随着我国燃料电池汽车产业的发展，对氢气瓶的要求将不断提高，降低成本、提高储氢质量密度已成为行业共同目标，国家应在全面审查调研核实后逐步放开对Ⅳ型气瓶的禁令，加快制定相关标准规范Ⅳ型气瓶生产、检测、运输等环节，引导Ⅳ型气瓶安全快速地进入我国汽车领域，实现与国际同步快速发展。

热点篇

Hot Issue Reports

B.10 中国氢能及燃料电池汽车产业能源环境效益分析

欧训民　任 磊*

摘　要： 本报告进行了现有的制氢技术和燃料电池汽车温室气体排放全生命周期分析（LCA）结果综述。建立起涵盖氢能制备、储运和使用等所有阶段的完整的燃料电池汽车温室气体排放全生命周期分析（LCA）模型。详细分析了氢能全生命周期（氢能制备—储运和燃料电池汽车运行）的相关技术路线发展现状与趋势。选取了一条代表性路线（天然气重整制氢－管束车/管道运输－乘用车路线），计算其全生命周期温室气

* 欧训民，清华大学能源环境经济研究所副教授/研究员，研究方向为能源系统分析；兼任清华大学中国车用能源研究中心副主任和中国能源研究会能源系统工程专委会副秘书长，入选联合国 IPCC 第六次气候变化评估报告交通章主要作者（Lead Author）。任磊，清华大学能源环境经济研究所博士生。

体排放状况，并与传统汽车和纯电动汽车进行了对比分析。研究发现，天然气制氢过程中的原料天然气消耗量、燃料天然气消耗量和工艺耗电这 3 个参数的进步将大大影响燃料电池汽车碳足迹的表现。

关键词： LCA 模型　温室气体排放　对比分析

一　车用燃料全生命周期分析方法

（一）全生命周期分析方法

新能源汽车对传统燃料汽车的技术替代会导致能源消耗和温室气体（Greenhouse Gas，GHG）从直接燃烧燃料的车辆运行阶段向能源生产（氢气、电力等）的上游阶段进行转移，如果仅仅通过分析对比直接运行过程的能耗和 GHG 排放来衡量车用燃料技术的能源环境效益是不合理的。面对这种情况，全生命周期分析（Life-cycle Analysis，LCA）方法成为车用能源分析的出色选择，它涵盖车用燃料生产等上游阶段和车辆运行阶段的整个过程，常规包括原料、燃料的生产、储存和运输以及车辆的生产过程等，部分研究将相关设施建设、运行和车辆的退役等也纳入考量范围之内。通过分析不同技术路线的氢燃料电池汽车（Fuel Cell Vehicle，FCV，多用以代指氢燃料电池汽车）在全生命周期各个阶段的能耗、碳排放，再将它和电动汽车（Battery Electric Vehicle，BEV）、传统燃料汽车进行对比，能够更加准确描绘出 FCV 的技术替代效应。

国际上成熟的车用能源消耗和 GHG 排放全生命周期分析一般包括燃料周期和车辆周期两大块内容，涵盖的分析阶段如图 1 所示。燃料周期又称为 WTW（Well-to-Wheel），涵盖上游能源供应的 WTP（Well-to Pump）阶段（原料开采、运输，燃料生产、运输）和下游车辆运行 PTW（Pump-to-

Wheel）阶段；车辆周期主要包括制造材料的上游生产阶段、车辆零部件制造与组装阶段和车辆报废阶段。一般来说，车辆周期的能耗与 GHG 排放在生命周期的总值中占比在 10% ~20%，影响相对较小。此外，各种新能源汽车与传统燃料汽车虽然在发动机和电池系统方面差异巨大，但在底盘、变速箱、车身等组件具有类似之处，在很多以燃料路线为分析重点的全生命周期分析研究中，车辆周期没有给予重点考虑。

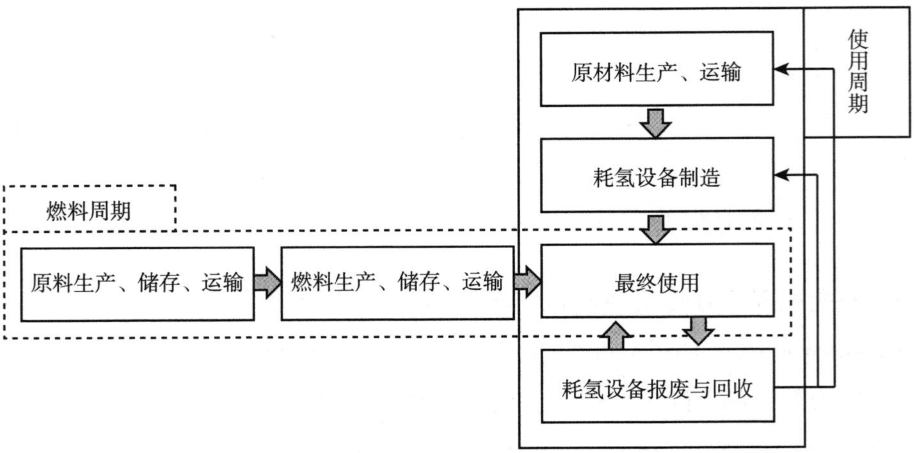

图 1　汽车全生命周期研究中阶段划分

国际上面向燃料/车辆的全生命周期分析的相关研究开始较早，多个研究机构开发了基于不同燃料路线和车辆技术的实用化模型，包括美国阿贡（Argonne National Laboratory，ANL）国家实验室研发的 GREET 模型，加拿大多伦多大学开发的 EIO-LCA 模型等，经由当地多年的研究实践，受到了世界学者的欢迎。此外，GEMIS、GaBi、SimaPro 等商业化的全生命周期分析模型和软件也开发了分析车用燃料的功能。其中，GREET 模型完整涵盖了燃料周期和材料周期两方面，是目前发展较为完善并得到广泛应用的生命周期分析模型。

国内学者针对我国新能源汽车全生命周期能耗和 GHG 排放也开展了大量研究，这些研究大多借鉴国外成型的模型和数据库框架，结合我国特点进行了数据库重构等大量工作，此前研究重点多着眼于电动汽车，对 FCV 的关注相对较少。如 2006 年，Huang 等运用 GREET 模型分析上海市十种氢燃料路线的 WTW 能耗、GHG 和污染物排放①，这十种燃料路线由不同制氢原料（煤炭、天然气、石脑油、上海市电网电力）、不同生产地点（工厂或加氢站）、不同储氢形式（气氢或液氢）组成。结果表明，以天然气为原料的燃料路径和电解水制氢路径分别有最高和最低的能源效率。2016 年，Dong 等对不同以化石燃料为原料的氢燃料路径下的 FCV 的能源环境影响进行生命周期分析，结果显示利用天然气制氢供应 FCV 在节能减排各指标总体表现上最有优势②。同济大学朱昊等人在调研分析国内外氢能基础设施的基础上，设计了 4 条适合中国近期发展燃料电池汽车加氢网络的氢能路径，使用全生命周期评价方法，核算了燃料电池汽车在这 4 条氢能路径下的能耗和污染物排放。计算结果表明：工厂焦炉煤气制氢在 4 条制氢路径中的能效最高，能耗和 GHG 排放最低。建议中国近期应优先采用工厂焦炉煤气制氢；在远离炼焦工业但天然气资源相对丰富的地区，应采用集中天然气蒸汽重整制氢；当氢气运输距离过长时，可采用现场天然气蒸汽重整制氢；在可再生能源资源丰富地区，应优先使用可再生能源发电进行集中电解水制氢③。清华大学林婷选取多种典型 FCV 燃料路径，分析 FCV 轻型车及公交车相比传统汽、柴油车的节能减排效益，并分析了中国氢能资源储备和 FCV 的燃料成本④。结果表明与传统燃油车相比，2015 年 FCV 轻型车在可再生能源制氢路径下，具有显著节能减排效益，尤其是在可再生电力电解水制氢路径下，燃料周期化石能耗和 CO_2、VOC、NO_x、PM2.5 排放的削减比例均超过

① Huang, J., et al., "Lifecycle performance assessment of fuel cell/battery electric vehicles", International Journal of Hydrogen Energy, 38 (2013): 3433 - 3446.

② Dong, J., et al., "Comparative life cycle assessment of hydrogen pathways from fossil sources in China", International Journal of Energy Research, 40 (2016): 2105 - 2116.

③ 朱昊、余卓平：《基于全生命周期评价的燃料电池汽车氢能路径分析》，《同济大学学报》（自然科学版）2017 年第 45 期。

④ 林婷等：《中国氢燃料电池车燃料生命周期的化石能源消耗和 CO_2 排放》，《环境科学》2018 年第 39 期，第 3946 ~ 3953 页。

80%。应用 CCS 技术的煤制氢路径整体效益仅次于可再生能源，CO_2、NO_x 排放削减比例分别为 78% 和 68%。FCV 公交车相比于传统公交车，在可再生能源制氢和 COG 制氢路径下，可具备化石能耗、CO_2、VOC、NO_x 与 PM2.5 减排效益。2030 年，预计电网电力电解水制氢路径下 FCV 轻型车 PM2.5 排放比传统燃油车高 24%，煤电比例下降至 40% 时为盈亏平衡点。公交车在天然气制氢路径下的 PM2.5 排放比传统公交车高 21%，燃料消耗量下降至 4.8kg/100km 时可实现 PM2.5 减排。谢欣烁等（2018）[①] 通过整理全球研究进展总结得出新型制氢技术具有优秀的节能环保性，但制氢成本较高。其中，风电制氢技术的环保性最佳，而核能热化学制氢在未来具有大规模应用的潜力。

（二）面向 FCV 的全生命周期研究边界、研究框架、基础数据

面向 FCV 的全生命周期研究框架如图 2 所示，为了分析出全生命周期过程的一次能源消耗和 GHG 排放，除了明确氢气燃料周期上下游阶段本身的能耗细节之外，还需要关注参与到各个阶段中作为原料、燃料的能源（后者称为工艺燃料）消耗量以及工艺燃料自身的全生命周期消耗。

中国情境下，研究者对工艺燃料的全生命周期进行了较为充分的研究，沿用笔者的研究结果如表 1 所示。电力的化石能耗和 GHG 排放强度最高，化石能耗强度为其他终端能源的 1.8～2.1 倍，GHG 排放强度为其他终端能源的 2.1～3.0 倍。中国以煤为主的电力结构使电力的化石能耗结构中煤占主导地位，占比达 95%，石油和天然气分别占比 3.6% 和 1.5%。煤炭类终端能源（原煤和精煤）的化石能耗强度最低，但其 GHG 排放强度要高于除电力外的其他终端能源，主要原因在于煤炭具有较高的含碳量。天然气类终端能源（原始天然气和精制天然气）的 GHG 排放强度最低，其化石能耗强度介于原油和石油基终端能源（柴油、汽油和燃料油）之间。

① 谢欣烁等：《制氢技术的生命周期评价研究进展》，《化工进展》2018 年第 37 期。

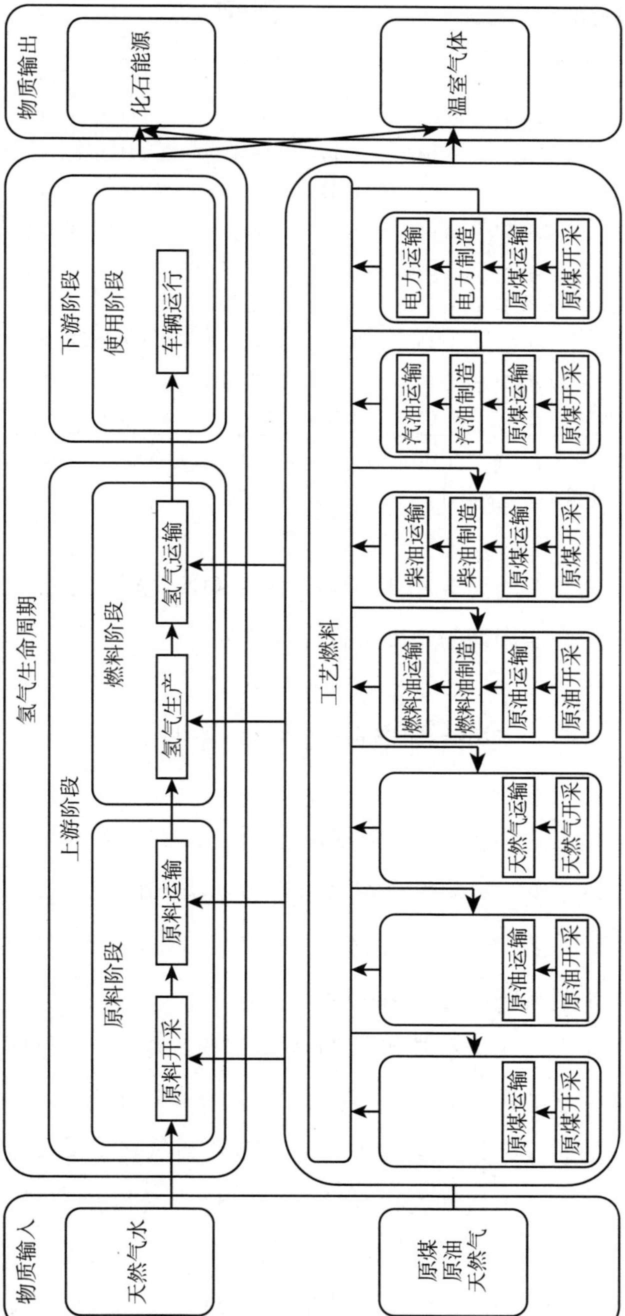

图 2　FCV 的生命周期研究边界与研究框架

（以天然气水蒸气重整制氢－35MPa 气罐－车辆运输－轻型 FCV 使用为例）

表 1　2015 年工艺燃料清单计算结果

类别	化石能耗(MJ/MJ)				GHG 排放($g\ CO_{2,eq}/MJ$)			
	煤	天然气	石油	总计	CO_2	CH_4	N_2O	总计
原煤	1.068	0.001	0.002	1.071	87.418	0.435	0.001	98.286
原始天然气	0.041	1.052	0.048	1.141	65.199	0.094	0.001	67.550
原油	0.028	0.036	1.033	1.097	78.559	0.026	0.000	79.198
精煤	1.070	0.002	0.014	1.086	88.488	0.436	0.001	99.384
精制天然气	0.041	1.056	0.048	1.145	66.925	0.094	0.001	69.286
柴油	0.070	0.051	1.151	1.273	92.107	0.049	0.028	93.331
汽油	0.072	0.052	1.158	1.282	88.138	0.126	0.002	91.281
燃料油	0.052	0.042	1.102	1.197	89.841	0.036	0.000	90.753
电力	2.139	0.080	0.033	2.252	182.848	0.877	0.003	204.757

资料来源：欧训民、彭天铎等著，《中国电动汽车的发展规模及其能源环境资源影响研究——模型、方法和应用》，经济管理出版社，出版中。

通过表 1 中工艺燃料的研究结果，结合各种 FCV 技术路线上各个阶段的技术参数即可从全生命周期的角度进行详尽的分析。

二　氢气制造阶段技术分析

根据 Hydrogen Analysis Resource Center 的统计，全球氢气生产总量的 48% 来自天然气蒸汽重整、30% 来自石脑油重整及各种化工尾气、18% 来自煤炭气化、仅有 4% 来自电解水。而所生产的氢气超过 90% 都用于石油化工和合成氨工业，用于交通领域的比例较少。

通过分析总结各类氢气制造技术的 LCA 案例研究结果，按照生产单位 MJ 能量排放的 GHG 总量绘制出图 3。可以看出在案例研究较多的领域，除了天然气重整制氢的研究结果较为集中之外，多数制氢技术 LCA 的研究结果存在较大的不确定性。天然气重整制氢由于从 LCA 角度相较于直接生产天然气增加了额外的工艺与耗能，温室气体排放高于直接生产天然气，在 70～100$gCO_{2,eq}$/MJ 范围，而在添加了碳捕集与封存（Carbon Capture and Storage，CCS）技术之后，有望降低排放。电网电解水制氢由于各国电网结构不同出现了极大的差异，中国电网情境下电解水制氢碳排放较高，欧美国家的较高的可再生能源发电比例导致碳排放较低。不同地区情境下，其余新兴技术不仅在技术发展情况上存在差距，而且在工艺燃料的供给上也存在差距，因此结果差异较大。整体上多数情境下新兴制氢技术相比于直接传统燃料（煤炭、汽油、柴油）的排放较低，存在实现减排的可能性。

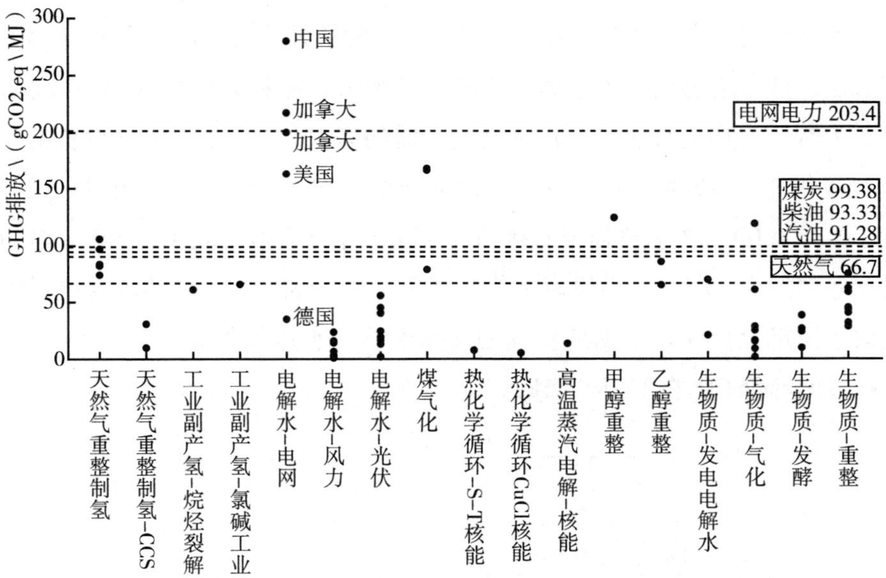

图 3　现有研究中各制氢技术路线生命周期温室气体排放比较

资料来源：笔者根据公开资料整理所得。

目前，按照氢气生产原料进行分类，制备氢气的几种主要方式包括化石燃料制氢（煤炭、石油、天然气）、工业副产氢、电解水制氢、化工原料制氢（甲醇裂解、乙醇裂解、液氨裂解等）和新兴技术制氢（核能制氢、生物质制氢、光化学制氢等）。

（一）化石燃料制氢

1. 天然气制氢

天然气制氢技术发展早，较为成熟，适用于大规模制氢场景，近年来也有应用到小规模制氢的趋势。天然气制氢技术流程整理如图 4 所示，原料天然气首先经过物理吸附法或者加氢法进行脱硫，再通过数种反应手段，如水蒸气重整（SMR）、部分氧化法（PO_x）、自热重整法（ATR）的其中一种与水、氧气发生反应生成氢与 CO，部分工艺流程将此步骤的混合气进行水气变换反应进一步提纯，最后采用变压吸附法（PSA）提纯合用的氢气。

天然气制氢中发展最成熟、应用最广泛的是天然气水蒸气重整（SMR）制氢法，该方法消耗的工艺燃料主要有三部分：原料天然气（反应原料）、燃料天然气（加热水蒸气、提供反应所需的高温）、电力（维持设备运行、为 PSA 供能）。参考中海油惠州炼化制氢装置分析报告，大规模制氢场景下，生产 1000 标方氢气需要直接消耗 453.5 标方天然气和 41.67kWh 电力，转化效率约为 70%①。小规模制氢场景下，部分研究（如文献）将整体转化效率设定为 65%。根据所整理的文献天然气水蒸气制氢每生产 1kg 氢气所排放的等价 CO_2 在 11.8～15kg。

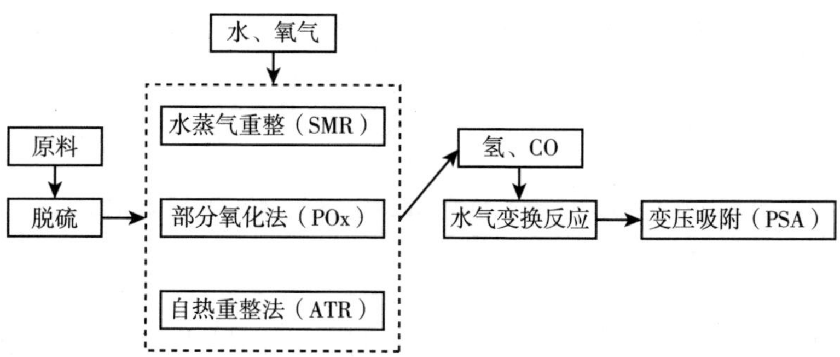

图 4　天然气制氢路线

2. 煤气化制氢

煤气化制氢为煤炭与水、氧气在特定温度、压力下进行气化反应生成

① Liu G, "Cost analysis of hydrogen production by NG reformation", *Engineering Technology*, 11 (2016): 00287－00289.

CO 和氢气混合气体的过程。整体工艺流程与天然气制氢有类似之处，如图 5 所示，煤炭与水、氧气经过初步气化之后变成复杂混合气，再经过除尘、除焦油工艺，进一步通过耐硫变换使混合气中的 CO 与水蒸气反应生成氢气和 CO_2，之后再经脱硫、脱碳和 PSA 工艺获得可以使用的氢气。

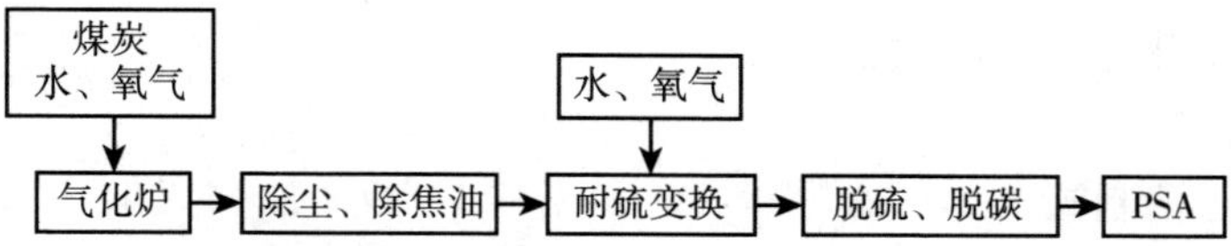

图 5　煤气化制氢路线

国内具有代表性的茂名煤气化制氢设备能耗最低值为 217.69kJ/t H_2，耗煤为 7.473t/t H_2，整体能量转化效率为 55.8%。由于煤气化过程存在众多的技术选择（湿法－水煤浆气化、干法－煤粉加压气化等）与技术细节（气化炉设计、催化剂改进等），所以不同项目之间存在一定差距。Centinkaya① 和 Siddiqui② 两者同是面向加拿大的研究中就出现了 11.29 和 23.7kg CO_2，eg/kg H_2的差异。

（二）工业副产氢

工业副产氢－氯碱工业

工业上用电解饱和 NaCl 溶液的方法来制取 NaOH、Cl_2和 H_2，并以它们为原料生产一系列化工产品，称为氯碱工业，它是化学工业的基础之一。根据氯碱工业的平衡表，NaOH 和氢气的产量配比为 40∶1，在全国年产量超过 3000 万吨的情况下，理论产能超过 75 万吨。但是目前由于利用氢气设备的投资较高而氢气缺乏市场，氯碱工业对氢气的利用较少。

---

① Cetinkaya, E., I. Dincer and G. F. Naterer, "Life cycle assessment of various hydrogen production methods", *International Journal of Hydrogen Energy*, 37 (2012): 2071–2080.

② Siddiqui, O. and I. Dincer, "A well to pump life cycle environmental impact assessment of some hydrogen production routes", *International Journal of Hydrogen Energy*, 44 (2019): 5773–5786.

ANL的研究小组（2017）基于美国情景对氯碱工业副产氢的研究认为氯碱工业副产氢的生命周期排放为9.48 kg CO_2，eg/kg H_2[①]。同属ANL的Dong-Yeon Lee（2018）对中国情境下进行分析，认为氯碱工业副产氢的生命周期排放为9.2 kg CO_2，eg/kg H_2。

（三）化工原料制氢

甲醇/乙醇制氢

醇类制氢主要有三种手段：直接裂解法（高温条件下催化裂解成氢气和CO）、部分氧化法（在合适条件下与氧气发生部分氧化，对氢气提纯技术要求高）、水蒸汽催化重整法。与天然气制氢的三种手段有类似之处，相应的研究较少，中国对应的项目也较少。Siddiqui研究认为甲醇重整制氢排放为17.9 kg $CO_{2,eg}$/kg H_2、乙醇重整制氢排放为12.2 kg $CO_{2,eg}$/kg H_2[②]。

（四）电解水制氢

电解水制氢的生命周期碳排放很大程度上取决于当地的电网清洁程度，故此处主要讨论制氢技术本身的能耗。

1. 碱性电解水制氢

作为目前商业化最主流的电解水制氢技术，通过向碱性水中通入直流电的形式使水分子分别在阴极分解成氢气，阳极分解成氧气，在加氢站现场制氢存在较为广泛的应用。理论条件下，2.94kWh电能即可制取单位标方氢气，但是由于过电位和电解槽电阻的存在，国际上的能耗水平在4.4～5.0kWh/Nm^3 H_2，能效在64%～70%。国内电解槽的能效约为62.4%，与国际水平存在一定差距。

---

① Argonne national laboratory. Life Cycle Greenhouse Gas Emissions of By-product Hydrogen from Chlor-Alkali Plants，(2017)：38－39.

② Siddiqui，O. and I. Dincer，"A well to pump life cycle environmental impact assessment of some hydrogen production routes"，*International Journal of Hydrogen Energy*，44（2019）：5773－5786.

2. SPE 电解水制氢

固态聚合物电解质（Solid Polymer Electrolyte，SPE）的核心技术特征是它以 SPE 作为电极间的电解质与隔膜，燃料电池领域常用的质子交换膜（Proton Exchange Membrane）就是典型的 SPE 材料。SPE 电解水制氢在效率、稳定性、氢气纯度上具有优势，缺点是成本相对较高。其能耗水平在 4.4 ~5.5kWh/Nm^3 H_2，效率在 60% ~80%。

3. SOEC 电解水制氢

固体氧化物电解池（Solid Oxide Electrolysis Cell，SOEC）的特点是电解质为致密的固态电解质，可以在高温条件下工作、回避了电解质损耗问题、且能量效率高。SOEC 在工作时需要外界供能，由此 SOEC 与核能结合诞生的核能高温蒸汽电解技术成为未来大规模制氢的重要技术选择，加拿大的 Ozbilen 估算该路线的排放约为 2 kg $CO_{2,eg}$/kg H_2。

（五）新兴技术制氢

1. 核能制氢

除了 SOEC－核能高温蒸汽电解技术之外，热化学循环制氢也是核能制氢的重要技术路线。热化学循环制氢指在高温条件下，通过碘－硫（S－I）或者铜－氯（Cu－Cl）与水蒸汽之间的若干化学反应，将水的分解分成几步完成的办法，如图 6 所示。

加拿大学者较为关注核能制氢技术，Centikaya 研究认为核能 Cu-Cl 循环制氢的生命周期 GHG 排放为 0.53 $CO_{2,eg}$/kg $H_2$①，Ozbilen 研究认为核能 Cu-Cl 循环制氢的生命周期 GHG 排放为 0.56 $CO_{2,eg}$/kg H_2、核能 S-l 循环制氢的生命周期 GHG 排放为 0.86$CO_{2,eg}$/kg $H_2$②。

① *Cetinkaya*, *E.*, *I. Dincer and G. F. Naterer*, "*Life cycle assessment of various hydrogen production methods*", *International Journal of Hydrogen Energy*, 37 (2012): 2071－2080.

② *Ozbilen*, *A.*, *I. Dincer and M. A. Rosen*, "*Comparative environmental impact and efficiency assessment of selected hydrogen production methods*", *Environmental Impact Assessment Review*, 42 (2013): 1－9.

热化学硫碘循环水分解制氢系统（Ⅰ）

$H_2SO_4(aq)=SO_2(g)+H_2O(l)+\frac{1}{2}O_2(g)$　　$\Delta H_1=327kJ \cdot mol^{-1}$

$SO_2(g)+I_2(s)+2H_2O(l)=2HI(aq)+H_2SO_4(aq)$　　$\Delta H_2=-151kJ \cdot mol^{-1}$

$2HI(aq)=H_2(g)+I_2(s)$　　$\Delta H_3=110kJ \cdot mol^{-1}$

$H_2S(g)+H_2SO_4(aq)=S(s)+SO_2(g)+2H_2O(l)$　　$\Delta H_4=61kJ \cdot mol^{-1}$

热化学硫碘循环硫化氢分解联产氢气、硫磺系统（Ⅱ）

图6　S-I核能制氢示意

资料来源：根据公开资料整理。

2. 生物质制氢

生物质制氢作为最前沿的制氢技术之一，兼之多学科复合的特点，受到了世界学者的广泛关注。其中又可大致分为两大类：一类将生物质作为化石燃料、电力的替代品参与到制氢工艺流程当中（生物质气化/重整制氢、生物质发电电解制氢）；另一类是利用产氢微生物代谢将生物质转化为氢气，其中又可细分为光合生物发酵和厌氧生物发酵两大类。

产氢微生物制氢技术的LCA研究结果之间差异较大，原因有两点。一是各研究机构的技术进展差异较大，二是产氢生物在处理生物质的过程中也会造成GHG排放，对于这部分GHG排放的计算方式存在一定争议，尚未形成统一结论。

三　氢气储运阶段技术分析

按照氢气储运过程中的状态，可以分类为气态氢气储运（Gaseous hydrogen，记为 GH_2）、液态氢气储运（Liquid Hydrogen，记为 LH_2）、化合物附着氢气储运三大类。气态氢气储运可以通过管道、槽车、鱼雷车等方式进行，是目前较为主流的储运方式。液态氢气储运主要通过槽车、鱼雷车等车辆和船舶运输，需要保持超低温状态。化合物附着氢气储运主要通过金属氢化物、液态有机物、液氨等方式运输，通过逆反应提取氢气，技术尚未成熟，在未来有发展的可能性。这里主要讨论气态氢气储运和液态氢气储运。

1. 气态氢气储运

GH_2 - 管道运输：通过电力驱动压缩机将氢气压缩到 1～3MPa，在管道中进行运输。由于氢气的特殊性质，管道运输的建设维护成本较高，因此主要在精炼厂和化工厂得到运用，运输距离也相对较短。综合考虑国内氢气压缩机的技术参数以及主流研究所采用的能耗值，估算出 GH_2 - 管道运输的能耗为 0.924kWh/t · km，压缩效率约为 92% ①。

GH_2 - 车辆运输：工厂制氢可以被压缩到 20～75MPa 通过气罐进行运输，压缩压力越大，运输效率越高，但对气罐的技术要求也越高。整体上来看，车辆运输一方面由于氢气密度低运量较小，另一方面运输耗能也较高。国内主流的、较为成熟的压缩气罐为 20MPa、25MPa、35MPa 级别，45MPa 的压缩气罐也随着 2010 年上海世博会的试用成功开始逐渐推广，国际上也有 70MPa 级的压缩气罐投入使用。以最主流的 35MPa 为研究对象，假设槽车/鱼雷车以柴油驱动，估算出运输能耗为 11.03kWh/t · km，压缩效率约为 85%。

2. 液态氢气储运

液态氢气储运需要维持 -253℃ 的低温，对储氢容器绝热、真空的要求极高，液氢运输过程的危险性也比气氢更高。对应的，液氢的储氢密度高、运输效率高、能耗与成本低，在长距离运输中与气态氢气相比有较大优势。类比 GH_2 - 车辆运输的有效运输体积，换算成运输液氢，可以估算出运输能耗约为 1.083kWh/t · km，压缩效率约为 71%。此外，液氢储运还存在蒸发损失问题，参考中国可再生能源学会氢能专委会的产业数据，设储运过程的日蒸发率为 0.4%，运输到使用需花费一天时间。

---

① 压缩机技术参数 http://www.ccen.net/product/detail-430650.html。

四　主流氢燃料电池汽车比较

氢燃料电池乘用车方面，自2013年氢燃料电池车首次商业化到2017年底，全球总计售出6475辆氢燃料电池乘用车。其中，丰田Mirai占比高达75%，远超占比13%的本田和占比11%的现代。整理国内外氢燃料电池乘用车的主要参数如表2所示，可以看出，国内外氢燃料电池乘用车的百公里耗氢量在0.83～0.97kg，较为集中。

表2　国内外氢燃料电池乘用车主要参数对比

参数	丰田 Mirai	本田 Clarity	现代 ix35	现代 NEXO	荣威 950	荣威 750
整车质量(kg)	1850	1890	2290	1832	2080	1860
0～100km/h 加速性能(s)	10	10	12.5	9.5	12	15
最大时速(km/h)	160	161	160	160	160	150
一次加氢续航里程(km)	650	750	415	609	430	310
燃料电池电堆功率(kW)	114	100	110	120	43	—
储氢质量(kg)	5	5.64	5	6.35	4.2	3.6
百公里耗氢(kg)	0.94	0.849	0.93	0.83	0.912	—

氢燃料电池商用车方面，目前FCV商用车主要面向各国的示范项目进行研发和销售，尚未实现完全的商业化。国际上有美国Van hool、New Flyer，日本丰田、日野等。国内具有生产资质的企业较多，北汽福田、郑州宇通、南京金龙、广州飞驰等；轻客品牌有上海大通；物流车品牌有东风、青年等。商用车型号较多，需要依托于国内代表示范项目进行选择。

2008年至今，中国积极开展FCV的示范运行项目，先后在北京奥运会、上海世博会、广州亚运会和深圳大运会上成功组织了FCV的示范运行。在2008年北京奥运会期间，20辆FCV轿车、3辆福田欧辉氢燃料电池客车圆满完成奥运示范，之后在北京完成了为期一年的商业化示范运行任务，累计运行超过6万千米。2010年，上海世博会组织了近200辆燃料电池车的示范运行，包括 90 辆 FCV 轿车、100 辆观光巴士和 6 辆 FCV 公共汽车，共行驶 91 万千米，载客 183 万人次。2017 年，飞驰 FCV 公交车率先实现量产，在广州云浮、佛山两地投入运营。2022 年中国冬奥会在北京/张家口开启了大规模的 FCV 示范项目，2019 年初，25 辆宇通（12 米）（2018 年 1 月）、49 辆福田欧辉（10.5 米）（2018 年 5 月）已经交付。

表 3　中国主要氢燃料电池车示范项目

项目	年份	制氢技术	运氢技术	储氢形式	用氢形式
北京奥运会	2008	天然气重整 电解水	以管束车/ 罐车为主	以气氢为主	乘用车 20 辆 公交车 3 辆
上海世博会	2010	天然气重整 煤气化 工业副产氢			乘用车 90 辆 公交车 6 辆
北京冬奥会（张家口）	2022	天然气重整 电解水			公交车 74 辆 （计划增加百辆）

在张家口项目中，福田欧辉 10.5 米氢燃料电池客车（BJ6105CHEVCG）、宇通 12 米氢燃料电池客车（ZK6125FCEVG5）具有一定的代表意义。根据这两款车型的氢耗，取百公里耗氢在 6.5 ~8.5kg。

五　典型技术路线生命周期分析

根据前面的分析，选择天然气重整制氢 - 管束车/管道运输 - 乘用车这一技术路线作为 LCA 分析对象。经收集整理数据，计算相应路径的 LCA 能耗及碳排放，主要数据如图 7 所示。

运输距离参考北京奥运会和上海世博会期间加氢站与氢气生产企业之间的距离，设定车辆运输为 100km，管道运输为 50km。在该情境下，可以分别按照供应单位氢能供应（MJ）和单位能源服务（车辆运行 km）计算出全生命周期温室气体排放状况，结合研究团队已有的同级别汽油车、柴油车、电网供电纯电动汽车的研究结果，绘制出结果如图 8 所示。

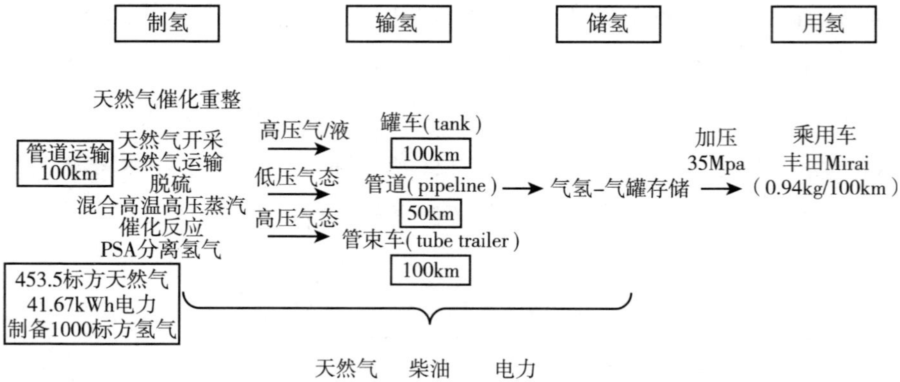

图 7 典型技术路线及核心参数

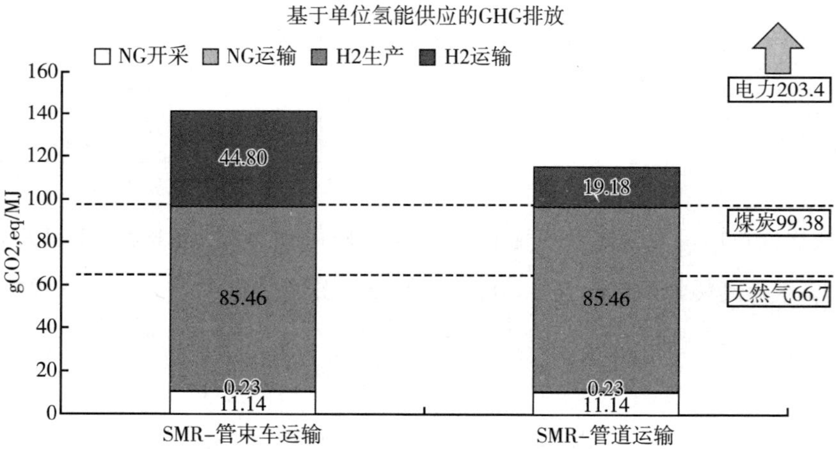

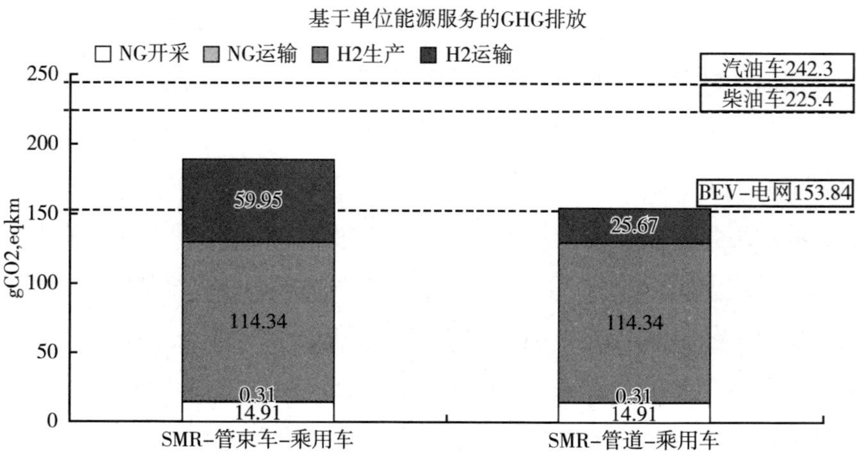

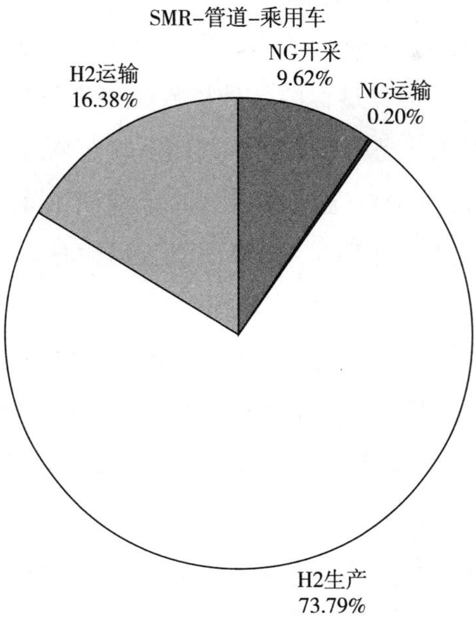

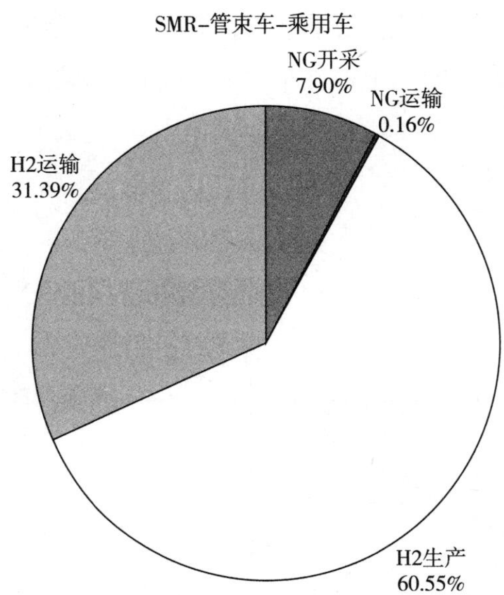

图 8　典型路线生命周期 GHG 排放及各部分占比

由计算结果可知，该能源路线下，氢气供能的 GHG 排放高于煤炭和天然气供能，管束车运输时为 142.41g $CO_{2,eq}$/MJ，管道运输时为 117.10g $CO_{2,eq}$/MJ。氢气生产、运输过程的额外排放是使用氢气的碳排放高于直接使用天然气的主要原因。整体来看，该路线下，车辆运行过程的 GHG 排放稍高于电网供电的纯电动汽车，低于汽油车和柴油车，管束车运输时为 190.96g $CO_{2,eq}$/km，是汽油车的 78.8%；管道运输时为 156.68g $CO_{2,eq}$/km，是汽油车的 64.7%。

从比例关系来看，原材料的生产和运输在该路线下的影响较小，不超过 10%。氢气生产过程的能耗和碳排放是该路线的排放主体，存在较大的改进空间。此外，无论是管道运输还是管束车运输，氢气运输过程的能耗占比都较高，管道运输相较而言更为低碳。

天然气制氢过程中有三个主要参数：原料天然气消耗量、燃料天然气消耗量、PSA 工艺耗电。将这些主要参数对单位供氢的温室气体排放进行敏感性分析，如图 9 所示。可知该路线下原料天然气的消耗量最为敏感，换言之，天然气制氢的效率对供氢影响最大，提高天然气制氢技术的生产效率可以较为明显地提高该氢燃料电池汽车技术路线的减排效应。

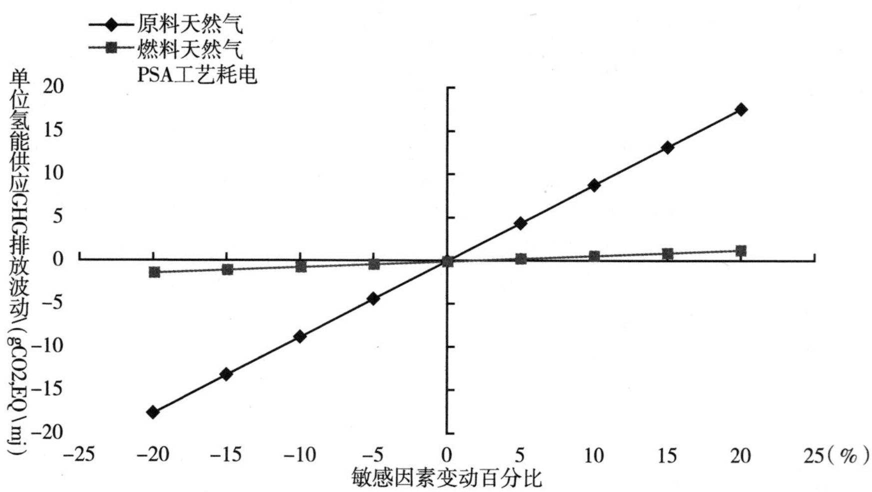

图 9　关键参数敏感性分析

六　研究小结

采用全生命周期分析方法能分析涵盖氢能制备、储运和使用等所有阶段的完整的温室气体排放，实现与传统汽车和电动汽车的碳足迹的科学对比分析。本报告建立起涵盖氢能制备、储运和使用等所有阶段的完整的燃料电池汽车温室气体排放 LCA 模型。

本报告进行了现有的制氢技术和燃料电池汽车温室气体排放 LCA 结果综述。通过综述现有的制氢技术和燃料电池汽车 LCA 结果，可以看出一些共性特点。除了天然气重整制氢和电解制氢两类技术研究结果较为集中之外，多数制氢技术 LCA 的研究结果存在较大的不确定性。天然气重整制氢的 LCA 温室气体排放都高于天然气，在 70～100gCO_2，eq/MJ 范围。电网电解水制氢由于各国电网结构差异出现了极大的差异，中国电解水制氢碳排放较高。FCV 的全生命周期研究较少，不确定性也更大，需要进一步研究。

详细分析了氢能全生命周期（氢能制备 - 储运和燃料电池汽车运行）的相关技术路线发展现状与趋势。选取了一条代表性路线（天然气重整制氢 - 管束车/管道运输 - 乘用车路线），计算其全生命周期温室气体排放状况，并与传统汽车和纯电动汽车进行了对比分析。该能源路线下，氢气供能的 GHG 排放高于煤炭和天然气供能，氢气运输过程的排放是其碳排放高于直接使用天然气的主要原因。整体来看，该路线下的 FCV GHG 排放稍高于电网供电的纯电动汽车，低于汽油车和柴油车。

研究发现，天然气制氢过程中的原料天然气消耗量将大大影响燃料电池汽车碳足迹的表现。

B.11

中国车用氢安全及燃料电池汽车测试评价

郝 冬　文 醉　郭 婷*

摘　要：　燃料电池汽车氢安全和基本性能测试评价工作对于推动氢能及燃料电池汽车技术的研究、开发和使用具有重要意义。本报告从相关性较强的燃料电池堆、燃电池发动机、燃料电池整车三大方面出发，较系统地分析评价国内外相关标准及测试方法，具体讨论标准和测评的主要内容和技术现状，并对下一步具体工作的发展提出了展望，以期为相关人员提供参考。

关键词：　燃料电池汽车　燃料电池发动机　燃料电池堆　测试标准　测试评价方法

一　车用燃料电池堆测试

（一）燃料电池堆标准概述

针对车用燃料电池堆的测试标准方面，并没有完整的测评体系和技术方法。只有针对燃料电池堆本身的性能环境安全等方面的测评要求。作为燃料

* 郝冬，工程师，中汽研汽车检验中心（天津）有限公司燃料电池室；文醉，高工，中汽研汽车检验中心（天津）有限公司燃料电池室；郭婷，工程师，中汽研汽车检验中心（天津）有限公司燃料电池室。

电池整车的主要动力源，提高燃料电池堆的性能、环境、安全可靠、耐久性等测试评价技术，是促进产业发展的重要举措。

1. 国外标准

国际上针对燃料电池堆的标准在 ISO、SAE、IEC 等均有标准的相关测评方法的要求，但是针对车用的燃料电池堆的标准要求只有 SAE J2617，对其影响的关键电参数进行测试，并没有相应的环境测评和安全测评。而 IEC 对燃料电池堆本身的标准要求，除了一些电参数以外，还会对本身的耐压性、气密性、绝缘和安装等进行要求。国内的主要测评标准也是参考 IEC 的标准要求。

2. 国内标准

目前国内主要采用的几个标准如下。

GB/T 33978 –2017　道路车辆用质子交换膜燃料电池模块

GB/T 36288 –2018　燃料电池电动汽车燃料电池堆安全要求

GB/T 29838 –2013　燃料电池模块

GB/T 31035 –2014　质子交换膜燃料电池堆低温特性试验方法

GB/T 20042. 2 –2008　质子交换膜燃料电池堆通用技术

其中 GB/T 33978 –2017 中“高低温储存”是作为目前燃料电池汽车补贴的重要测试项，唯一针对车用燃料电池堆的测试标准 GB/T 36288 –2018，对其安全性进行了简单的测试评价。

总体来说，国内外针对车用燃料电池堆的标准并不多，主要原因是国外对于燃料电池堆的评价主要是企业自身进行的研发性评价，对部件级的产品要求并不做认证的要求，而国内燃料电池堆的技术水平发展缓慢，所以在之后的发展过程中应该大力发展对车用燃料电池的标准要求。

（二）主要试验内容分析

针对标准的测试内容分析，更趋近于对燃料电池堆的安全可靠性进行测试评价，在标准 GB/T 36288 –2018《燃料电池电动汽车燃料电池堆安全要求》中，主要包括的测试项目有：机械冲击、气密性安全要求、电安全要求。

GB/T 33978 –2017《道路车辆用质子交换膜燃料电池模块》、GB/T 29838 –

2013《燃料电池模块》还有 GBT 20042. 2 - 2008《质子交换膜燃料电池堆 通用技术》几个标准内容大概的要求和测试项目比较相似，主要针对燃料电池模块的测试评价，其中以 GB/T 33978 - 2017 为例，主要测试项目有：外观尺寸的检查、气密性检查、泄漏量检查、工作压力试验、冷却系统耐压试验、过压试验、压差试验、电磁兼容、防水防尘、运行试验、绝缘试验、振动试验、储存试验、接地试验、高压电缆试验、标识、包装、运输和贮存试验等。

针对标准中的测试项目，有许多测试项目考察的主要分为氢安全试验、电性能试验、安全试验、温度试验等，其中针对这些测试方法引用的时间较长，也会出现一些与现阶段情况不符的情况，例如氢安全试验和储存试验。

1. 氢安全试验

对于燃料电池堆来说，氢安全试验是考察其安全性和基本性能的最基本的检测方法，目前标准中针对此项目主要存在的几种氢安全的测试项目如表 1 所示，主要根据三个标准分别进行测试项目的检查，而检查过程过于烦琐并且存在重复。例如在进行补贴测试项“储存试验”后要进行 GB/T 29838 - 2013 中气密性和运行试验，同时也要做 GB/T20042. 2 - 2008 中窜气试验，针对此项都是测试燃料电池堆的氢安全测试项目，可简化测试项目。另外，由于燃料电池堆的结构设置，燃料腔和氧化剂腔向冷却剂腔是绝对不渗透，窜气的速度基本为零，所以此项测试的意义并不大。

表 1　氢安全测试项目

标准	GB/T 20042. 2 - 2008	GB/T 29838 - 2013	GB/T 36288 - 2018
测试项目	窜气试验	气体泄漏试验	气密性
内容	1. 燃料腔和氧化剂腔窜气速度的测定 2. 燃料腔和氧化剂腔向冷却剂腔窜气的速度测定	在运行后进行气体泄漏量的测量	压降法

2. 电参数测评

燃料电池堆在整车中的重要作用是提供有力的功率输出密度，因而提高其功率密度和稳定性是测评燃料电池堆最重要的指标，但是目前存在的几个标准并没有把燃料电池堆的电参数作为测试的测试项目。因此，燃料电池堆的功率密度、开路电压、参数的灵敏度作为对整车运行时重要的技术指标，应该将其作为车用的燃料电池堆的重要测试项目。

（三）下一步工作及测试与评价展望

目前我国燃料电池堆的技术水平与国外在功率密度等方面有一定的差距，但是随着近两年燃料电池产业的蓬勃发展以及国内自主企业产业升级，在燃料电池堆的产业链方面也逐渐完善。为了匹配高速发展的产业需求，在标准测试方面也应进行相应的技术支撑。为了更好的测试燃料电池的全面的测试评价，需要对燃料电池堆在车用工况下的性能、安全可靠性、环境适应性和寿命等方面开展更详细、更准确的测试评价。综合考虑实际应用情况下的场景，建立了燃料电池堆的测评体系如图 1 所示。

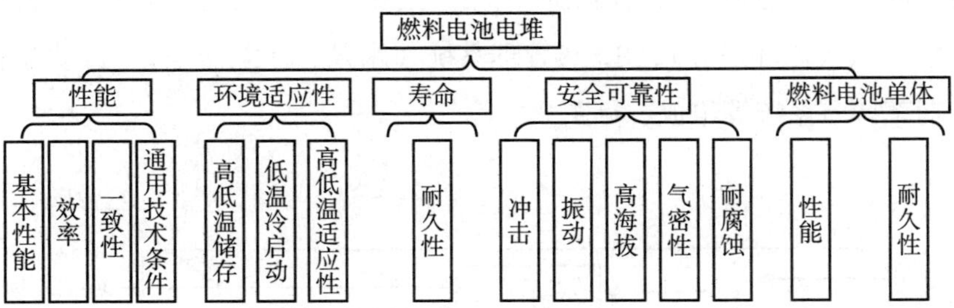

图 1　燃料电池堆测评体系设计

为了满足产业的高速发展需求，提高测试能力和测评技术，建议未来燃料电池堆的测试评价在以下几个方面进行着重开展。

（1）电参数测试：主要测试整车在运行时的功率输出特性，那么该测试项目应该包含极化曲线测评、开路电压测评、峰值功率测评、参数灵敏性测评等。

（2）环境适应性测试：由于燃料电池的水热管理的特殊性，环境对其输出的特性有很大的影响，为了保证在高低温环境下的稳定输出，应着重考察其低温冷启动、高低温适应性等严苛环境下的输出特性。

（3）寿命测试：提高燃料电池堆寿命是整个产业共同追求的目标，如何做到精准的测试评价也是一个重要的课题，目前国际法规标准上并没有相应的要求，根据我国的国情，可参考燃料电池在整车上的真实路跑测试工况和中国工况制定相应的测试循环工况，根据其衰减情况预测燃料电池堆的寿命。

二　车用燃料电池发动机测试

（一）车用燃料电池发动机测试标准概述

燃料电池发动机是作为车辆驱动动力源和辅助动力源的燃料电池发电系统。燃料电池发动机由燃料电池模块和燃料电池辅助系统组成。燃料电池模块是一个或多个燃料电池堆和其他主要及适当的附加部件的集成体，而燃料电池辅助系统则包括了氧化剂处理系统（空压机、空气过滤器等）、燃料处理系统（氢气循环泵等）、水/热管理系统（水泵、加湿器等）、自动控制系统、功率调节系统等组成，见图 2。

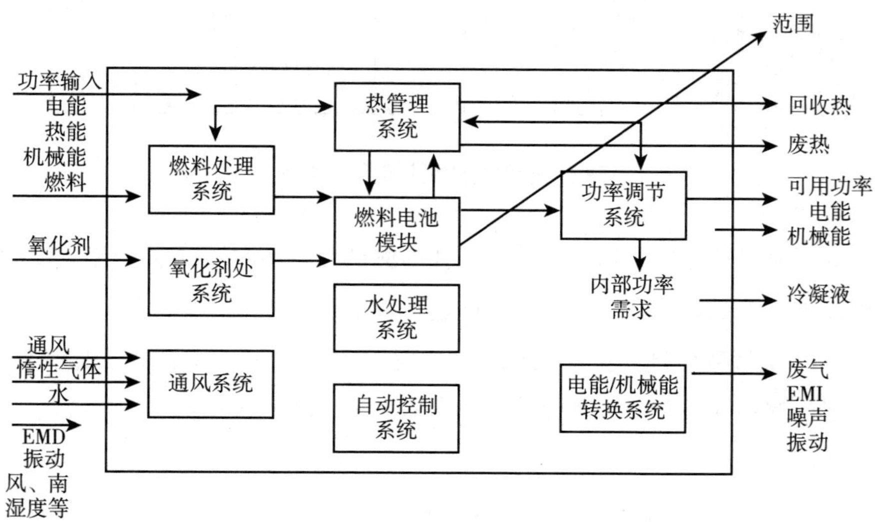

图 2　燃料电池发动机边界

目前，国内外关于燃料电池发动机及零部件的相关测试均有相应的标准和法规，例如SAE、IEC、JIS、DOE以及国标GB/T等。这些标准和规范大多涵盖了燃料电池发动机电堆模块及辅助系统的术语定义、性能及排放、安全及可靠性、耐久性测试等方面的内容。表2为国内外主要的燃料电池系统的标准法规。

表2　国内外主要标准法规

	燃料电池发动机	燃料电池堆/模块	燃料电池辅助系统
性能及氢气排放	SAE J2615 - 2011"汽车用燃料电池系统测试性能" IEC 62282 - 4 - 102:2017"电动工业卡车的燃料电池发动机性能试验方法" GB/T 24554 - 2009《燃料电池发动机性能试验方法》 GB/T 23645 - 2009《乘用车用燃料电池发电系统测试方法》 GB/T 28183 - 2011《客车用燃料电池发电系统测试方法》 GB/T 33979 - 2017《子交换膜燃料电池发电系统低温特性测试方法》	SAE J2617 - 2011"汽车应用的PEM燃料电池组子系统试验性能的推荐规程" GB/T 31035 - 2014《质子交换膜燃料电池电堆低温特性试验方法》	DOE - 2016 Fuel Cell Section"燃料电池部分"
安全及可靠性	IEC 62282 - 4 - 101:2014"电动工业卡车的安全性" GB/T 25319 - 2010《汽车用燃料电池发电系统技术条件》	GB/T 20042.2 - 2008《质子交换膜燃料电池　电池堆通用技术条件》 GB/T 33978 - 2017《道路车辆用质子交换膜燃料电池模块》 GB/T 29838 - 2013《燃料电池　模块》	—
耐久性	—	SAE J2722"质子交换膜(PEM)燃料电池堆　耐久试验"(进行中)	DOE - 2016 Fuel Cell Section"燃料电池部分"

SAE J2615 –2011 重点对车用燃料电池系统的性能测试，规定了功率、效率、瞬态响应、启动和停机性能、物理描述、环境限定、操作要求和综合等测试范围。IEC 62282 –4 –102：2017 分别考察了燃料电池发动机的燃料消耗试验、电功率输出试验、工作性能型式试验、电力循环电子负载试验、辅助负载电压尖峰试验、运行状态下功率稳定性，也涉及噪声试验、废气试验、排放水测试等环境性能型式试验相关内容。国标 GB/T 24554 –2009 侧重于燃料电池发动机性能的测试，除此以外还强调了测试中需要提前对气密性和绝缘电阻等安全测试项的测试，该标准是车辆公告强检标准，目前也处于修订过程中，将加入低温冷启动等测试要求。GB/T 23645 –2009、GB/T 28183 –2011 两个标准和 GB/T 24554 –2009 标准的内容相近，分别对乘用车和客车用燃料电池发动机性能进行测试。GB/T 25319 –2010 除了规定了燃料电池发动机的性能试验方法（同 GB/T 24554）以外，还包括了振动、高低温适应性、电磁兼容等可靠性试验方法。而 GB/T 33979 –2017 是专门针对燃料电池发动机低温启动性能试验的标准。

（二）燃料电池发动机测试

在性能测试及排放方面，燃料电池发动机性能和氢气排放的测试评价，多为燃料电池在热机状态下，经历各种工况（起动、额定、峰值、动态响应、不同比例标称值功率和低温启动及运行等），然后记录试验相关时间、电流、电压、氢气消耗量等参数，用于比较不同燃料电池发动机性能差异和效率高低。

在安全可靠性测试方面，IEC 62282 –4 –101：2014 阐述了燃料电池系统各部件特别是电气部件的一般规定以及安全及可靠性测试项。此标准目前正处于采标转化为国标过程中，且相关试验 GB/T 25319 –2010 中也有涉及。

燃料电池发动机安全及可靠性包括涉及氢安全（气密性）、电安全（绝缘特性）以及氢 –电耦合，可靠性包含机械可靠性（振动、冲击、模拟碰撞）、环境适应性（温度储存、温度适应性、低温冷启动、盐雾、湿热、高原反应）、IP 防护（喷水、防水防尘）、电磁兼容特性等测试项。

在耐久性试验方面，国内还没有形成燃料电池发动机耐久性测试的标准规范。2017 年 9 月全国汽车标准化技术委员会电动车辆分技术委员会向国标委提交了《燃料电池电动汽车　燃料电池发动机耐久性加速试验方法》，基于燃料电池汽车工况，提出燃料电池发动机工况（基准工况），并在此基础上提出耐久加速工况的技术路线。目前国内清华大学的裴普成教授，在多工况衰减、燃料电池实车数据的基础上提出了快速预测燃料电池寿命的方法，该方法推动了全国燃料电池燃料及液流电池标准化技术委员会 20173719 - t - 604《车用质子交换膜燃料电池堆耐久性测试方法》的制定工作。与此方法类似，欧洲 European Union Seventh Framework Program 资助燃料电池堆耐久相关研究，并推动其在 IEC 62282 - 2 - 201：2016 的修订工作。此外，SAE 曾经立项过 SAE J2722 的标准，但目前并没有突破性进展。美国 DOE 也给出过参考工况。

（三）燃料电池发动机辅助系统测试

由于目前燃料电池发动机并没有大规模量产，处于小批量样机阶段，市面上的燃料电池辅助系统组成情况也并非完全一致。在此现状下，我国还没有关于燃料电池辅助系统（空压机、氢气循环泵、加湿器、控制器等）的测试标准和规范，在国外，美国 DOE 等少数机构也只给出了空压机、加湿器等部件的耐久测试规程。

（四）燃料电池发动机及其零部件测试与评价展望

目前国内燃料电池发动机（电池堆）的测试寿命为 5000 小时左右，而欧美和日本等国的燃料电池发动机及电池堆达到了 10000 小时以上。提升燃料电池发动机的使用寿命，使其更好的适用于公交大巴、物流车及家用轿车等应用场景，需要加强燃料电池耐久相关的研究。

作为制约燃料电池汽车产业规模化发展的重要因素之一，燃料电池发动机及其零部件的测试评价，特别是安全及可靠性问题至今没有得到彻底解决。为了促进燃料电池汽车产业的规模化发展，除了需要加强对燃料电池汽车相关技术的研究，还要不断的完善与燃料电池汽车及部件安全及可靠性测试相关的标准和测试方法。

近年来，随着更多的燃料电池汽车加入示范运行的行列中，加强燃料电池整车和部件安全可靠性变得尤为迫切。加快推动相关标准的确立，对于燃料电池汽车后续的大规模示范运行和小规模产业化有极大的帮助。

此外，燃料电池辅助部件，例如空压机、氢气循环泵、加湿器等部件比较依赖进口，需要加快确立相关检测标准和规范，对于推动空压机、氢气循环泵等辅助部件的国产化具有促进作用。

三　燃料电池电动汽车整车测试评价

（一）标准概述

燃料电池电动汽车整车性能测试评价指标，主要包括动力性、经济性、排放性、安全性和 EMC 性能等基本方面，相关标准如表 3 所示。

表 3　国内已发布实施的燃料电池电动汽车整车标准

标准号	燃料电池电动汽车相关标准内容
GB/T 24548 - 2009	燃料电池电动汽车　术语
GB/T 24549 - 2009	燃料电池电动汽车安全要求
GB/T 26991 - 2011	燃料电池电动汽车最高车速试验方法
GB/T 35178 - 2017	燃料电池电动汽车氢气消耗量测量方法
GB/T 37154 - 2018	燃料电池电动汽车整车氢气排放测试方法

在整车氢电安全方面，标准方面主要采用 GB/T 24549 - 2009《燃料电池电动汽车安全要求》，其除了规定在用电方面的安全使用要求外，对燃料电池汽车安全行驶、燃料系统、燃料加注、氢气储存与供给、气体泄漏探测等方面也做出限定。

在整车经济性方面，目前我国主要采用 GB/T 35178 - 2017《燃料电池电动汽车氢气消耗量测量方法》，标准中对氢气消耗量的测量方法给出了规定。该标准的方法主要参考 ISO 23828：2013《使用压缩氢燃料的车辆　燃料电池道路车辆能量消耗》。

（二）整车氢气消耗量测试简介

现在 FCV 汽车能耗测试方面主要有：SAE J 2572 – 2014《压缩氢气燃料电池汽车的排放、能量消耗量和续驶里程测试的推荐规程》和 ISO 23828：2013《使用压缩氢燃料的车辆　燃料电池道路车辆能量消耗》两个标准。采用的氢耗测量方法有压力法、称重法、流量法、电流法，因为电流法误差较大，目前较多使用前三种方法。下面对各测试方法进行简要说明。

1. 压力法

压力法又称压力温度法，简称温压法。它是通过测量试验前后高压氢瓶中气体压力和温度，把测得的压力和温度值代入计算公式中，通过计算确定气瓶中氢气分子数量的改变，来确定氢气的实际消耗量。测试时应使用已知内部容积、能够进行温度和压力测量的储氢瓶。

压力法使用的设备如图 3 所示，采用一个外接氢瓶来测量氢耗。外接氢瓶连接到车辆上。原车搭载或外部氢气气源的使用如图3 所示，外接氢瓶的加氢压力应按照制造商推荐值进行调整。氢瓶和压力调节器上游的附件（氢气管路）的内部容积应该是已知的，且具备内部气体压力和温度的测量途径。测试过程中外部氢瓶的容积变化应该尽可能小，以至不会影响试验结果。如果气体温度不能直接测量，可以使用 ISO 23828：2013 附录 H 中给出的替代方法。

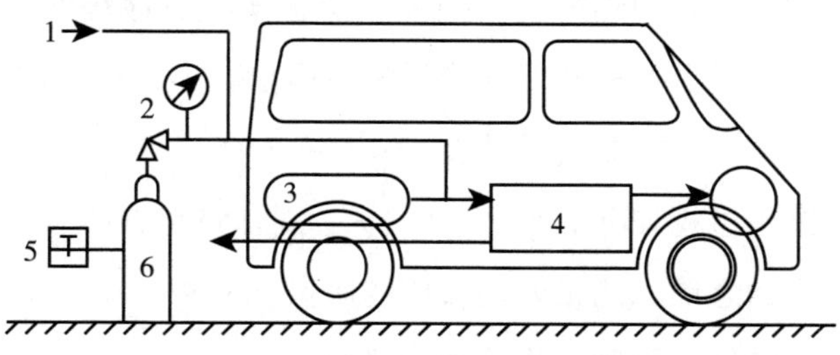

图 3　压力温度法测试仪器示意

1. 外部氢气供应；2. 压力调节器；3. 车载储氢罐；4. 燃料电池系统；5. 温度计；6. 外接气罐

温度压力法的测量过程如下。

（1）在测试循环开始时，测量外接氢瓶的气体压力和温度；

（2）在测试循环结束时，测试外接氢瓶的气体压力和温度；

（3）通过试验开始前和结束后的气体压力和温度的测量值，使用式 1 计算氢气消耗质量 w，单位 g，

$$w = m \times (n_1 - n_2) = m \times \frac{V}{R}\left(\frac{P_1}{Z_1 \times T_1} - \frac{P_2}{Z_2 \times T_2}\right) \tag{1}$$

式中，w 为燃料消耗量，g；m 为氢气的摩尔质量，2.016；n_1 为测试开始温度下氢瓶内氢气的摩尔数；n_2 为测试结束温度下气罐内氢气的摩尔数；V 为氢气瓶和高压附件（如压力调节器、氢气管路）部分的容积，L；R 为氢气气体常数 0.008 314 5（MPa · l/mol · K）；P_1 为开始测量时气罐内气体压力，MPa；z_1 为 P_1、T_1 条件下的氢气压缩系数；T1 为测量开始时管内气体的温度，K；P_2 为测试结束时气罐氢气的压力，MPa；z_2 为 P_2、T_2 条件下的氢气压缩系数；T_2 为测量结束时气罐内气体的温度。

2. 质量法（称重法）

通过测量试验前后高压氢瓶的质量变化量得到实际的氢气消耗量。试验用气罐要求能够适于进行质量变化测量，质量法的设备示意如图 4 所示，采用一个外接气罐测量氢气消耗量，外接气罐连接到整车上。由于称重可能受到振动、气流、环境温度等影响，因此要求称重仪器能够必须测量出细微的质量差别。为此应该采用隔震桌、挡风等措施来减少这些外界因素的影响。由于需要测量的氢气质量相对于气罐的整体质量较小，所以建议外接气罐的质量应该尽可能低，以提高测量精度。

质量法的试验过程如下。

①在测试开始之前，测量外接氢瓶的质量 g_1；

②关闭车载储氢瓶瓶阀，连接外接氢瓶；

③试验结束后，测量外接氢瓶的质量 g_2。

通过式 2，通过试验前后的测量质量来计算氢气的消耗质量：

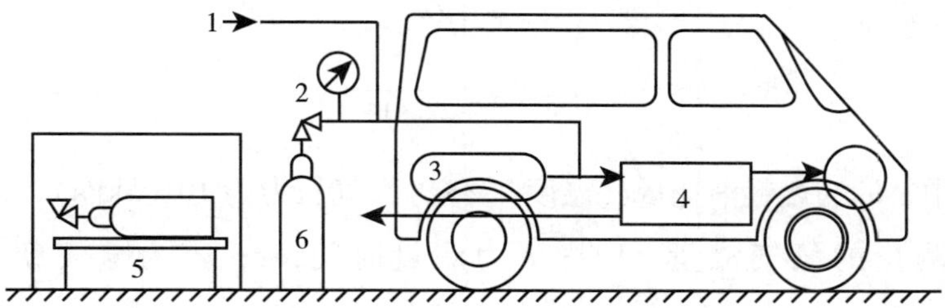

图 4　质量法测量设备示意

1. 外部氢气供应；2. 压力调节器；3. 车载储氢罐；4. 燃料电池系统；5. 精密天平；6. 外接气罐

$$w = g_1 - g_2 \tag{2}$$

式中，w 为消耗的氢气质量，g；g_1 为试验开始前的气罐质量，g；g_2 为试验结束后的气罐质量，g。

3. 流量法

安装流量计来测量汽车运行过程中供应到燃料电池堆内的氢气流量。流量计的安装位置应在燃料电池汽车的车外氢气供应管路上。流量法测试设备如图 5 所示，在测量前推荐使用氢气标定流量计，以提高氢气质量测量精度。

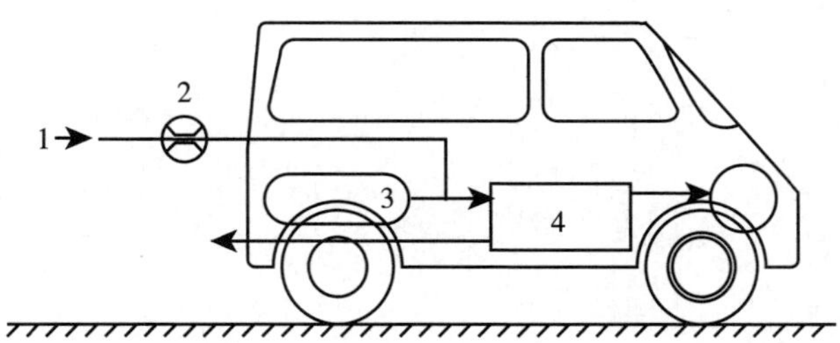

图 5　流量法测量示意

1. 外部氢气供应；2. 流量计；3. 车载储氢罐；4. 燃料电池系统

使用式 3 对流量进行积分并，然后根据式 4 计算得到氢气消耗质量：

$$b_{t0} = \int_0^t Q dt \tag{3}$$

$$w = b_{t0} \times \frac{m}{22.414} \tag{4}$$

式中，b_{t0}为燃料消耗量（温度273K，大气压力为101.3kPa），L；Q为试验中测量的氢气流量，L/s；t为测量时间，s；m为氢气摩尔质量（2.016）。

（三）燃料电池汽车整车测试评价与展望

燃料电池电动汽车具有动力电池、燃料电池、车载高压氢气等系统，其相关性能跟传统汽车和纯电动汽车有较大差别，主要体现在整车安全性、低温冷起动、整车能耗等几个关键方面。因此在重视安全性的基础上，还要着力加强燃料电池汽车整车低温起动性能、能量消耗量及续驶里程试验方法等标准的试验验证和完善工作，并开展燃料电池电动汽车碰撞后安全标准的预研工作。这样才能更好地评价燃料电池汽车的整体性能，保证燃料电池汽车的高效、可靠和安全使用。

区 域 篇

Region Reports

B.12 北京车用氢能产业与燃料电池汽车示范运行进展

梁 晨 张 晓 申 彤 张艺书 徐鸿飞*

摘 要： 经过从2008年奥运会开始的一系列燃料电池公交车示范运行到后期整车、电堆等关键零部件企业的迅速进步和发展，包括国内最早一批正式投运并一直运营至今的永丰加氢站，北京在氢能和燃料电池汽车产业方面形成了良好的研究和应用基础，以及人才和地域优势，产业链涵盖整车开发、电堆及氢系统等各个环节。

关键词： 氢能 燃料电池汽车 产业 示范

* 梁晨，博士，高级工程师国家新能源汽车技术创新中心燃料电池汽车板块负责人；张晓，硕士，工程师北京市新能源汽车发展促进中心示范运营——部副部长；申彤，硕士，工程师北京市新能源汽车发展促进中心项目部部长；张艺书，硕士，工程师北京市新能源汽车发展促进中心主管工程师；徐鸿飞，国家新能源汽车技术创新中心燃料电池汽车板块工程师。

随着燃料电池汽车示范运营规模的不断提升以及市场份额的不断扩大，北京市在氢能和燃料电池汽车领域也着重加强对燃料电池商用车、燃料电池电堆及附件系统关键技术、液氢储运及加氢站等方面的支持力度，提升了北京氢能科研应用基础研究和前沿技术研究能力。此外，北京还持续推进氢能及燃料电池汽车在成果转化及产业化应用等方面的工作。在对燃料电池商用车、乘用车等整车及高性能高可靠性燃料电池电堆等关键零部件领域支持发展的基础上，结合北京市自身产业集群和高端人才聚集等优势资源，重点围绕具有高附加值和被国外垄断的附件系统开展政产学研联合攻关，突破氢能与燃料电池汽车的“卡脖子”技术。同时联系高校及骨干企业突破氢能基础设施建设和运行等方面的瓶颈，完善整个产业链链条布局规划，为后期规模化示范运行提供基础保障。

在政策方面，结合国家相关支持鼓励政策，2019 年 7 月，北京市出台对新能源汽车（纯电动汽车、燃料电池汽车）的补贴政策，其中对燃料电池汽车按照中央与地方 1∶0.5 的比例安排市级补助，相关技术要求参照《关于调整完善新能源汽车推广应用财政补助政策的通知》（财建〔2018〕18 号）执行。

一　氢能及燃料电池汽车产业进展

（一）氢气的制取、储运和加注

氢气的制取、储运和加注等领域位于氢能与燃料电池汽车领域的上游，具体包括氢气的生产，氢气的运输、氢气的储存（高压气态储氢瓶、液态储氢及固态储氢装置）、氢气的加注（加氢站及压缩、加注设备）等。

1. 氢能利用 - 国家电力投资集团有限公司

国家电力投资集团有限公司（简称：国家电投）于 2016 年布局氢能核心技术开发，从能源线和产品线两方面统筹全产业链布局，重点布局燃料电池电堆及关键技术和氢制－储－用全产业链等。

在自主开发氢燃料电池方面，国家电投已掌握催化剂、扩散层、膜电极、双极板、电堆组装、系统集成与控制等关键技术，正在开发新一代车用金属双极板燃料电池产品，并与中国商用飞机有限责任公司（简称：中国商飞）联合开发完成“灵雀”验证机并试飞成功。

国家电投同时具有氢能源生产和供给的能力，当前阶段国家电投氢能通过示范应用积极推动氢制－储－用全产业链示范运行。一是以冬奥会为契机，积极推进北京交通项目。国家电投实施“蒙电进京、谷电制氢、清洁替代”的区域发展战略打通氢能源供给线，并联合北汽等合作方实现氢燃料电池汽车供应、打通产品线。二是开展天然气掺氢示范项目。利用风电制氢，掺混天然气后供给工业用户、居民用户和燃气车辆。

2. 制氢－北京环宇京辉京城气体科技有限公司

北京环宇京辉京城气体科技有限公司（简称：环宇京辉）是华北地区最大的氢气生产厂家之一，是北京市唯一一家氢气生产厂家。公司现有800m^3/h天然气制氢装置及500m^3/h水电解制氢装置各一套，氢气产品纯度可达99.9999%。2018年公司氢气销售量为580万立方米，氢能供应辐射北京、河北、内蒙古、河南、山西等多个地区。目前，环宇京辉与海波尔合作为张家口公交公司提供氢气充装服务，为亿华通等公司提供实验场地以及氢气充装等服务。

3. 储氢－北京天海工业有限公司

北京天海工业有限公司（简称：北京天海）目前开发的35MPa和70MPa III型铝内胆碳纤维全缠绕复合氢气瓶目前已在重卡、物流车及乘用车上开展应用。目前北京天海正在开展塑料内胆纤维全缠绕气瓶（IV型气瓶）的设计制造关键技术研究，预计2020年完成相关研究开发。

北京天海目前所开发的35MPa和70MPa III型铝内胆碳纤维全缠绕复合氢气瓶涵盖27－166L水容积体积区间，最大直径580mm，满足乘用车、客车及物流车等不同车型的需求，并可完成氢系统整体集成（如图1、图2所示）。

图 1　公交车车载供氢系统方案

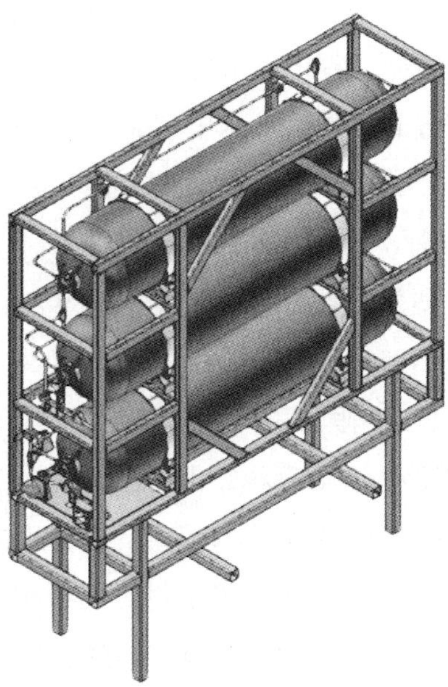

图 2　物流车车载供氢系统方案

4. 储氢及阀体 - 北京科泰克科技有限责任公司

北京科泰克科技有限责任公司（简称：科泰克）目前在高压氢气瓶设

计开发生产及氢系统设计、生产全过程环节通过 TS16949 认证，其中车用高压氢气瓶于 2019 年取得欧盟认证。2018 年科泰克累计交付车载供氢系统 1500 余套，其中主要以用于公交车、物流车等不同车型的 35MPa 车载氢系统为主（见图 3），此外还持续开展车载 70MPa 氢气瓶的研发工作。

图 3　车载 35MPa 供氢系统

同时，科泰克与合作单位联合开发 35MPa 瓶口阀、加氢口等的氢系统关键部件（见图 4），并完成零件级和车规级检测测试验证。

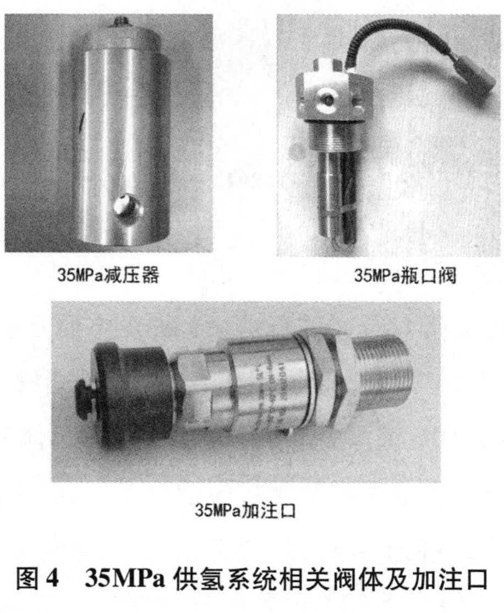

图 4　35MPa 供氢系统相关阀体及加注口

5. 液氢制备 - 北京中科富海低温科技有限公司

北京中科富海低温科技有限公司（简称：中科富海）是目前国内具有自主知识产权的大型低温制冷装备制造与工程系统解决方案供应商。中科富海于 2017 年底启动液氢生产能力 100 ~ 1000L/h 的氢液化器系列产品（见图 5），日液氢生产能力达到 1.5t，设备国产化率在 90% 以上。该液化器采用氦低温制冷机预冷，包括氦气循环制冷、氢液化、正仲氢转化、液氢储罐等主要设备模块。

中科富海还将研发液化能力 10t/day 以上的大型氢循环氢液化器关键技术和设备，采用氢循环制冷机替代氦制冷机，从而大幅降低氢液化能耗，提高液化效率。

图 5　100 ~ 1000L/h 氢液化器

6. 液氢储运 - 北京航天试验技术研究所

北京航天试验技术研究所（简称：101 所）主要开展大容量车载液氢储供系统的开发与验证，其液氢储供系统主要包括能够确保车辆续驶里程 500km 以上的 500 ~ 1350L 液氢储存罐及配套系统阀体管路，用于公交车、客车、平板拖车、载重客车等重型燃料电池汽车。101 所研发的液氢瓶重量储氢密度可达到 8%，静态蒸发率≤6%，液氢储供系统最大供氢流量≥0.3kg/min，可满足 -40℃至 60℃的氢气进堆温度。液氢系统具有氢气泄漏检测分级响应、安全释放等安全装置，保证系统和整车的使用安全可靠。

针对液氢储供系统存在的问题，101 所后续重点从以下几个方面开展研究：①加强车载工况下液氢储供系统的适用性和匹配性，同时针对不同车型、不同运行工况的需求，发掘系统性能的最佳点；②开展车载液氢储供系统关键部件轻量化、系列化和低成本化研究；③优化现有结构并进行方案设计，实现 5 ~7 天停放不排氢。

7. 加氢 – 北京海德利森科技有限公司

海德利森主要开展高压流体成套设备系统集成及高压高纯气体增压系统与检测系统开发。海德利森氢气增压机（Hydrosys）基于丰田氢气增压机、上汽、亿华通移动氢气增压机实际使用需求和经验进行设计（如图 6 所示），该设备将 6 ~20MPa 储气瓶中的氢气作为被压缩介质，将氢气按照需求增压至 45 ~90MPa，排量 500kg/12h@ 12. 5MPa。该设备目前在上汽加氢站、丰田加氢站、张家口加氢站、永丰加氢站及神力加氢站等均可靠运行。同时在黑河 – 极寒环境、海南三亚 – 高热高湿环境、香格里拉 – 高原环境等极端工况环境下为上汽集团提供加氢服务保障。此外，在张家口加氢站运行保障 74 辆燃料电池大巴，日加氢量 1500kg/12h，为目前日加氢量最大纪录。

图 6　海德利森氢气压缩机撬装

8. 氢纯化及加氢站－北京低碳清洁能源研究院

北京低碳清洁能源研究院（简称：低碳院）主要开展燃料电池汽车用氢气纯化、品质检测及保障技术，以及加氢站相关关键设备和技术研发。拥有35MPa/70MPa加氢机全功能测试平台以及符合SAE J2719（或ISO 14687）要求的燃料电池汽车用氢气品质测试平台等氢能及燃料电池技术开发与验证设备。

（1）加氢站及配套技术

低碳院开发的加氢站工艺流程智能化控制，可在同等氢气利用率下加氢站加注能力提升20%以上，同时提高压缩机利用率，有效降低压缩机启停次数，提高加氢站运行可靠性。对加氢机、压缩机、储氢瓶组等关键设备以及自控阀门和仪表实现实时自动监控。该工艺控制系统用于国家能源集团江苏如皋加氢站，日加氢能力超过1000公斤，是国内第一座符合国家标准（SAE J2601）的35MPa/70MPa加氢站。其匹配的自主开发的加氢机（见图7）可根据燃料电池汽车储氢系统温度、压力、容量等初始状态自主判定加注策略，最快可实现3～5分钟加注完成。

图7　加氢机及控制系统

（2）氢气纯化及检测技术

低碳所开发了国内首个符合ISO14687要求的燃料电池汽车用氢气

品质测试平台，提供基于国际标准的氢气杂质检测方案和技术服务。并在此基础上开发了针对燃料电池用氢气的副产气氢气纯化技术（如图 8 所示）。该技术包括新型吸附剂合成和表征能力、痕量杂质吸附剂物性和吸附性能数据库等，可在满足车用氢气国际标准的条件下实现 80% 的回收率。

图 8　燃料电池汽车用副产气氢气纯化装置

9. 氢系统集成及阀体 - 北京兰天达

北京兰天达汽车清洁燃料有限公司（简称：兰天达）专注于汽车供气系统的研发和生产配套，具有燃料电池氢供应系统设计计算分析能力及系统集成能力与零部件开发能力，陆续开发完成 35MPa、70MPa 氢供应系统的研究及商用车和乘用车的小批量生产、装配、配套工作。

2018 年以来，兰天达针对高压氢气管路阀体依赖国外进口等情况，自主研发了 35MPa 和 70MPa 车载氢系统减压阀（见图 9）、车载氢气瓶用瓶口集成阀、氢系统单向阀、过滤器、加氢口、安全阀等氢系统零部件。

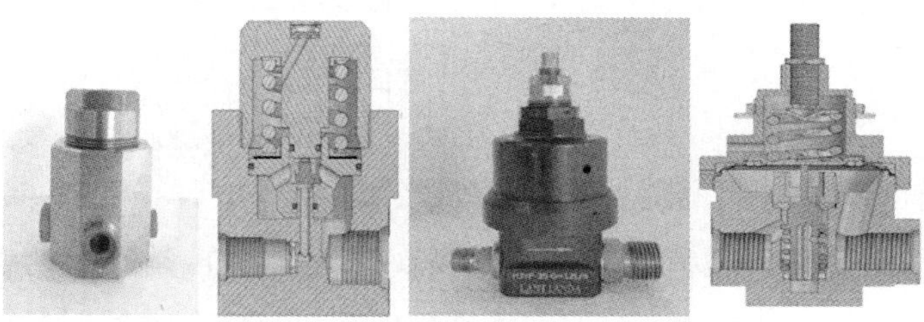

图 9　70MPa（左）及 35MPa（右）减压阀

针对氢燃料电池汽车氢安全控制方面，北京兰天达自主研发氢泄漏传感器、氢控制器等安全控制元件。

10. 加氢站－亿华通

北京永丰加氢站目前每天加氢约600kg，主要服务于开展运营的燃料电池客车及384路公交车等，日均服务约100～120车次。

此外，以2022年冬奥会为契机，亿华通在张家口投资3亿元建设了目前国内规模最大的可再生能源制氢厂，一期产能为1300吨/年，二期年产氢气6000吨，并联合中石油、中石化等能源企业规划建设30座加氢站，满足京津冀地区氢燃料电池汽车商业化需求。当前海珀尔张家口加氢站每天加氢1100kg为张家口74辆公交车提供运营保障（见图10）。

图10　海珀尔张家口加氢站

11. 固态储氢－北京浩运金能科技有限公司

北京浩运金能科技有限公司（简称：浩运金能）是专业的镍氢电池、燃料电池等新型电池和相关的能源转换材料及氢制备、储存和应用相关产品的研发和生产企业。公司金属氢化物储氢装置实现了将氢气变为固态进行存储，可达液态氢密度。产品具有储氢容量高、放氢速度快、循环寿命长、安全、无能耗的优点。

公司核心技术包括：a 储氢合金粉成分优化，通过替代元素的协同作用，制备出储氢量高、吸放氢速度快、抗粉化和循环稳定性好的储氢合金。b 内部蜂巢结构，可提供多个氢气流动通道，不易发生堵塞，保证了气流畅通，提高储氢装置的快速吸放氢性能。c 储氢合金与金属纤维混合充填技术，改善了储氢装置的传热传质特性，大大提高了储氢装置的稳定性和快速吸放氢性能。

（二）燃料电池电堆、附件系统（BOP）及系统集成

1. 燃料电池电堆 - 亿华通

亿华通是一家致力于氢燃料电池动力系统的研发与产业化的高新技术企业，率先实现国产氢燃料电池发动机批量化生产，产品应用覆盖了客车、物流车、乘用车、有轨机车等多种车型，被国内 25 家主流整车企业选用。

亿华通自主开发的第四代燃料电池发动机系列产品功率覆盖 10kW 到 80kW（如图 11 所示），产品性能指标达到国际先进水平，具备 -30℃低温启动、-40℃低温储存、通过第三方强制检测发动机功率密度超过 300W/kg，已提前实现了我国商用车燃料电池系统 2020 年的技术目标，相关产品已投入批量化生产。

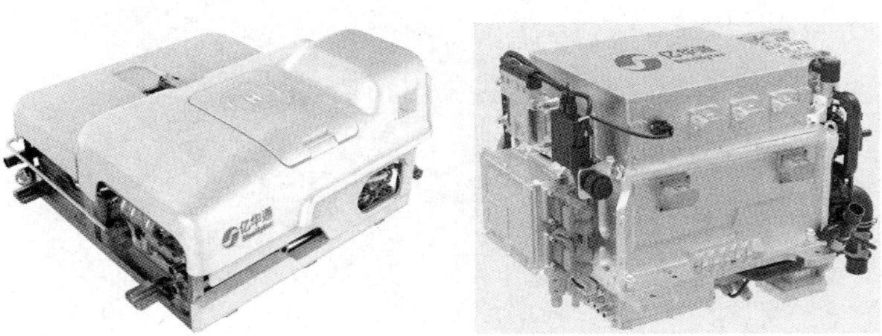

图 11　亿华通燃料电池发动机系统

亿华通正在开发120kW燃料电池电堆，计划应用于北京冬奥城际高速客车、35～49吨重型氢燃料电池卡车、物流车等专用车。此外，亿华通还联合北汽完成第二代氢燃料电池乘用车，并在2018北京国际汽车展亮相。

2. 电堆－北京氢璞创能科技有限公司

北京氢璞创能科技有限公司（简称：氢璞创能）致力于发展以燃料电池为核心的一体化新能源解决方案，重点开发包括碳基复合板电堆和金属板电堆的水冷燃料电池电堆。目前氢璞创能已完成低压、中高压复合板水冷电堆以及高压金属板电堆等多个系列产品，涵盖10～100kW多个功率等级及应用场景。

氢璞创能的第四代碳复合板中高压系列电堆在1.3A/cm^{2}的电流密度下，单片电压达到0.65V以上。电堆采用复合模压超薄极板，极板有效面积高达60%，整堆额定功率为18～46kW，电堆功率密度为2kW/L。目前已实现批量生产并在物流车等领域规模化应用。

氢璞创能第二代金属板电堆（如图12所示）含多项流场设计、密封设计、模具设计等自主知识产权，电堆最大功率为110kW，功率密度超过4.0kW/L，可以满足全功率型燃料电池乘用车和大功率燃料电池商用车需求。

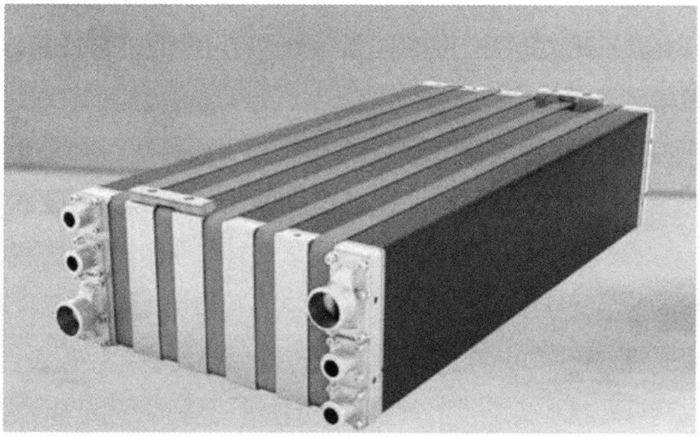

图12　第二代金属板电堆

3. 空压机－北京稳力科技有限公司

北京稳力科技有限公司（简称：稳力科技）致力于燃料电池用空气压缩系统的开发。目前已完成压比 2.5、最大流量 100g/s 增速式燃料电池空压机以及 60～90kW 燃料电池电堆使用的超高速离心式无油空气压缩机及超高速电机、电机驱动控制器和气体动压轴承等空压机核心部件的设计开发，并搭建完成超高速空气压缩机、气体动压轴承等关键测试平台。

GFT012W2 款空气压缩机（如图 13 所示）采用增速式结构设计，电机额定功率为 12 千瓦、额定转速为 1.2 万转/分钟、额定流量为 100g/s，最大压缩比为 2.4，空压机重量为 14.5kg，可满足 60kW 燃料电堆使用。

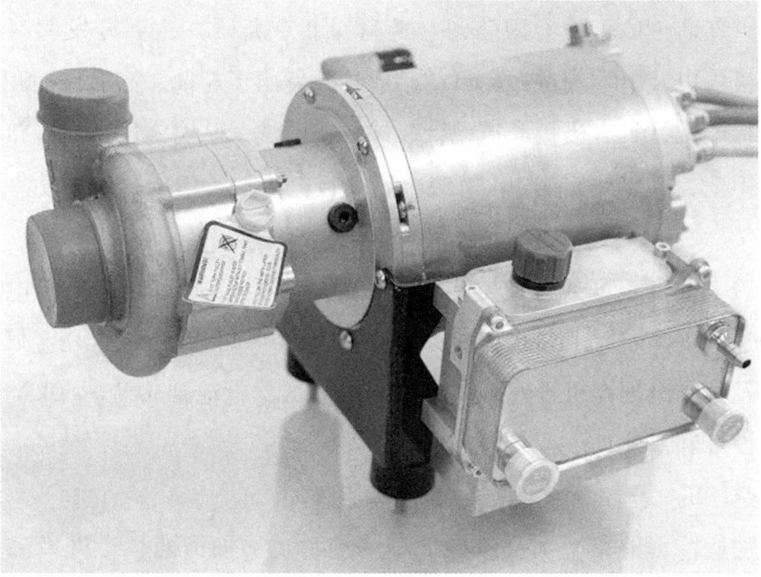

图 13　GFT012W2 空压机

SDDT025A 款空压机产品（见图 14）采用单级直驱结构，电机额定功率为 18kW，额定转速为 10 万转/分钟，空气最大质量流量为 140g/s，最大压缩比为 2.7，可以满足 90kW 燃料电池电堆使用，最大噪声 78dBA，整机重量为 20kg，满足 IP67 防护等级要求。

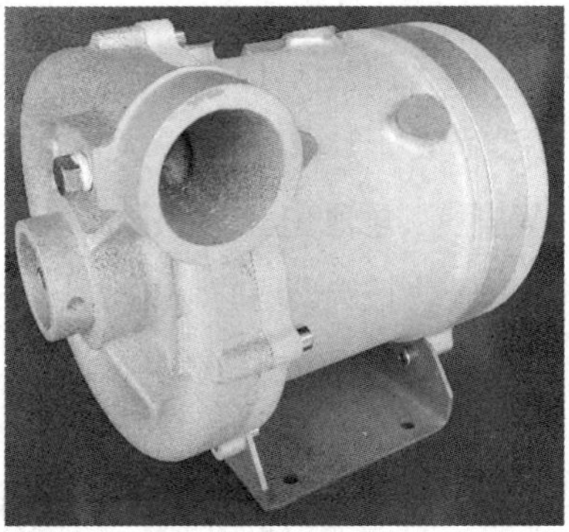

图 14　SDDT025A 空压机

4. 双极板、电堆 - 北京新研创能科技有限公司

北京新研创能科技有限公司（简称：北京新研）主要开发燃料电池电堆、双极板以及电堆测试台，目前已成功开发出了超薄、高有效面积的水冷金属极板电堆，具有极板流道设计、冲压、清洗、防腐镀层以及焊接等自主技术和工艺，并以此完成 40kW 级金属极板电堆封装集成，体积功率密度达 2.9kW/L。

2019 年北京新研开发出空冷电堆用超薄金属极板及 2kW 空冷电堆，功率密度达到 1kW/L。目前北京新研正在进行 60～80kW 级电堆用金属极板的设计以及相应电堆样机开发，同时还完成了从单电池到 5kW～80kW 电堆的测试台设计和搭建。

5. 空压机 - 势加透博（北京）科技有限公司

势加透博（北京）科技有限公司（简称：势加透博）以开发和生产透平机械为主，研发了 XT-FCC 系列气悬浮离心空压机产品，覆盖 30～150kW 燃料电池系统需求。

XF-FCC 系列离心空压机的最高转速可达 110000rpm，最高压比为 4:1，气动效率为 80%，整机效率≥70%。其中 XT-FCC300 型号样机（见图 15）已累计完成超过 5000 小时满负荷运转测试，功耗比国内同类产品降低 1/3。

图 15　XT-FCC300 产品设计图

6. DC/DC－北京动力源科技股份有限公司

北京动力源科技股份有限公司（简称：动力源）致力于新能源汽车动力总成与电机驱动系统的研发制造，产品涵盖充电设备、电力电子设备等。在燃料电池汽车领域，其主要进行燃料电池电堆 DC/DC 开发和匹配，通过对燃料电池发动机输出功率的精确控制，实现整车动力系统之间的功率分配以及优化控制。

动力源所开发的 DC/DC 能够满足 5～120kW 电堆系统使用需求，最大输入电流 500A。实现输入端与输出端电气隔离，保护燃料电池以及整车动力电池。额定效率达 96%，可实现 1∶12 的高升压比，平均效率≥96% 且能够适应负载较大波动范围，满足燃料电池汽车机动性要求（如图 16 所示）。

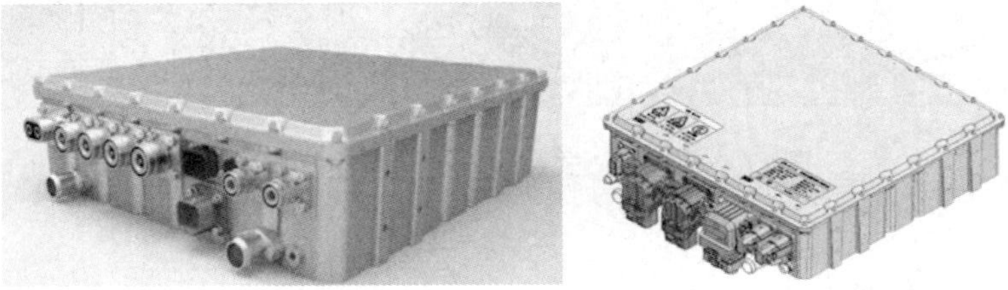

图 16　DFD 系列 DC/DC 产品模块

动力源正在开发200kW的DC/DC模块，并重点开展高效、长寿命及高功率密度等方面的研究，同时将DC/DC进行模块化设计，与电堆系统进行深度集成。

7. 空压机－北京伯肯节能科技股份有限公司

北京伯肯节能科技股份有限公司（简称：北京伯肯）的核心产品主要集中在站用氢气压缩系统、离心式空压机和车载供氢系统。

在站用氢气压缩系统方面，北京伯肯于2018年3月与美国PDC在北京签订了氢压缩机系统成撬协议，公司将用PDC生产的氢气隔膜压缩机在国内进行系统设计、配套、生产及测试，为用户提供运行稳定的撬装式氢压缩机系统。

北京伯肯自主开发的单级离心式燃料电池车用空气压缩机，采用可调速高速直流永磁无刷电机、箔片式空气轴承和CAN总线控制模式，最高转速100000rpm，泵头压比≥2，空压机泵头效率达到75%（如图17所示）。

图17　单级离心式燃料电池车用空气压缩机

（三）燃料电池汽车

燃料电池汽车是新能源汽车的组成部分，同时也是氢燃料电池的主要应用领域之一，其不仅能具备纯电驱动汽车低噪声、零排放的特性，同时还有加氢速度快、氢燃料可持续利用等优点。

1. 乘用车

以 2022 年冬奥会为契机，北汽集团、国家新能源汽车技术创新中心在前期完成 10kW 增程式燃料电池乘用车的基础上，以绅宝智道全新 B 级乘用车作为开发平台，开展了 30kW 电电混合式燃料电池轿车的研发工作（见图 18）。

图 18　北汽绅宝智道燃料电池轿车

全新电电混合式燃料电池轿车综合考虑不同电堆的特性和结构特点，采用金属双极板堆和碳板电堆两条技术路线进行动力系统集成并选取相应的附件系统。此外，对标国际先进水平，整车搭载 70MPa 车载储供氢系统。

目前两台样车均完成了系统集成、匹配和整车改制，经过实际道路测试和试验，整车最高车速≥150km/h、最大爬坡≥20°、0～50km/h 加速度≤8s、续航里程≥450km。

2. 商用车

北汽福田是国内最早从事燃料电池汽车研发的企业，并获得第一款客车公告。现有产品覆盖城市/城间客车以及物流车，并率先在国内实现了商业化运营。

经过近十年的发展和改进，北汽福田进一步加强整车的可靠性、舒适性和经济性，降低成本以提高产品的整体竞争力，逐步进入商业化示范运营阶段。

在前期示范运营的基础上，2018 年 8 月，搭载新一代燃料电池系统的 49 辆福田欧辉燃料电池公交车正式在张家口投入运营，近 8 个月时间里，运营累计总里程近 2620000km，单车运行总里程超过 60000km，单车日行里程超过 250km（见图 19）。

图 19　北汽福田张家口燃料电池客车

2018 年 10 月，北京公交集团投运 5 台北汽福田最新一代燃料电池公交车，该项目由全球环境基金（GEF）、联合国开发计划署（UNDP）共同支持，科技部联合国内示范城市北京政府共同实施。

结合整体市场需求和相关政策，北汽福田开发了 8 吨燃料电池物流车（见图 20），目前已有 25 辆车开展物流示范运行。此外，在北京市科委的大力支持下，北汽福田和亿华通等公司共同开发满足高速（100km/h）、重载（35 吨、49 吨）、长距离运输（1000km）的重型卡车和面向北京冬奥的长途客车等车型。

丰田汽车公司、北汽福田汽车股份有限公司和北京亿华通科技股份有限公司三方在氢燃料电池客车领域展开合作。基于各方在电堆、燃料电池动力系统、整车集成等方面的技术优势与产业积累，于 2019 年完成首款产品

图 20　北汽福田 8 吨燃料电池物流车

（见图 21），后续三方还将推出其他氢燃料电池车型，为中国氢燃料电池汽车不同应用场景提供更为优质的解决方案。

图 21　搭载丰田电堆和亿华通系统的福田客车

二　燃料电池汽车示范运行状况

随着北京市氢能及燃料电池汽车产业的不断发展，北京市从各方面持续开展和推进燃料电池汽车的示范运行，实现产业通过示范运行向市场化环节延伸，同时又以市场验证相关技术并促进相关产业及技术的持续进步与升级。截至 2018 年 7 月底，北京和张家口共运行燃料电池客车 142 辆，并积极推进全球环境基金（GEF）/联合国开发计划署（UNDP）促进中国燃料电池汽车商业化运营项目实施。

2018 年 10 月，5 辆氢燃料公交车投入北京公交 384 路进行新一轮示范运营（见图 22），车辆采用北汽福田 BJ6123FCEVCH－1 型燃料电池公交车，装配的动力系统最大功率 60 千瓦，并配以锰酸锂动力电池，总电量 41.4 千瓦时（度），形成电－电混合动力配置，续驶里程超过 350 公里，额定载客 78 人。

图 22　北京公交 384 路氢燃料电池公交车

384 路线路长 23 公里，单程 78 分钟，运送速度约 18 公里/小时，共配燃料电池客车 5 部，平均行驶里程月 2.4 万公里，截至 2019 年 4 月底累计运营 7.4 万公里，预计年度平均单车行驶里程约 3 万公里，单车平均百公里氢耗 10.03 公斤，百公里燃料费 700 元左右。通过实际载客运营，车辆整体可靠性和安全性较高，续驶里程能够满足日常使用要求，整体乘坐舒适感受较高。

目前车辆统一在永丰加氢站进行氢燃料加注，但由于加注加气岛只有一把加气枪，造成等待时间过长，待后期车辆批量运行时，将首先需要完善加氢站的设立和发展，避免其成为规模化运营的瓶颈。

此外，北京还进行了燃料电池客车的商业化示范运行。累计投入 140 辆 8.5 米燃料电池团体客车（见图 23），配备 30kW 燃料电池发动机和 40kWh 动力电池，无须插电，主要共分布在清华科技园、中关村、上地等区域的 67 条运行线路，作为通勤班车和商务用车，平均每车每天运行约 80 ~ 100km。截至 2019 年 6 月底，平均单台车辆运营约 10000km，平均百公里氢耗 4.5kg。

图 23　8.5 米燃料电池团体客车

结合 2022 年北京 - 张家口冬奥会交通运输保障的整体规划，张家口市于 2018 年 1 月公开招标购买了 49 辆福田欧辉 10.5 米燃料电池公交车和 25 辆宇通 12 米燃料电池公交车，并于 2018 年 7 月开始陆续投入市 1 路、市 23 路和市 33 路使用（见图 24）。

图 24　张家口市燃料电池公交车

宇通客车搭载亿华通 60kW 燃料电池，采用 8 个 35MPa 140L 氢气瓶的氢系统，续航里程≥400km。福田欧辉搭载亿华通 30kW 燃料电池，采用 6 个 35MPa 140L 氢气瓶的氢系统，续航里程≥300km。车辆平均加氢时间 15～20 分钟，可实现－30℃低温启动。整车采用轻量化车身结构设计，优化在低温环境下的运行性能，并提高乘员舱空间和利用率。

截至 2019 年 5 月底，25 台公交车已累计行程近 380 万 km，单车平均运行里程约 50000km，共加氢气超过 260000kg，车辆平均氢耗月 7kg/100km，累计载客量超千万人次。

三　下一步规划和布局

以北京 2022 年冬奥会和冬残奥会规模化应用为切入点，多措并举促进京津冀协同发展，全力服务雄安新区的低碳化交通，立足纯电驱动，聚焦燃料电池汽车，持续增强创新能力，在城市公共交通、重型商用车等细分领域重点培育和发展燃料电池汽车产业，并开展示范应用。探索可再生能源、工业副产气提纯等多种制氢方式，科学布局氢能基础设施体系，建立从制氢、储氢、运氢、加氢的氢能全产业链规划，将北京建设成为具有国际重大影响力的燃料电池汽车示范城市，为全国科技创新中心建设提供有力支撑。

（1）坚持以创新为引领。紧跟国际燃料电池汽车发展趋势，把技术创新放在突出位置，充分发挥本市新能源智能汽车产业创新资源集聚优势，提升创新资源对产业的支撑作用，不断提升产业竞争力。

（2）坚持以市场为牵引。健全市场导向机制，激发市场活力，鼓励社会资本参与技术研发和产业化，引导细分领域示范运行；充分发挥政府保障作用，强化规划和政策激励，营造良好营商环境。

（3）坚持以协同发展为抓手。促进京津冀地区优势资源融合互补、互促共赢，形成协同创新共同体。加快军用氢能技术向民用领域转移转化，推进军民融合深度发展。

（4）坚持以安全规范为前提。建立安全生产长效机制，规范氢能基础设施建设运营管理，落实安全责任，保障燃料电池汽车及氢能基础设施场站安全运营。

计划到2022年，北京氢燃料电池汽车技术水平大幅提高，整车引领能力和竞争力显著提升，关键零部件技术实现突破，培育一批具有核心竞争力的企业，形成优质产业链资源聚集效应。推进京津冀氢能产业生态一体化，初步完成北京燃料电池汽车用氢能产业布局，提高日产氢和供氢能力，并完成加氢站布局和建设。聚焦细分领域，在城市公共交通以及重型物流车、重型环卫车等商用车领域扩大燃料电池汽车示范运营规模，并逐步考虑在乘用车领域进行试点应用。

B.13
上海车用氢能产业与燃料电池汽车示范运行进展

缪文泉　张焰峰　乔　丽　郭阳阳　汪　雪*

摘　要： 上海是我国氢燃料电池汽车产业发展最快的地区之一。为推动氢燃料电池汽车产业化发展，上海出台了发展规划和一系列促进政策。上海氢燃料电池汽车产业发展带动了长三角地区相关产业发展。目前，长三角氢燃料电池汽车产业初具规模，产业链覆盖上游制氢、加氢基础设施，中游核心零部件和下游整车，长三角技术能力和创新能力全国领先，反过来又促进了上海产业发展。加快推进氢能基础设施建设和燃料电池汽车示范运行，商用车为先导，带动乘用车，推进产业化。

关键词： 上海　长三角　氢能　燃料电池电车

在氢燃料电池汽车领域，上海无疑是发展的先行者，拥有良好的政策支持和深厚的技术积累，上海氢燃料电池汽车产业发展势头迅猛。同时，上海的发展必将带动长三角地区氢燃料电池汽车产业的发展，目前

* 缪文泉，教授级高工，上海智能新能源汽车科创功能平台有限公司总经理；张焰峰，博士，上海燃料电池汽车商业化促进中心秘书长；乔丽，上海国际汽车城（集团）有限公司新能源事业部经理；郭阳阳，上海智能新能源汽车科创功能平台有限公司工程师；汪雪，上海国际汽车城（集团）有限公司高级项目经理。

围绕上海已形成完善的产业链，这将进一步促进上海氢燃料电池产业技术发展。

一　上海氢燃料电池汽车产业发展环境及现状

（一）产业发展背景及相关支持政策

“十一五”、“十二五”期间和世博会期间氢燃料电池的示范运行，使上海氢能燃料电池汽车技术得到了深厚的积累和快速的进步。上海成为我国氢能燃料电池汽车技术研发与产业化的先行者，并且上海的发展势必带动长三角地区氢能产业整体发展。

长三角地区，上海、苏州、南通等十多座城市拥有从整车到上游氢燃料电池等产业链关键环节的众多知名企业，形成了目前国内规模最大的氢燃料电池汽车产业集聚生态体系。这其中，上海无疑是该地区氢燃料电池汽车发展的中心。

同济大学、上海交通大学、中科院上海高研院都是国内一流的氢燃料电池研发机构。同时，上海也聚集了包括上汽集团、重塑能源等一批国内领先的整车及上游燃料电池系统及零部件厂商。

受整体政策、产业环境的推动，长三角氢能及燃料电池发展已初具规模，部分城市纷纷出台地方性的支持政策，以支持氢能燃料电池的产业发展。其政策主要包括重点任务、产值目标、推广目标与氢能基础设施目标等，扶持措施主要包括给予地方推广补助或在特定领域批量投放燃料电池汽车等。长三角地区是我国燃料电池汽车技术研发的重点区域，在氢燃料电池产业的发展中占据了明显的产业优势。长三角地方政府发布的氢能燃料电池产业发展政策详见表1。

表 1　长三角地方政府支持氢能燃料电池产业发展政策一览

省市	时间	政策	培育领域	规划内容
上海市	2017 年 9 月	《上海燃料电池汽车发展规划》	燃料电池的研发及应用	近期目标（2017～2020 年）：培育氢能与燃料电池技术研发中心 1 个、燃料电池汽车检验检测中心一个，建成加氢站 5～10 座、乘用车示范区 2 个，运行规模达到 3000 辆。中期目标（2021～2025 年）：形成完善的加氢配套基础设施建设，在公共交通和物流等领域批量投放燃料电池汽车。长期目标（2026～2030 年）：总体技术阶级你国际先进，产业化全面成熟，私人用户实现进一步增长
	2018 年 5 月	《上海市燃料电池汽车推广应用财政补助方案》	燃料电池汽车的应用	燃料电池汽车按照中央的财政补助 1∶0.5 给予上海市财政补助。燃料电池系统达到额定功率不低于驱动电机额定功率的 50%，或不小于 60kW 的，按照中央财政补助 1∶1 给予上海市财政补助
苏州市	2018 年 3 月	《氢能产业发展指导意见（试行）》	加氢站、燃料电池汽车推广	到 2020 年，氢能产业链年产值突破 100 亿元，建成加氢站 10 座；到 2025 年，氢能产业链年产值突破 500 亿元，建成加氢站近 40 座，公交车、物流车、市政环卫车和乘用车运行规模 10000 辆
南京市	2019 年 1 月	《南京市打造新能源汽车产业地标行动计划》	燃料电池汽车推广	计划指出，要重点推进燃料电池汽车、纯电动汽车、插电式混合动力汽车开发，积极布局智能网联汽车产业，着力提升新能源汽车产业自主创新和核心竞争能力

续表

省市	时间	政策	培育领域	规划内容
常熟市	2019年2月	《常熟市氢燃料电池汽车产业发展规划》	加氢站、燃料电池汽车推广	提出近期(2019~2022年)目标是,围绕氢燃料电池汽车的应用和推广示范建成一批市场优化运营的公共加氢站,推广示范一批公交、客车、物流配送车、环卫车等应用车辆;积极申报国家试点示范城市;加快推进核心技术开发和产品公关,积极招引国外创新研机构落户;初步形成相对完善的产业链条。中期(2023~2025年)目标是,实现氢燃料电池汽车核心技术的重点突破,集聚5~10家领先的研发机构;实现1~2家具有影响力的整车企业量产,关键零部件企业达到50家以上,产业规模突破百亿元;建成更完善的加氢设施。远期(2026~2030年)目标是打造成为更具影响力的产业技术创新中心,引领氢燃料电池汽车创新发展;形成千亿元级产业集群,成为具有区域影响力的氢燃料电池汽车应用城市
如皋市	2016年8月	《如皋十三五新能源汽车规划》	氢气制存储技术、大巴车	建设"氢经济示范城市",重点突出制氢技术、氢气存储和加注技术氢燃料大巴及燃料电池热电联供等氢能等应用示范引领
浙江省	2019年4月	《浙江省培育氢能产业发展的若干意见(征求意见稿)》	制氢和加氢站	将在嘉兴、宁波、杭州、湖州开展产业化和应用示范试点,加氢站建设示范试点,加氢站建设示范试点;发展石化装置副产氢装置、天然气制氢和电解水制氢装置、太阳能光解制氢和热分解制氢装备,70Mpa以上高压存储材料与储氢罐设备、现场制氢、储氢、加注一体化装置及系统等装备
宁波市	2019年1月	《宁波市人民政府办公厅关于加快氢能产业发展的若干意见》	加氢站、燃料电池汽车推广	提出到2022年建成加氢站10~15座,探索推进公交车、物流车、港区集卡车等示范运营氢燃料电池汽车运行规模达到600~800辆;到2025年,建成加氢站20~25座,氢燃料电池汽车运行规模力争突破1500辆

5 月 10 日，上海嘉定区印发《嘉定区鼓励氢燃料电池汽车产业发展的有关意见（试行）》的通知（以下简称《意见》），《意见》支持企业科技创新，推动企业培育发展，加快培育氢燃料电池汽车产业新动能持续增强。《意见》支持加氢站建设，对于加氢压力 35MPa/70MPa、加氢能力≥500kg/d@12 小时，固定高压储氢罐总储氢量≥200kg、加氢枪数量≥2 把，并同时具备氢危化品经营许可证和氢气车用钢瓶气瓶充装许可证的加氢站给予补贴，其中加氢压力≥70MPa（含兼容 35MPa）的每站补贴 500 万元，加氢压力≥35MPa 的每站补贴 200 万元。

《意见》发布实施会持续增强新能源汽车产业核心竞争力，加快推进世界级汽车产业中心建设，也将进一步夯实该地区氢燃料电池汽车产业集聚发展的基础。

（二）上海氢燃料电池产业发展现状

在政府政策的牵引下，上海汇集的大量产业资源渐成体系，2018 年以来上海车用氢能产业发展迅速，逐步完成对全产业链的覆盖。具体到两大层面上：第一，在加氢站规模上，截至 2019 年 1 月全国已建成的 26 座加氢站中，上海就有其中的 4 座，其中还包括全国唯一一座由同济大学投建，同济大学与新源动力共同运营的，加氢压力可达到 70MPa 的加氢站。

2019 年 6 月 5 日，上海化工区・上汽集团燃料电池车全场景应用暨加氢站落成。上汽集团生产制造的 FCV80 燃料电池轻客车、申沃燃料电池客车、荣威 950 燃料电池轿车悉数到场。上汽子公司捷氢科技展示了捷氢 P390 燃料电池系统以及搭载捷氢产品的上汽大通 G20FC 底盘、上海申沃燃料电池客车和荣威 950 燃料电池轿车。

第二，在氢燃料电池汽车示范运行层面上，上海也走在全国的前列。上海嘉定 114 路 6 辆申沃牌氢燃料公交车从 2018 年 9 月 27 日交付公交公司，良好示范运行已达 10 个月。这充分展示了燃料电池公交车的安全性和可行性，也为燃料电池汽车技术进步提供了珍贵的数据。

2018 年，氢车熟路汽车运营（上海）有限公司在上海地区完成了 500

辆东风牌氢燃料电池物流车示范推广运营，物流车配载了上海重塑能源科技有限公司生产的氢燃料电池系统以及富瑞氢能车载供氢系统，截止到 2019 年 7 月 29 日，500 辆氢燃料电池车已累计运行 635 万公里，可以看出燃料电池物流车也是发展的重要方向。

上汽大通 MAXUS FCV80 是国内首款商业化运营的燃料电池宽体轻客，同时也是国内第一款运用全新标准的燃料电池轻客车型。大通 FCV80 燃料电池轻客和荣威 950 轿车截止到 2019 年 7 月 29 日示范运营已分别达到 347 辆和 50 辆，里程数已分别达到 40 万和 39 万公里。

2019 年 7 月 11 日，上汽大通 MAXUS 燃料电池宽体轻客 FCV80 无锡示范运营项目正式启动，共投放四辆氢燃料电池车，根据预估，四辆氢燃料电池车在这一专线每年运营里程将达 33 万公里，运送旅客人数约为 1. 8 万人次，可节约燃油 3. 3 万升。

截止到 2019 年 7 月 29 日，上海氢燃料电池汽车运行数量达到 905 辆，总运行里程达到 7317208 公里。具体汽车品牌与运行详情如图 1 所示。

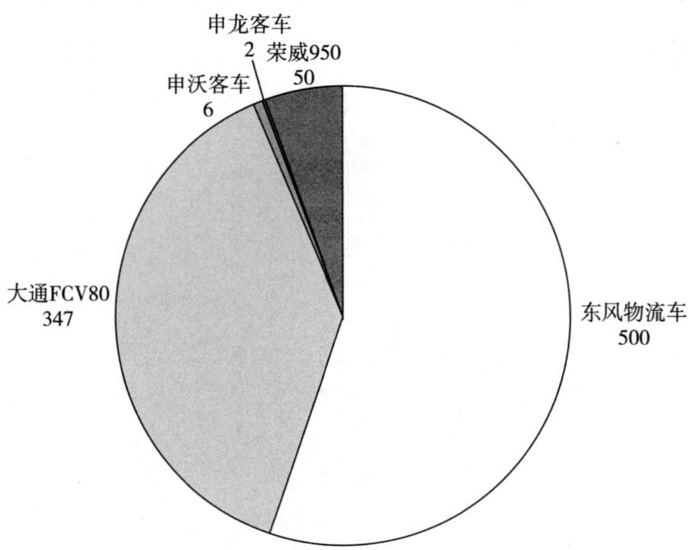

图 1　上海氢燃料电池汽车运行数量

从图 2 可以看出，截止到 2019 年 7 月，上海示范运行的氢燃料电池汽车中东风汽车股份有限公司出品的东风牌物流车数量较多，且运行总里程已经超过 630 万公里，这也证明了氢燃料电池汽车适合在物流运输中使用，在物流车领域会有较大的发挥市场。

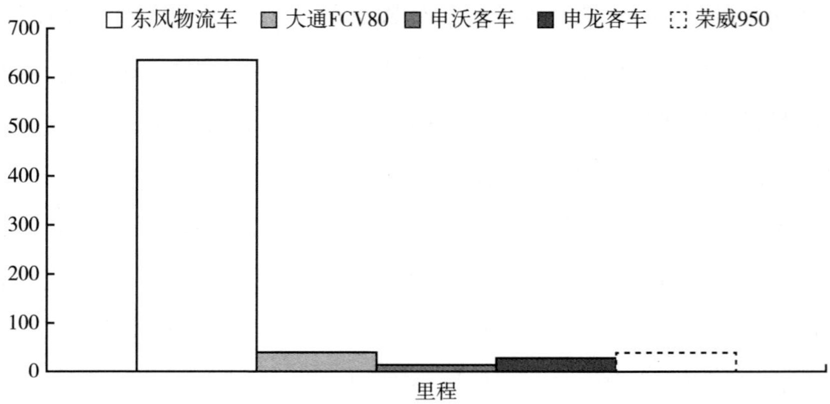

图 2　上海氢燃料电池汽车运行里程

如图 3 所示，截止到 2019 年 7 月，在上海地区氢燃料电池汽车目前多使用在商用车领域，这与国内厂商在燃料电池汽车发动机系统的核心技术和

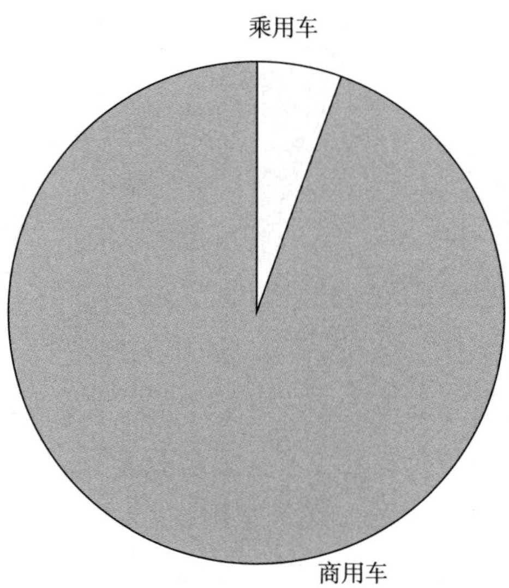

图 3　上海氢燃料电池汽车类型比例

集成技术水平有关，大空间商用车的燃料电池集成技术较空间紧凑的乘用车容易实现，高度集成的乘用车是现阶段国内厂商的短板，在未来应主要提升这方面技术实力。

另外，在氢能燃料电池汽车生产制造上，上海也展现出产业链联动和规模化的趋势。如2019年4月底，“富瑞氢能－重塑科技－中通客车－氢力氢为”合作推动关于600台物流车项目，经项目各方统筹协调、紧密合作，正式启动设计、采购和生产等工作。

二　长三角氢燃料电池汽车产业链现状

上海的氢燃料电池汽车产业发展必将带动整个长三角氢燃料电池汽车产业的快速进步，大批企业聚集长三角，氢燃料电池汽车产业渐成体系，产业链逐渐完善，一个大的长三角产业网正在形成，这将进一步推动上海乃至全国氢燃料电池汽车产业的发展。

（一）长三角氢能燃料电池汽车产业链覆盖情况

长三角氢能燃料电池汽车企业近50家，氢能燃料电池汽车产业链覆盖全面，涵盖了氢能源与燃料电池汽车系统两大产业链层面，重点企业包括。

第一，氢能企业：浦江特汽、富瑞特装、上海舜华、淳化氢能、华昌化工、苏州竞立、氢枫能源、南通安思卓、南通中集等。

第二，电堆和系统企业：上海重塑、爱德曼氢能、上海神力、江苏清能、上燃动力、昆山弗尔赛、氢璞创能、百应能源、兴邦能源等。

第三，整车企业：上汽集团、青年客车、上海申龙、南京金龙、苏州金龙等。

对长三角35家重点企业的业务现状与规划、技术路线与积累、投融资情况等进行分析，得出如下结论。

1. 覆盖全且重点突出

在35家重点企业中，无论是氢能源层面、燃料电池汽车系统层面还是其他支持性产业链，均得到了充分覆盖，并且对于处于产业链核心地位的氢能使用和燃料电池系统，有着显著的侧重（见图4）。

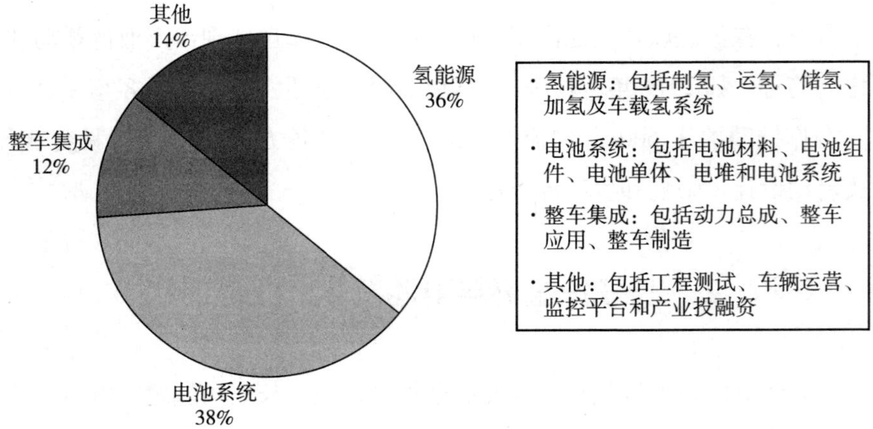

图4　长三角重点企业产业链覆盖情况

2. 产业化能力强

如图5所示，35家重点企业中，过半的企业已经表现出不错的产业化势头，其中有6家企业在2018年的收入已经过亿元，15家企业的年收入超过千万。这些产业化能力较强的企业大部分均和国内重点氢能燃料电池汽车

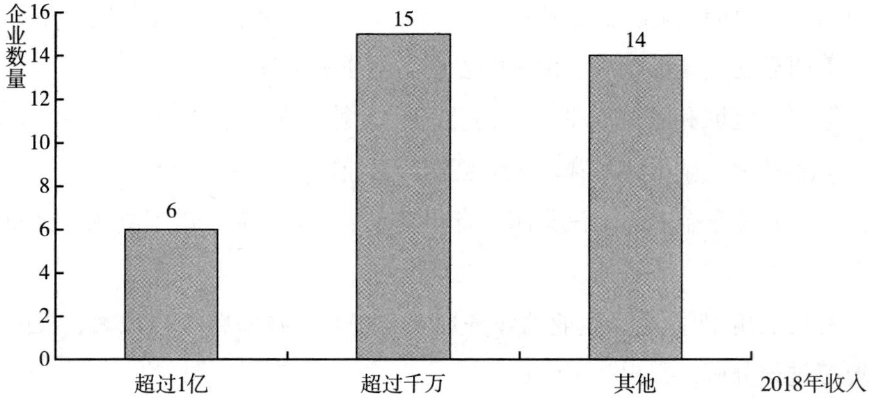

图5　长三角重点企业产业化情况（2018年收入）

整车厂或一级零部件企业建立了紧密的合作关系，如上汽、长城、一汽、东风、中通、飞驰、福田、潍柴等。同时，对于那些布局氢能源产业链的企业，除了以燃料电池汽车作为下游外，也积极拓展工业用氢客户，如化工、医疗、电力、钢铁、半导体等行业，进一步保障和提升自身收入。

3. 前瞻价值布局清晰

面向未来，长三角重点企业也体现出了极强的趋势判断能力与战略明晰度，并且有明显地向产业链价值高地重点发力的趋势：

燃料电池汽车系统布局企业精简业务线，重点发力成本占比最高的电池系统和电堆领域：如上海捷氢科技有限公司，原本的产业链覆盖分散在储氢、电堆和电池系统，未来其的战略中心将直接聚焦燃料电池系统；再如上燃，其产业链布局有往下游聚拢的趋势，未来将重点发力燃料电池系统集成，并加强与整车企业的合作联系。

氢能源产业链布局企业进一步拓展产业上下游，力争在中国巨大的氢能使用市场中获得更大的市场份额：如上海欣悦，原本以新能源汽车高压“电控”解决方案为主，未来将拓展业务至制氢、运氢、储氢和加氢全领域；再如富瑞氢能，下一步将聚焦氢能源使用核心且存在技术突破点的运氢、储氢和加氢领域，提前布局，争取抓住下一波技术升级的浪潮。

（二）长三角氢能燃料电池汽车产业技术分析

1. 长三角技术能力情况

在氢能源产业链中，长三角企业目前在制氢、储氢和加氢领域的技术积累居国内前列，并且在高压储氢、加氢，以及新型的制氢类型上已经开展深入的技术研究。具体技术能力分别达到以下水平。

（1）制氢领域

除了传统的化学重整制氢外，长三角企业积极探索电解水制氢等新型清洁制氢方法。目前部分领先企业在大碱性水电解制氢领域里，技术水平已经与国际水平相当，技术方面完全达到自主创新，甚至在某些方面处于领先地位，比如单台设备产量，苏州竞立制氢最大可以达到1000 Nm^3/h，相比德国 Lurgi 的 760 Nm^3/h 更优。

（2）储氢领域

整体上国内还处于 35MPa 的水平上，但长三角地区已涌现部分企业在 III 型高压储氢装备上的研发能力，并已实现了实验或小批量生产产品，在积极向商业化运作进发，如江苏富瑞氢能。

（3）加氢领域

从加氢站的绝对数量来看，长三角在全国处于领先地位，上海氢枫能源建站数量居全国首位；并且在加氢站核心装备领域，针对进口隔膜式压缩机成本高昂的瓶颈问题，研制成功了无油活塞式氢气压缩机，可大幅降低加氢站成本。

（4）车载氢系统领域

长三角领先企业如瀚氢，在国际上率先提出了集成式供氢系统的技术路线，并创新研发了高集成度瓶阀、高集成度压力调节组合阀、套压式管接头等核心零部件，通过这些创新，大幅简化了车载氢系统结构，提高了系统可靠性，提高了生产效率，进而降低了系统成本。

2. 长三角创新能力分析

长三角氢能燃料电池汽车产业链企业除了注重技术领先与产业化落地外，亦非常注重对于未来技术的预研与知识产权的积累。因此，无论是在专利数量还是分布特点上，均可充分体现长三角在氢能燃料电池汽车产业链深厚技术积累。

（1）氢能专利情况

如图 6 所示，在申请的专利中，北京、江苏、辽宁这三个省市的申请人申请的公开的专利数最多，分别为 4227 件、1917 件和 1899 件（均为累计数量）。

在几项主要的技术大类中，江苏、上海、浙江等长三角省市的投入亦在全国名列前茅（见图 7）。

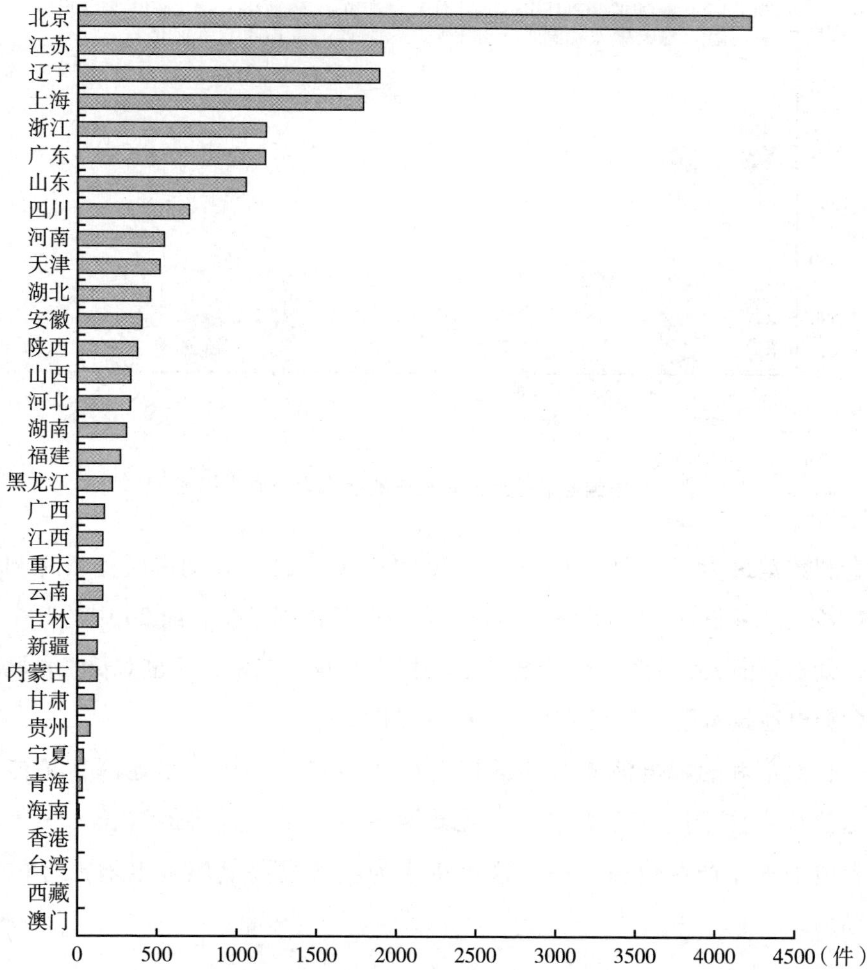

图 6　中国氢能源产业专利申请人归属地分布

（2）燃料电池专利情况

如图 8 所示，在申请的专利中，江苏、北京、上海这三个省市的申请人申请的公开的中国专利数量最多，分别为 5879 件、5757 件、5228 件（均为累计数量）。

从具体的申请人来看，国内申请量排行前列的大部分为高校研究所，其中中国科学院大连化学物理研究所、清华大学、浙江大学这三个申请人申请

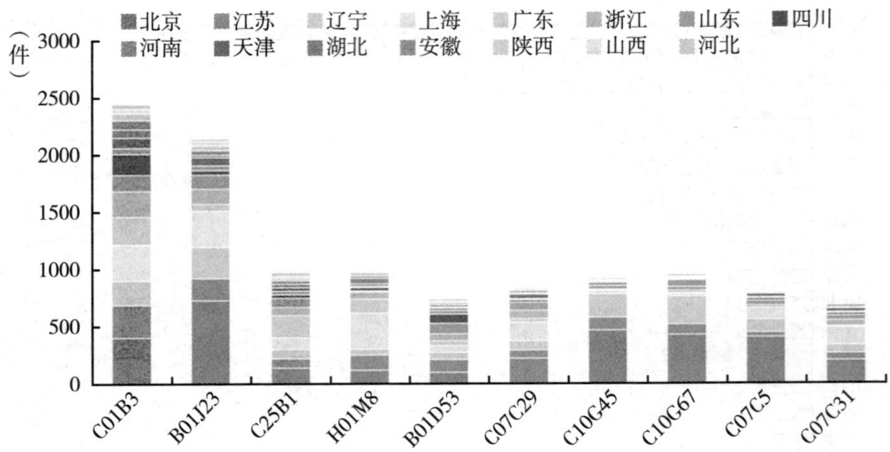

图 7　中国氢能源产业专利主要技术大类省市排名

的专利数量最多，分别为 1175 件、703 件、637 件，分别占所分析专利的 2.439%、1.459%、1.322%。而长三角地区的占据了排名前 20 中的 6 个席位，分别是浙大、上交、上海神力、同济、复旦、东南，这也对长三角区域的燃料电池技术起步起到了支撑作用（见图 9）。

从氢能和燃料电池专利的数据上可明显看出，长三角地区在氢能燃料电池技术位于国内先进水平，且掌握核心技术，这将促进长三角氢能燃料电池汽车产业快速发展，这也将成为上海发展氢燃料电池产业的巨大助力。

三　上海氢燃料电池汽车产业发展建议

（一）加快氢能基础设施建设

上海目前可以为汽车提供加氢的加氢站有 4 座，且其中有的尚未获得运营许可，其余约 10 座处于选址和规划阶段，数量远少于其他重点城市。政府层面有必要尽快研究建立加氢站建设审批流程。集合相关部门成立工作组，尽快制定加氢站建设审批和管理制度；可以一事一议开展已建加氢站的

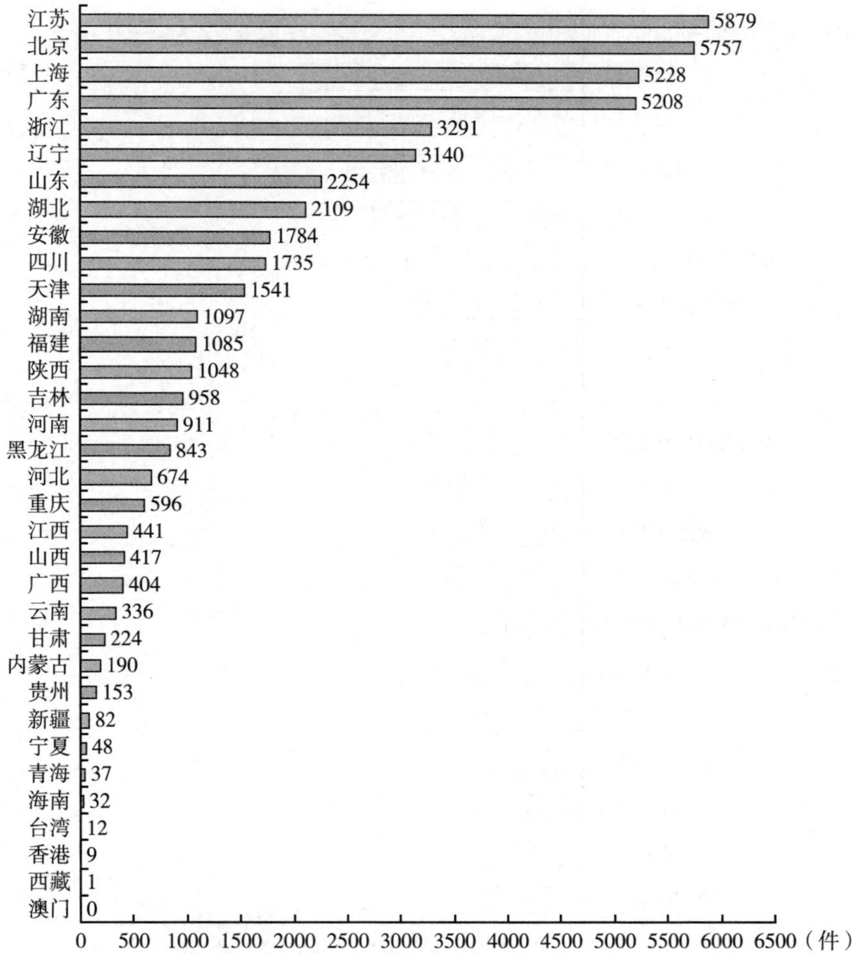

图 8　中国燃料电池产业专利申请人归属地分布

运营审批工作；也需要提请国家相关部委加快研究将氢能纳入能源体系，对上海市氢能供给体系开展研究规划。

（二）加快推进燃料电池汽车示范运行

截止到 2019 年 7 月，上海有 905 辆燃料电池汽车在示范运行，2020 年离规划目标还存在 2000 辆的数量缺口。受制于加氢站供氢能力，车辆的运营需求也无法全部满足，这也限制了新一批车辆的购买和运营。加快推动物流和公共交

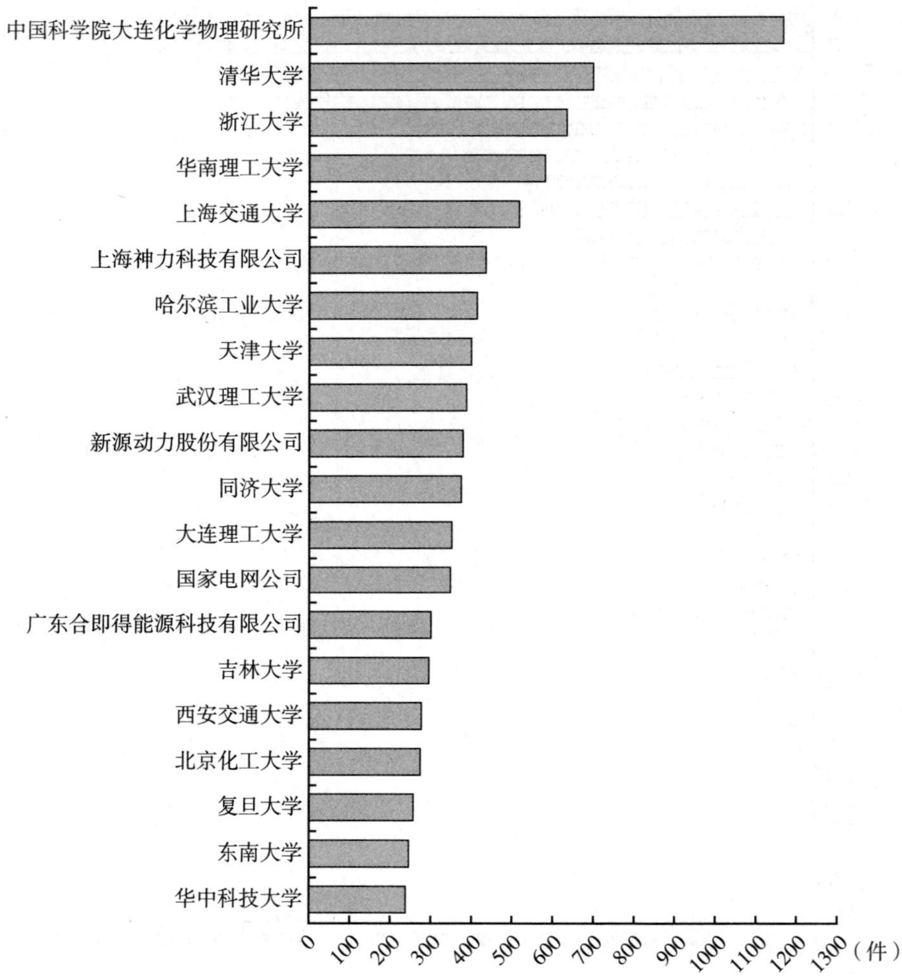

图9　中国燃料电池产业专利申请人排名

通领域燃料电池汽车在有加氢站及运营示范基础的区域示范运行，政府也有必要推进燃料电池汽车运营额度支持，针对规模以上燃料电池汽车运营发放一定数量临时额度，设定期限及门槛，逐步完善燃料电池汽车运营额度的管理制度。

（三）商用车带动乘用车发展

发展燃料电池汽车选择商用车作为重点方向和战略突破口，以商用车为先导推进燃料电池汽车发展，同时带动燃料电池乘用车发展，提升燃料电池汽车整体技术优势。燃料电池汽车面临加氢基础设施的制约，但其续航里程长，特别适合大型商用车（如长途货车、客车）的应用场景，而为保障固定用途、点对点移动的长途商用车，对基础设施依赖较低，符合目前产业形势。但绝不能放慢甚至是放弃乘用车的技术研发积累，应利用商用车的发展带动乘用车技术发展，以技术提升促进产业化。因此，应当以商用车为先导推进燃料电池汽车，通过打造燃料电池商用车平台，培育产业链，推进产业化，并为未来燃料电池乘用车的推广做好技术储备。

B.14
氢能产业发展的佛山模式

赵吉诗　朱小建　周柳初　任海波　张长令*

摘　要： 佛山从零起步发展氢能产业，在短短5年时间内迅速崛起，成为国内氢能产业发展的领军城市。燃料电池汽车示范运行及加氢站建设方面，佛山已建成6座加氢站，并有768辆燃料电池汽车投入示范运行。2019年将累计建成约15座加氢站，燃料电池公交车运行规模将达到1000辆。产业培育方面，佛山已初步形成了涵盖制氢、储运、加氢及燃料电池关键部件、电堆及系统、整车及运营等环节的氢能产业链，以及南海、高明、佛山（云浮）产业转移工业园三大产业聚集区。就发展经验来看，佛山借鉴高铁模式启动氢能产业，通过政策创新、投融资模式创新、产业组织模式创新、商业模式创新等措施，打造创新服务平台，探索氢能多元化应用，形成了具有特色的佛山模式。为保持氢能产业发展的领先优势，佛山应在氢能源供给、优势企业培育及创新能力提升方面发力。

关键词： 氢能　燃料电池汽车　佛山模式　示范运行　发展经验

---

* 赵吉诗，博士/副研究员，佛山科学技术学院特聘青年研究员，现任云浮（佛山）氢能标准化创新研发中心主任；朱小建，佛山市发展和改革局副局长；周柳初，佛山市人民政府办公室；任海波，高级工程师，中国汽车技术研究中心有限公司；张长令，博士/高级工程师，中国汽车技术研究中心有限公司。

一 佛山氢能产业发展背景及历程

佛山是国内布局和发展氢能产业的先发地区。早在2010年前后，佛山市南海区就联合氢能燃料电池及氢源技术国家工程研究中心，打造广东新能源汽车核心部件产业基地，重点开展新能源（氢能）汽车核心关键零部件重大技术攻关及产业化工作，强化与中国科学院大连化学物理研究所、华南理工大学等科研院所合作，培育和引进了广东广顺新能源动力、佛山科先精密机电等一批骨干产业化项目，孕育了佛山氢能产业的雏形。

广东省氢能产业的跨越发展始于佛山、云浮两市的结对帮扶合作。佛山大胆创新产业帮扶合作之路，前瞻性布局推进氢能全产业链跨区域协同发展，在构筑氢能与燃料电池汽车产业体系方面走到了全国前列，成功扭转了我国核心关键技术与日韩等国差距拉大的不利局面。2014年，经过深度调研考察世界三大湾区（纽约湾区、东京湾区、旧金山湾区）布局发展氢能产业实际情况，佛山顺应全球大势，大胆作出4个精准判断，一是美国特斯拉等国际知名企业大干纯电动新能源汽车时，大胆选择氢能汽车产业作为主攻方向。二是在全球发达国家将氢能乘用车作为推广突破口时，大胆选择氢能商用公交车作为突破口。三是在全国公认日本丰田为最先进氢能车技术时，大胆选择与加拿大巴拉德公司合作。四是在全国都选择用增程式燃料电池系统时，大胆选择30kW电堆系统研发作为开始。摸着石头过河，驰而不息探路，最终迎来氢能及燃料电池产业发展的春天，先后集聚了中车四方、国鸿氢能、飞驰客车、长江汽车、北汽福田、上海重塑、爱德曼等知名企业，引进加拿大巴拉德公司燃料电池技术并消化再创新，推动全球领先的全套成熟燃料电池技术在国内实现产业化，建成全球最大商用规模的年产5000套燃料电池动力系统生产线，年生产整车产能达5000辆的全球最大的氢能客车生产基地，佛山成为迄今为止全球运营氢燃料电池城市公交车车队规模最大的城市，全市开通13条氢燃料电池公交线路，运营氢燃料电池城市公交车317辆以及448辆氢燃料电池城市物流车、3辆燃料电池通勤车、5列氢能有轨电车，并实现佛山产氢燃料电池大巴整车出口马来西亚，还同时布局建设了南海、高明、佛山（云浮）产业转移工业园三大氢能产业聚集区，氢能产业发展走在全国前列，并引领中国氢燃料电池汽车规模化商用浪潮。

二 佛山氢能产业主要进展

（一）燃料电池汽车示范运行全国领先

1. 氢燃料电池汽车示范运行规模较大

佛山是我国较早推进中国氢燃料电池汽车规模化示范的地区。2016 年 9 月，佛山率先在三水区开通首条氢燃料电池城市公交车示范线路以来，目前全市已开通 14 条氢燃料电池公交线路，共计投入氢燃料电池城市公交车 317 辆。2019 年佛山市将达到 1000 台氢燃料电池城市公交车的运营规模。此外，全市还推广运营有 448 辆氢燃料电池城市物流车，3 辆燃料电池通勤车以及 5 列氢能有轨电车。

2. 加氢站布局全国领先

佛山在加氢站等基础设施布局及建设推进上较为领先。截至 2019 年 10 月，佛山市已建成并投入运营加氢站 6 座，即禅城区国联氢能塱沙路加氢站、佛汽集团佛罗路公交场站加氢站、南海区瑞晖加氢站、南海区瀚蓝松岗祥岩路加氢站、三水河口撬装加氢站、中国石化佛山樟坑油氢合建站等。其中，南海瑞辉加氢站是全国首座商业化运营的加氢站，运营环节已基本实现盈亏平衡；中国石化佛山樟坑油氢合建站是国内首座集油、氢、电能源供给于一体的合建站。此外，佛山还有 10 余座加氢站正在建设中，2019 年将累计建成约 15 座加氢站，同时积极借鉴山西大同做法经验，探索工业用地招拍挂建设“制氢加氢一体化”加氢站试点示范项目。

（二）产业链初具规模

经过多年努力，佛山氢能产业已基本涵盖制氢、加氢站建设及运营、氢燃料电池系统及电堆研发、关键零部件开发及生产、燃料电池汽车研发制造及示范运行、氢能相关检测等环节，产业链初具规模。特别是在燃料电池系统及电堆、空气压缩机等关键领域，引进培育了一批行业内知名企业，市场占有率国内领先。

在空间布局上，目前已形成三大氢能产业基地，分别是南海氢能产业基地，高明氢能产业基地以及佛山、云浮两地共建的佛山（云浮）产业转移工业园（见表1）。

表1　三大产业基地产业链各环节企业

各环节企业	佛山南海区	佛山高明区	佛山(云浮)产业转移工业园
制氢	广东华特气体 广东美星富能科技	高明合顺气体	普汇氢能科技 广东联悦氢能
加氢站设计、建设及运营	北京蓝图佛山分公司 佛山瑞晖能源 瀚蓝(佛山)新能源 中石化佛山新能源	高明国联氢能	云浮舜为氢能 氢枫能源(广东) 云浮锦鸿氢源 广东合盛氢能设备
燃料电池电堆及系统	广东爱德曼氢能源 广东探索汽车 广东泰罗斯	—	广东国鸿氢能 广东重塑 云浮锐格
关键零部件和装备	广东广顺新能源 清极能源 广东海德利森—氢科技	泰极动力 德方纳米 本田金属	稳力(广东)科技
整车企业	福田欧辉广东工厂 广东长江汽车	佛山中车四方轨道车辆有限公司	佛山飞驰客车
推广应用	国能联盛(佛山)	—	云浮佛云新能源公交 广东国能联盛
氢能相关检测	广东省特种设备检测 广东拜特斯特 广东兰氢科技	—	广东氢标科技
氢生活	广东卡沃罗 佛山氢之泉 佛山海狮凯尔科技	—	广东慧氢能源科技 广东氢晟农业科技 氢巴克(广东)
创新平台	燃料电池及氢源技术国家工程中心华南中心; 国家技术标准创新基地(氢能)	—	佛山(云浮)氢能产业与新材料发展研究院; 云浮(佛山)氢能标准化创新研发中心

资料来源：根据调研资料整理。

1. 南海氢能产业基地

佛山市南海区主要承载了氢燃料电池汽车和关键零部件研发和产业化项目，正努力打造面积达 47.3 平方公里的“仙湖氢谷”，全力支撑氢能产业发展。目前已集聚了广东长江汽车、广东广顺新能源、广东爱德曼公司、广东泰罗斯汽车、广东重塑能源、拜特斯特、华特气体等一批知名企业。

广东广顺新能源动力科技有限公司成立于 2010 年，公司产品主要包括燃料电池专用空压机、燃料电池专用氢气循环泵、无油电动汽车空压机、电动汽车空调压缩机、空气轴承等。目前其燃料电池汽车空压机已批量生产并装载在上汽荣威 750、950 等乘用车，以及申沃、中植、金龙、长江等客车产品上，市场份额遥遥领先。

广东爱德曼氢能源装备有限公司成立于 2016 年 6 月，致力于研发、生产具有独立知识产权的金属板燃料电池产品。在新产品研发方面，爱德曼已开发出三代产品，分别为 30kW、35kW、40kW 和 60kW，体积比功率达到 2.5kW/L，重量比功率达到 1.5kW/kg，80kW、100kW 电堆已研发成功拟申报国家检验，同时能提供整套燃料电池车动力总成解决方案。公司 2017 年建成了金属板燃料电池生产线，并独立设计制造了全部工程装备。自主生产金属双极板和膜电极两大核心部件，并装备燃料电池电堆及系统，已应用于东风物流车、冷藏车、SUV 和东风柳汽 MPV 车型，以及北汽福田 8.5 米公交车。公司未来将围绕大功率、高功率密度燃料电池进行投入，在移动和分布式发电两个领域开发更多的应用产品。

广东海德利森—氢科技有限公司由北京海德利森投资，项目分两期建设：首期建成加氢站系列装备和加氢装备核心部件生产线，初步建成加氢装备技术研发和保障服务重心，预期年产值 4 亿元；二期增建加氢站系列装备和加氢装备核心部件生产线，建成全国加氢装备技术研发及保障服务中心，预期年产值 25 亿元。

2. 高明氢能产业基地

高明区是佛山氢能产业发展重点布局地区，已培育集聚 10 多家涉氢企业，主要包括整车制造、动力电池、汽车动力转向器及配套零部件等企业。与此同时，高明区正积极引进一批骨干氢能产业项目，持续壮大氢能产业链。目前重点企业包括佛山中车四方轨道车辆有限公司，以及正在建设的膜电极、燃料电池整车等企业。

围绕佛山中车四方轨道车辆有限公司建设的中车四方现代有轨电池制造基地主营现代有轨电车、地铁等轨道交通装备的造修、维保、售后服务、技术服务及配件制造销售，一期建设投资为2.48亿元，新建有轨电车车体、涂装、组件、调试厂房及辅助用房约2.7万平方米，配套建设铁路线、动调线及其他辅助设施，新增设备395台/套，形成了年生产现代有轨电车100列的产能（兼容地铁车辆新造）。中车四方已在佛山建设全国首条现代氢能有轨电车示范运行线路，首批8列氢能有轨机车订单已落地。

泰极动力科技有限公司的膜电极组件总成产品及配件生产基地项目总投资约5亿元，占地27亩，主要从事燃料电池膜电极技术开发，引进国际先进生产工艺、设备、材料和配方等，计划建设MEA生产线及研发中心，预计2019年投产。

3. 佛山(云浮)产业转移工业园

佛山云浮两市共建的“佛山（云浮）产业转移工业园”，主要推动氢燃料电池汽车整车生产和上下游配套产业集聚发展，初步形成了以广东国鸿科技有限公司、云浮飞驰新能源汽车公司等为代表的龙头企业集群，引进了加拿大巴拉德、上海重塑能源、广东联悦气体等上下游企业及重点项目，有效加快带动上下游配套产业集聚发展。

云浮飞驰新能源汽车公司是佛山飞驰汽车制造有限公司在云浮投资建设生产基地，集底盘装配、整车生产、零部件安装及车辆检测于一体。该项目已经建成年产5000辆新能源汽车的生产线，是目前全球最大的氢燃料电池客车生产基地，近年来，已有多个型号的氢燃料电池汽车入围工信部新能源汽车推荐车型目录，市场份额全国领先。此外，飞驰客车还实现产氢燃料电池大巴整车出口马来西亚。

广东联悦气体专注于氢气产品生产和销售能源气体公司，目前已经在云浮、江门、赣州和郴州分别投资建设了4座氢气工厂，为上百家不同的工业客户提供了各类氢气解决方案，主要包括气体生产、气体贮存、气体运输、管道气体供应和现场制氢等业务，以及管道、阀门、压力表、气体汇流排等部件的生产。

三　佛山发展模式总结

总体来看，佛山通过一系列政策措施及创新手段，有效推动了氢能电池产业快速启动和发展，形成了具有特色的氢能产业发展路径和发展模式。具体来看，佛山氢能产业发展模式主要包括以下几个方面：

（一）技术引进吸收再创新启动氢能产业

在启动氢能产业时，佛山通过技术引进消化吸收，实现高起点高标准的技术与产品创新”。技术引进时，经过多方比较考察，佛山选择了当时燃料电池技术最成熟、稳定性最高的加拿大巴拉德公司。通过与巴拉德的合作，佛山（云浮）产业转移工业园超前引进了国外商用车燃料电池电堆核心技术。2017年，园区国鸿巴拉德公司建成年产2万台燃料电池电堆9SSL生产线，成为全球较大产能的燃料电池电堆及动力系统生产线，设备国产化率达到了90%，并已投入9000套电堆订单产品生产；国鸿重塑公司建成5000套燃料电池动力系统生产线。

在技术引进基础上，佛山（云浮）产业转移工业园区核心企业加大二次创新力度，研发出具有自主知识产权的30KW燃料电池系统模块，相较原装进口的同类产品性能指标实现较大提升，其中防护等级由IP55提升至IP67，低温冷启动由-10°C下降至-30°C，使用寿命持平，同时体积功率密度提升21%，质量功率密度提升39%，价格降低20%以上，并在产品稳定性和一致性方面更优。正是产品过硬可靠的质量和较高性价比，使园区企业自主电堆产品出货量在国内市场占有率持续攀升，国内市场占有率2018

年约为70%，2019年上半年约为80%，成为行业内标杆企业。同时，园区核心企业进一步拓展完成45kW、70kW、120kW燃料电池系统模块的自主研发，并开发出国产MEA9SSL电堆，正加速开发完全国产的2.5kW/L、3.0kW/L的高性能电堆。此外，园区氢能产业基本实现生产原材料连同生产设备国产化，并形成自主知识产权。

（二）持续推进政策创新

作为国内氢能产业发展的先行者之一，佛山坚持以具体问题为导向，持续推动政策创新，出台了诸多“首创政策”，以破解关键制约因素，加快产业发展进程。例如，加氢站审批管理创新、加氢站建设补贴、车辆运营补贴、加氢补贴等。

2014年，为支持实施“GEF/UND中国燃料电池公共汽车商业化示范项目”二期，佛山市启动了瑞辉加氢站建设项目。由于加氢站从立项审批到建设过程的管理，以及建成后的运营管理等环节，都缺乏既有的流程与管理制度。佛山先行先试，明确加氢站建设由住建部门牵头负责，通过实行政府牵头协调、多部门联合审批，专家从安全技术上把关等一系列方式，克服了审批时间长，项目用地难以落实等困难，使加氢站项目在短短几个月时间内完成行政审批，创新性的提出了全国首个“加氢站建设审批流程”。在此基础上，佛山市进一步编制了《佛山市车用加氢站管理暂行规定》，并着手制定《佛山市加氢站安全管理规定》《佛山市加氢站建设项目竣工验收和备案指引》等配套政策文件，建立起加氢站项目安全评审专家库，指导各区开展加氢站建设和运营工作。

除燃料电池汽车购置补贴、加氢站建设补贴等支持政策之外，佛山还针对燃料电池汽车售价高、氢气贵等氢能产业发展的突出问题，创新性地提出了燃料电池汽车运行补贴、加氢站运营补贴等支持措施。根据2018年4月发布的《佛山市南海区促进加氢站建设运营及氢能源车辆运行扶持办法（暂行）》，南海区对符合条件的燃料电池汽车给予一次性运行补贴。同时，南海区结合加氢站运营状况，按照加氢量给予加氢站运营企业一定数量的加氢补贴。此外，南海区还将结合加氢站商业化运营情况，给予加氢站财政贡献奖励。

（三）产业投融资模式创新

为破解氢能产业发展初期面临资金、土地等制约，佛山创新性地采用轻资产模式，以国资为主成立投资开发公司（投资平台），在项目招商和土地出让等方面创新途径，以国资先期投入实施“先租后购、拎包入驻”的轻资产招商，为氢能民营企业定制建设生产厂房，以国资股权投资形式为民营企业发展提供资金支持，在产业化发展步入正轨并保障国有资产适当增值收益前提下，出让国资所持股份同时为民营企业引入战略合作投资方，促进企业的健康长远发展。

筹建资金平台方面，通过省、市合作共建氢能产业基地的途径，搭建氢能源产业重大资金筹措平台，通过省、市两级财政资金的引导，撬动社会资本注入。采取PPP合作模式、股权基金融资、银行贷款、组织企业通过新三板上市等多种方式，吸引各方面社会力量参与。目前，佛山（云浮）产业转移工业园区与广东省建行云浮分行合作筹建的股权投资基金约46亿元进入。资金平台对氢能产业的发展发挥了重要作用，依托资金平台，广东国鸿氢能科技有限公司、云浮市飞驰新能源汽车有限公司等云浮氢能骨干企业顺利渡过了发展初期的资金难关，迅速成长为氢能龙头企业。

（四）打造创新服务平台

佛山市着力打造国家氢能技术标准创新基地、佛山（云浮）氢能产业与新材料发展研究院、云浮（佛山）氢能标准化创新研发中心、广东省氢能技术重点实验室、佛山绿色发展创新研究院和佛山燃料电池及氢能源产业创新联盟等多个创新服务平台，正在筹建能源科学与技术广东省实验室氢能分中心，依托新型科研平台引进一批国内外氢能领域高端领军人才、高层次人才，承接产业核心技术引进吸收和自主创新等。

国家技术标准创新基地（氢能）是目前国内唯一的国家级氢能技术标准化创新基地。2018 年 3 月 20 日，国家标准化管理委员会批复同意广东省创建国家技术标准创新基地（氢能），并明确项目由佛山科学技术学院牵头实施，2018 年 4 月 1 日，基地项目正式启动，明确了基地创建目标和实施步骤。

佛山绿色发展创新研究院是佛山市与中国标准化研究院联合创建、以促进氢能产业快速发展为突破口推动佛山市绿色转型升级发展的专业化平台，具有良好的产学研基础，将成为佛山市氢能产业发展引进高端人才及团队、先进技术引进与转化、绿色产品体系构建的重要支撑平台。

佛山燃料电池及氢能源产业创新联盟是由爱德曼等 14 家企业和机构发起成立，致力于引进高端人才，在南海区建立“院士工作站”和“博士后工作站”，大力推进南海燃料电池生产基地建设，并以燃料电池为核心，打造爱德曼大数据支持下的新型物流服务平台。

（五）商业模式创新

为破解当前氢能及燃料电池汽车产业面临的生产成本高、市场不确定等问题，佛山积极探索和创新商业模式。具体来看，这些商业模式创新主要包括加氢站建设及运营模式创新、燃料电池汽车示范运行模式创新等。

加氢站建设方面，为全面推动佛山市加氢站等基础设施建设，2017 年 12 月，佛山市与中石化、中石油签署了加氢加油合建站项目计划，依托已有的加油站网点，增设加氢功能。2019 年 7 月，中国石化宣布，国内首座油氢合建站——中国石化佛山樟坑油氢合建站正式建成。这是全国首座集油、氢、电能源供给及连锁便利服务于一体的新型网点。日加氢能力达到 500kg，主要服务周边使用氢燃料的公交线路及物流运输车队。樟坑油氢合建站除了作为能源供应网点，还积极打造“车主生活新驿站”，向现代化综合服务商转变。站内引进了近 600 种商品，提供汽服、保险、粤通卡充值、违章代办、旅游定制等 22 项服务业务，满足车主更多元的服务需求。

燃料电池车辆推广模式也进行了诸多探索。以国能联盛新能源为例，其运营产品以氢能源燃料电池厢式物流车、冷链车和新能源公交车为主，同时也会适当推出环卫作业车、城际运输重卡等。为提高用户使用便利性，降低用户使用成本，国能联盛氢燃料电池物流车推出 3 种模式。一是合营托管模式，通过合营的模式，在约定的一个条款里面客户扣除直接成本以后，所达成的利润做简单的分成。二是纯粹的租赁模式。三是平台约车模式。此外，国能联盛还将通过建设氢能综合管理平台，打通用户、燃料电池汽车、加氢站，构建用车闭环，并实现安全管理。

氢燃料电池公交车运营模式创新方面，佛山采用 TC 模式，以政府购买服务的形式，着重提高公交服务质量，改善公交通行环境。以政府主导、市场参与的形式，引导推动加快以氢燃料电池公交车为重要特色的新能源汽车推广，并对氢燃料电池公交车推广应用给予政策倾斜。

（六）探索氢能多元化应用

除燃料电池汽车之外，佛山还积极探索氢能在其他方向和领域的应用。例如，氢能在同属交通领域的有轨电车上的应用，以及氢能在农业、医疗、养生等新利用的应用等，初步形成了氢能多元化应用生态。

佛山市高明区已建成全国首条氢能有轨电车示范线项目，规划线路全长约 17.4 公里，呈南北走向，起点位于高明客运站，终点位于富湾科教园，全线预设车站 20 座，是以城市旅游观光为主要功能的示范线路。线路计划于 2019 年下半年上线运营。

氢农业方面，佛山市安排专项资金，围绕富氢水灌溉与农作物抗逆性及农产品品质相关性研究、富氢水灌溉与农作物根际养分吸收及根际微环境相关性研究、农用氢水综合装备开发及配套安装运行技术研发、富氢水农业应用模式及相关生产规程研究与示范推广等 4 个方向开展研究与示范推广工作，以期为推进广东农业科技示范市建设，助力乡村产业振兴提供技术支撑。云浮市建立氢农业示范基地，占地约 1200 亩，试验氢水种植蔬菜、花卉、药材以及探索氢水养殖鸡、鸭、鱼等，并已取得一定的实验成效。

（七）产业组织模式创新

在氢能产业推进过程中，佛山注重通过产业组织模式创新。由民营资本与国有资本相结合，合资成立新企业，形成混合所有制的组织模式，以此充分发挥国有资本在地方经济的影响力和科学机制，以及民营资本的积极性和灵活性，实现优势互补。

2017 年和 2018 年，佛山（云浮）产业转移工业园先后与科技型民营企业上海舜华新能源系统有限公司、传统能源企业山西美锦能源股份有限公司等成立了云浮舜为氢能有限公司和云浮锦鸿氢源科技有限公司两家加氢站建设与运营管理平台公司。负责南海瑞晖加氢站建设及运营的佛山市瑞晖能源有限公司是佛山市南海燃气有限公司的全资子公司，由项目公司衍化而来。通过这种产业组织模式创新，佛山不仅快速弥补了加氢站企业的空白，还充分发挥了民营资本和国有资本的优势。

（八）有力的政府组织及政策支持

佛山氢能产业快速启动并在短期内形成优势，与佛山政府部门的重要作用密不可分，这主要表现为三个方面：首先，政府部门高度重视氢能产业发展。佛山市成立了专门的氢能工作领导小组，由市长担任领导小组组长，统筹推进整个产业工作。其次，政府部门分工明确，有机协调。佛山市目前已形成了较为完善的部门分工机制，佛山市发改局负责产业推进日常工作，作为领导小组办公室运作。工信局负责产业集群工作，大力招商优质的龙头企业。财政局负责财政补助资金的实际拨付和使用监管。住建局牵头开展加氢站的联合审批管理模式。交通运输局负责氢燃料电池公交车等交通运输的管理。应急管理局主要确保氢能的全环节安全。最后，佛山市已初步构建了较为完整的氢能产业政策体系，覆盖技术研发、推广应用、加氢站建设等产业链各环节（详见表 2）。

表 2　广东省氢能产业政策汇总

	政策名称	时间	规划	加氢站	示范应用	补贴	研发
省级	广东省新能源汽车产业发展规划(2013～2020)	2013.2	✓		✓		
	广东省人民政府办公厅关于加快新能源汽车推广应用的实施意见	2016.3	✓	✓	✓		✓
	关于广东省新能源汽车推广应用地方财政补贴工作的通知	2018.1		✓		✓	
	广东省政府关于加快新能源汽车产业创新发展的意见	2018.6			✓		✓
	关于我省新能源汽车用电价格有关问题的通知	2018.6		✓		✓	
	广东省发展改革委员会关于进一步明确我省优先发展产业的通知	2019.1	✓				
	关于印发广东省加快推进新能源汽车产业创新发展2019年工作要点的通知	2019.8	✓				
市级	佛山市人民政府办公室关于进一步做好城市配送运输与车辆通行管理工作的实施意见	2017.2				✓	
	佛山市农业局　佛山市财政局　佛山市公安局关于印发佛山市"菜篮子"工程配送车购置和标识喷印扶持实施方案的通知	2018.2			✓	✓	
	佛山市氢能源产业发展规划	2018.11	✓	✓	✓		✓
	佛山市新能源公交车推广应用和配套基础设施建设财政补贴资金管理办法(2018～2019)	2018.11				✓	
	佛山市加快新能源汽车产业发展及推广应用若干政策措施	2019.1				✓	✓

续表

	政策名称	时间	规划	加氢站	示范应用	补贴	研发
市级	佛山市车用加氢站管理暂行规定	2018.8		✓			
	2019年佛山市核心技术攻关项目申报指南	2019.4					✓
区级	南海区新能源汽车产业发展规划(2015~2025)	2015.5	✓	✓	✓	✓	✓
	佛山市南海区科技创新平台发展扶持办法	2017.4					✓
	佛山市南海区促进新能源汽车产业发展扶持办法	2017.7				✓	
	佛山市禅城区汽车产业发展战略规划	2018.2	✓				
	禅城区新能源公交车推广应用和公交充电设施建设财政补贴资金管理实施细则	2019.1					
	佛山市南海区促进加氢站建设运营及氢能源车辆运行扶持办法的通知	2019.2		✓	✓	✓	
区级	关于印发《佛山市南海区新能源公交车推广应用和配套基础设施建设财政补贴资金管理实施细则(2017~2020年)》的通知	2019.2		✓	✓	✓	
	佛山市高明区人民政府办公室关于调整佛山市高明区氢能产业发展工作议事协调机构的通知	2019.3	✓				
	佛山市高明区新能源公交车推广应用和配套基础设施建设财政补贴资金管理实施细则	2019.4			✓		
	佛山市南海区新能源汽车充电基础设施财政补贴资金管理实施细则(2016~2018年)	2019.4			✓	✓	

资料来源：根据调研资料整理。

四　佛山氢能产业的优势与不足

（一）佛山发展氢能产业的优势

1. 企业优势

佛山是全国民营经济最为发达的地区之一，民营企业数量达 51.25 万户，占全市企业总数的 82.94%，民营工业对全市工业增长贡献率为 81.6%。改革开放 40 年来，佛山涌现出了一大批民营骨干企业，其中不乏各细分行业的“单项冠军”。2018 年，佛山有超千亿元企业 2 家、超百亿元企业 18 家，7 家佛山民营企业入围“2017 中国民营企业 500 强”，2 家佛山民营企业跻身福布斯“世界企业 500 强”。随着越来越多民营企业进入，佛山氢能产业发展动力和市场活力将不断提升。

2. 区域优势

粤港澳大湾区总面积 5.6 万平方公里，2017 年末总人口约 7000 万人，是我国开放程度最高、经济活力最强的区域之一，在国家发展大局中具有重要战略地位。《粤港澳大湾区发展规划纲要》提出，以珠海、佛山为龙头建设珠江西岸先进装备制造产业带，支持佛山深入开展制造业转型升级综合改革试点。佛山市是粤港澳大湾区的重要节点城市，面临粤港澳大湾区发展带来的宝贵机遇。此外，佛山将建设珠三角枢纽（广州新）机场，未来将成为国际航空枢纽。这些都为佛山氢能产业提供了广阔的发展空间。

3. 产业优势

佛山坚持制造业立市、制造业兴市，是我国重要的制造产基地，也是国家确定的全国唯一的制造业转型升级综合改革试点城市。2018 年，佛山三次产业结构为 1.5∶56.5∶42，制造业主导地位明显。佛山工业体系较为健全，涵盖了几乎所有制造业行业，家电、家具、陶瓷、机械装备、金属加工等传统产业优势突出，光电、新材料、生物制药、机器人、新能源汽车等新兴产业蓬勃发展。当前，佛山正着力建设中国制造业一线城市，大力发展现代优势产业集群，力争通过若干年努力，把智能装备及机器人、智能家电、新能源汽车等产业打造成世界级的先进制造业集群。雄厚的制造业基础将在生产工艺、装备水平、制造能力及生产配套能力等方面为氢能产业发展提供有力支撑。

4. 市场优势

佛山市是珠江西岸的经贸和交通枢纽，交通领域节能减排形势较为严峻。在佛山各区和市交通运输局的支持推动下，佛山氢燃料电池公交车在2019 年将达到 1000 台的运营规模。同时，作为国内具有代表性的制造业基地，佛山交通、物流等行业也较为发达。随着燃料电池汽车产品成熟和成本降低，燃料电池汽车置换传统汽车的进程将加快，力度将不断加大，从而为佛山氢能产业发展提供市场空间。

5. 环境优势

佛山是我国制造业重镇，已形成有利于传统制造业发展的产业环境。同时，佛山正大力推动制造业转型升级，已逐步构建配套的财税支持、金融服务、技术创新、贸易投资、要素供给、市场监管政策体系，形成促进制造业提质增效可复制可推广的长效机制。

（二）佛山氢能产业发展存在的突出问题

1. 国家顶层设计制约

目前，我国在国家层面对氢能产业的顶层设计尚不明确。具体而言，氢能及燃料电池汽车缺乏明确的产业定位。国家主管部门的领导机制及分工尚不明确，产业支持政策、技术规范及管理办法不完善。氢气的能源属性尚无定位，目前仍以危化品进行管理。加氢站建设缺乏统筹部门及可操作的管理规范和流程，氢气存储、运输等技术标准不够完善。例如，我国尚无Ⅳ型瓶、液氢储运、加氢站现场制氢等相关标准，加氢站技术规范不够细化和明确，氢气运输压力被限制在 20MPa 压力以下。

由于以上原因，佛山虽然制定了支持加氢站审批和建设的相关管理规范，但缺乏国家层面的依据，不能取得根本性突破。另外，由于相关技术规范的缺失，佛山加氢站现场制氢、氢气运输等受到制约。

2. 氢源匮乏

佛山及周边区域制氢厂较少，缺乏数量持续稳定、价格经济的氢气供应。广东联悦氢能公司主体位于江门市，其供氢量勉强满足佛山和佛山（云浮）产业转移工业园燃料电池汽车用氢需求。随着燃料电池汽车示范运行规模的扩大，车用氢气需求量不断攀升，佛山氢源匮乏的问题逐渐显现。

氢源相对匮乏，以及氢气运输压力低导致的运输效率低等问题，又进一步导致佛山车用氢气价格较高。佛山一些区域的燃料电池汽车用氢价格高达70元/kg，个别加氢站价格甚至在80元/kg。由此引起高成本对燃料电池汽车推广应用造成了不利影响。

3. 优势企业不够突出

虽然佛山聚集了一批燃料电池及整车企业，但这些企业在国内的影响力和产业带动作用尚不够突出，一些整车企业尚处于样车开发、公告申请或小批量测试阶段，缺乏有影响的乘用车企业。与此同时，制氢、氢气储运、燃料电池关键部件、加氢站建设及运营、燃料电池汽车示范运行等企业多为新创企业，虽然发展较快，但对本地产业的引领带动尚未充分发挥。

4. 创新能力有待提升

产业的创新能力主要表现为领军人才及研发团队、研发机构及创新平台、自主技术开发及产品设计开发等方面。佛山引进了一批氢能领军人才及研发团队，研发机构及创新平台建设进展较快，也形成了燃料电池自主技术开发及产品设计开发能力，但与北京、上海等优势地区相比仍存在差距，需要进一步提升。

五　佛山氢能产业发展建议

未来几年，我国氢能产业发展进程将加快，这将主要表现为氢能及燃料电池产业化技术进一步开发，氢能及燃料电池汽车产业链持续完善，燃料电池及整车技术水平和经济性提升，燃料电池汽车实现规模化示范运行等。同时，随着一些后发地区和新兴企业的崛起，氢能产业发展的区域及企业竞争格局将逐步形成。

为保持氢能产业持续的先发优势和领先格局，佛山需要做好以下几个方面的工作：

1. 明确氢能产业发展的战略定位

结合国内外氢能产业发展进程及发展路径特点，以及我国主要城市和区域氢能产业发展态势，研判未来氢能产业发展趋势及发展路径。基于佛山制造业基础雄厚、民企企业发达、化工及材料企业聚集等自身优势，把握能源革命与科技革命及粤港澳大湾区发展带来的难得机遇，明确佛山氢能产业在全国的战略定位，研究氢能产业发展路径，提出新的发展目标及发展方向。

2. 加大氢能推广应用力度

落实氢燃料电池公交车示范运行目标，加快形成规模效应。引导氢燃料电池物流车推广应用，并形成通行的用车优势。基于佛山的交通枢纽地位，适时探索在跨领域、长线路的城际客运及长途干线物流中使用氢燃料电池大中客及中重卡的运营效果。

推进氢能多领域、多元化应用，加快落实氢燃料电池有轨电车示范，并总结示范经验。依托珠三角枢纽（广州新）机场作为大湾区枢纽机场的优势，推进各类机场用燃料电池专用车的示范运行。在环卫车、叉车、重工、船舶、通信、家用、氢农业等领域，逐步引导氢燃料电池产品的应用。

3. 突破低成本氢源供给

研究制定氢源解决方案，探索谷电电解水制氢、天然气制氢、光解水制氢等多种路径实现规模化、低成本制氢的可行性，加快推进制氢厂选址及开工。试点加氢站现场制氢－储氢－加氢一体化试点示范项目。研发氢气储运及加注技术，有效降低氢气使用成本。

4. 培育和引进优势企业

依托广东作为全国商用车销量大省的市场优势，以及氢能产业先发优势及产业配套环境优势，引进优质乘用车企业、主流商用车企业燃料电池汽车项目落地。以大型整车企业落地带动氢能及燃料电池企业集聚。培育和引进一批质子交换膜、催化剂、双极板、气体扩散层等关键材料的研发生产企业，以及制氢、储氢、加氢优势企业，强化和完善氢能产业链。优先支持现有燃料电池及整车企业打造国内优势企业。

5. 加快提升创新能力

持续引进氢能及燃料电池领军人才，加强核心技术研发团队建设及引进。加快氢能、燃料电池及汽车相关研发机构建设及引进，开展能源、材料等基础技术研发，强化氢能及燃料电池汽车应用技术研发。鼓励和引导氢能及燃料电池核心技术自主创新，做好氢能及燃料电池“卡脖子”技术、产品及装备攻关，加快燃料电池关键部件、电堆及系统等自主产品开发。

B.15
典型城市氢燃料电池汽车示范运行状况调查

戴东薇　任海波　赵文博　王建建*

摘　要： 氢燃料电池汽车示范运行是推进氢燃料电池汽车商业化和带动氢能及燃料电池汽车产业发展的重要途径。目前，我国开展氢燃料电池汽车示范运行城市数量已超过10座，氢燃料电池汽车总规模达到3500辆以上。本报告选取上海、成都、郑州、佛山等氢燃料电池汽车示范运行典型城市开展系统调研，在此基础上分析了这些城市氢燃料电池汽车示范运行政策环境、车辆示范运行及加氢站建设进展，总结了典型城市示范运行特征，归纳了它们开展示范运行面临的问题和瓶颈。

关键词： 氢燃料电池汽车　示范运行　加氢站

氢燃料电池汽车示范运行是开展整车产品测试及验证、推进氢燃料电池汽车商业化和带动氢能及燃料电池汽车产业发展的重要途径。自2003年起，我国开始推进氢燃料电池汽车示范运行，目前全国范围内开展氢燃料电池汽车示范运行城市数量已超过10座，氢燃料电池汽车总规模达在3500辆以上。为把握我国氢燃料电池汽车示范运行进展，总结示范运行的经验、分析

* 戴东薇，北京赛迪出版传媒有限公司副总经理；任海波，硕士，高级工程师，北京卡达克科技中心有限公司产业市场部；赵文博，工信部赛迪研究院《新能源汽车报》记者；王建建，硕士，高级工程师，北京卡达克科技中心有限公司产业市场部。

存在的问题，赛迪工业和信息化研究院联合中国汽车技术研究中心有限公司等机构选取上海、成都、郑州、佛山等氢燃料电池汽车示范运行典型城市开展系统调研。

其中，上海、佛山分别作为长三角区域和珠三角区域的典型城市，成都、郑州分别作为西部地区和中部地区的典型城市。调研内容主要包括典型城市示范运行政策环境、领导机构及组织机构、支持政策及管理规范状况、氢燃料电池汽车示范运行及加氢站建设进展、产业发展状况、示范运行经验及存在问题等方面。

一　典型城市氢燃料电池汽车示范运行政策环境

与纯电动汽车和传统燃油汽车相比，氢燃料电池汽车生产和使用成本较高，面临市场不确定性。因而，在氢燃料电池汽车示范运行初期，有利的政策环境尤其重要。从调研的情况来看，上海、成都、郑州、佛山等典型城市都基本具备了支撑氢燃料电池汽车示范运行的政策环境，主要包括三个层面：首先，通过出台氢能源产业规划或氢燃料电池汽车发展规划等产业导向性政策，明确本区域氢燃料电池汽车示范运行目标和主要任务；其次，成立氢能产业发展领导小组等组织机构，明确政府主管部门开展氢燃料电池汽车示范运行等工作任务和管理分工；最后，制定和出台相关支持政策，如氢燃料电池汽车技术研发及车辆购置支持政策，加氢站建设及运营支持政策等。

（一）产业导向性政策

总体来看，典型城市产业导向性政策存在明显差异。上海是国内最早出台地方氢燃料电池汽车产业规划的地区，成都和佛山都出台了系统的氢能产业规划。在河南省和郑州市的汽车产业导向性政策中，明确提出了氢燃料电池汽车示范运行目标。

表 1　典型城市氢能源产业规划情况

	推广应用	产业发展
上海	• 2020 年:加氢站 5 ~ 10 座,乘用车示范区 2 个,运行规模 3000 辆 • 2025 年:加氢站 50 座,乘用车 ≥2 万辆、其他特种车辆 ≥1 万辆,客车、物流车酌情扩大规模	• 2020 年:燃料电池汽车全产业链年产值突破 150 亿元 • 2025 年:燃料电池汽车全产业链年产值突破 1000 亿元 • 2030 年:燃料电池汽车全产业链年产值突破 3000 亿元
成都	• 到 2023 年,推广应用燃料电池汽车 ≥2000 辆 • 建设燃料电池有轨电车示范线 2 条 • 覆盖全域成都的加氢站 ≥30 座	• 到 2023 年,氢能产业收入超过 500 亿元 • 培育氢能相关企业 100 户,其中百亿企业 1 ~ 2 户、50 亿企业 2 ~ 3 户,初步建立健全氢能产业体系 • 建设全国知名的氢能产业高端装备制造基地
郑州	• 到 2020 年,建设加氢站 5 座	• 以宇通客车等企业为依托,推进长寿命低成本燃料电池电堆等关键技术和关键设备的研发,培育和构建完整的氢能及燃料电池汽车产业链
佛山	• 2020 年氢能源产品推广应用累计超过 5500 套,加氢站达到 28 座 • 到 2025 年累计超过 11000 套,加氢站达到 43 座 • 到 2030 年累计约 30000 套,加氢站达到 57 座	• 2020 年,氢能源相关产业累计产值达到 200 亿元 • 到 2025 年,氢能源及相关产业累计产值达到 500 亿元 • 到 2030 年,建成氢能源产业集群,实现氢能源及相关产业累计产值 1000 亿元

资料来源：根据公开资料整理。

1. 上海

上海是国内最早出台地方氢燃料电池汽车产业规划的地区，2017 年 9 月就出台了《上海市燃料电池汽车发展规划》，系统提出了产业发展的总体思路、发展目标、燃料电池汽车技术研发、产业培育、示范运行、加氢站建设等计划。其中，近期目标是打造国内领先的燃料电池汽车技术示范城市，形成优质产业链资源聚集效应，实现燃料电池汽车核心关键技术紧跟国际行业水平；中期目标是规划燃料电池汽车示范区域，形成区域内相对完善的加氢配套基础设施建设，在区域公共交通、公务用车、商用物流等领域探索批量投放，提升燃料电池汽车全产业链国际竞争优势；长期目标是成为具有国际影响力的燃料电池汽车应用城市，总体技术接近国际先进水平，部分技术达到国际领先地位，产业化全面成熟，面向私人用户实现进一步市场推广，带动氢能交通，辐射全国燃料电池汽车产业高速发展。

2. 成都

2019 年 1 月，四川省发改委印发《贯彻落实〈中共四川省委　四川省人民政府关于加快构建“5+1”现代产业体系推动工业高质量发展的意见〉的具体措施》的通知（川发改办产业〔2019〕3 号），明确出“协调推动出台加氢站建设投资管理办法，有序推动公共交通、物流专线等运营示范，推进氢燃料电池汽车产业发展”，这是四川省首次从政策层面明确表态支持氢燃料电池汽车产业发展。2019 年 5 月，四川省生态环境厅编制起草了《四川省打好柴油货车污染治理攻坚战实施方案（征求意见稿）》，提出“鼓励开展燃料电池货车示范运营，建设加氢示范站”。

2019 年 8 月，成都市印发《成都市氢能产业发展规划（2019～2023 年）》，提出将围绕构建应用推广体系、加快基础设施建设、强化产业发展支撑，力促形成更大区域市场，打造中国氢能产业高端装备制造基地、核心技术创新高地、示范应用标杆城市。

在产业发展方面，到 2023 年，成都市氢能产业力争实现主营业务收入超过 500 亿元。培育从事氢能相关业务企业 100 户，其中百亿元以上企业 1～2户、50 亿元以上企业 2～3 户，初步建立健全覆盖全市、辐射全省的氢能产业体系，提升产业核心竞争力及产业配套能力。

在技术创新方面，成都市将重点开展燃料电池电堆及动力系统、氢气储运与加注等关键技术协同攻关。到 2023 年，力争质子交换膜燃料电池电堆体积功率密度达到 3.5 千瓦/升，冷启动温度达到 -30℃以下；车载燃料电池系统寿命达到国内领先水平，成本大幅下降；车载高压储氢及加注压力达到 70 兆帕。

在推广应用方面，到 2023 年，成都市在客车、物流车、环卫车、出租车、公务车、共享汽车等领域推广应用燃料电池汽车 2000 辆以上；建设燃料电池有轨电车示范线 2 条，示范线路总长 30 公里以上；燃料电池在无人机、分布式能源、船舶、各类电源等领域开展示范应用；建设覆盖全域成都的加氢站 30 座以上，形成以成都平原为中心，辐射全省的氢能综合交通网络；“氢生活”理念融入大众生活，将成都塑造成为全国氢能产业示范应用标杆城市。

3. 郑州

2018 年 3 月，郑州市发布《郑州市汽车及零部件产业转型升级行动计划（2017～2020 年）》，明确提出以宇通客车等企业为依托，积极推进长寿命低成本燃料电池电堆、燃料电池发动机用空气系统、氢气系统和热管理系统等高效辅助系统部件、车载氢系统和加氢站关键设备的研发，突破燃料电池整车匹配与集成、系统集成与控制、快速加氢等关键技术，培育构建完整的“制氢－储/运氢－加氢”氢能及“材料－零部件－整车”燃料电池汽车产业链。并且，郑州市将“燃料电池公交示范运营项目”作为汽车及零部件产业转型升级重点项目之一。

2019 年 5 月，河南省发布的《关于印发河南省加快新能源汽车推广应用若干政策的通知》提出，扩大氢燃料电池汽车市场应用范围，鼓励省内相关生产企业加大氢燃料电池汽车推广力度，积极参与国家和河南省氢燃料电池汽车示范运营项目建设。

4. 佛山

2018 年 11 月，佛山正式发布《佛山市氢能源产业发展规划（2018～2030 年）》（以下简称《发展规划》），明确了佛山市氢能产业发展目标、主要任务和发展路径。

在发展目标方面，《发展规划》提出将氢能源产业发展成为佛山新兴产业的重要支柱。力争到 2020 年，佛山完成氢能源产业及核心产品的培育，到 2025 年打造成国内知名的氢能产业典范城市，到 2030 年将佛山建设成国际知名的氢能生态城市。

在产业规模方面，2020 年、2025 年和 2030 年佛山氢能源相关产业累计产值将分别达到 200 亿元、500 亿元和 1000 亿元。

在企业培育方面，2020 年、2025 和 2030 年，分别培育氢能及燃料电池企业超过 60 家、100 家和 150 家，龙头企业达到 3 家、6 家和 8 家，投资规模分别达到 150 亿元、300 亿元和 500 亿元，形成具有国际竞争力的氢能源产业集群。

在示范推广方面，2020 年、2025 和 2030 年，氢能源产品推广应用累计超过 5500 套、11000 套和 30000 套，加氢站分别达到 28 座、43 座和 57 座。

《发展规划》还明确了佛山市氢能产业发展的4个阶段：第一阶段示范应用阶段（2018～2020年）为产业和市场培育期；第二阶段市场化初级阶段（2021～2025年）为属于产业由培育期向成长期过度；第三阶段市场扩张阶段（2026～2030年）为产业的快速成长期；第四阶段氢经济社会（2030年后）为产业成熟期，氢能源产业链条完备，制氢、储氢、输氢、加氢及配套设施网络已建成，商用车、乘用车、专用车辆及家庭用氢市场形成。

（二）示范运行组织机构

上海、成都、郑州、佛山均为国家新能源汽车推广示范城市，在车辆示范运行组织机构方面具有较好基础。为做好氢燃料电池汽车示范运行组织工作，这些城市分别健全和完善了相应组织机构。

1. 上海

在新能源汽车推广应用方面，上海已经形成了较为完善的组织机制。具体内容包括，上海市发展改革委、市经济信息化委、市商务委、市科委、市交通委、市财政局、市公安局等部门在各自职责范围内对新能源汽车购置、财政补助资金发放、实际销售价格制定、新能源汽车专用牌照额度和专用营运额度发放、厂商责任落实等的跟踪检查和监督管理。其中，上海市发展改革委负责《上海市鼓励购买和使用新能源汽车实施办法》施行的总体协调；上海市经济信息化委负责本市新能源汽车推广应用总体推进和协调；上海市财政局负责本市财政补助资金的实际拨付和使用监管；上海市交通委负责制订新能源汽车专用牌照额度、专用营运额度审核办理程序，发放相关额度并进行监督；上海市公安局负责办理新能源汽车相关登记，向受理财政补助资金申请的相关部门提供新能源汽车在本市注册登记相关信息；上海市商务委负责指导和监督新能源汽车二手车市场规范运营。

为做好燃料电池汽车推广应用工作，上海市进一步完善了组织机制，由上海市科委负责落实本市燃料电池汽车发展相关规划，会同相关部门制订燃料电池汽车推广应用财政补助方案。上海市住建委参照对天然气、LNG和加气站的管理，对氢气进行相关规范管理。

2. 成都

为推进氢能产业发展，成都市成立了氢能暨新能源汽车产业推进工作领导小组，责统筹领导、协调推进全市氢能产业发展工作。领导小组由市长任市氢能暨新能源汽车产业推进工作领导小组组长，小组成员涉及成都市经信委、市财政局、市科技局、市发改委、市公安局交管局、市建委、市国土局等部门。

为联合成都市产业链上下游相关企业、科研院所、投融资主体，整合成都市乃至四川省在氢能产业发展方面的独特优势，成都市 2019 年 4 月成立氢能及燃料电池产业发展促进会成立，由中国东方电气集团有限公司、国电大渡河流域水电开发有限公司、四川省天然气投资有限责任公司、成都客车股份有限公司、成都华气厚普机电设备股份有限公司、电子科技大学、清华四川能源互联网研究院等七家单位共同发起，吸引了成都氢能产业链上下游近 40 家会员单位，旨在发挥各自特长，共同培育氢能新业态。

3. 郑州

为加快“新能源汽车示范运行工程”的启动以及加强对示范运行工作的组织协调，郑州市早在 2008 年 12 月就成立了“新能源汽车示范运行工程领导小组”，领导小组组长和副组长分别由市长、副市长担任。自 2009 年以来，郑州市以市工业和信息化局为主负责新能源汽车示范运行具体组织推进等日常工作，与市财政、发改、科技等部门按照任务分工进行协作。氢燃料汽车示范运行由郑州市产业发展工作领导小组牵头，市工信局、发改委、科技局、财政局分别负责具体事务，工作推进速度较快。

4. 佛山

佛山不仅氢燃料电池汽车示范运行主管部门明确，整个氢能产业组织机构也较为健全。佛山市成立了专门的氢能源产业发展领导小组，由市长担任领导小组组长，相关副市长担任副组长，统筹推进整个产业工作。佛山氢能产业已形成了较为完善的部门分工机制，具体包括：佛山市发改局负责产业推进日常工作，作为领导小组办公室运作；佛山市工信局负责产业集群工作，大力招商优质的龙头企业；市财政局负责氢燃料电池汽车示范运行财政补助资金的实际拨付和使用监管；市住建局牵头开展加氢站的联合审批管理模式；市交通运输局负责氢燃料电池公交车等示范运行用车的采购及运营管理；市应急管理局主要确保氢能的全环节安全。

（三）氢能及燃料汽车主要政策

从补贴政策角度来看，上海市对满足标准的车辆补贴比例相对更高，郑州市和成都市补贴比例相对较低；郑州市补贴方案具有一定系统性，不仅给车辆予以支持，对加氢站建设实行分阶段补贴；成都市支持力度不仅表现在补贴上，而且在不限行、免费停车等实际应用中给予了更多支持。

1. 上海

上海市已形成了较为完善的氢燃料电池汽车支持政策体系。

补贴政策方面，根据上海市 2018 年 2 月发布的《上海市燃料电池汽车发展规划》，符合本市燃料电池汽车示范运行有关技术标准，并在本市确定的燃料电池汽车商业运营示范区内运行的燃料电池汽车，按照不超过中央财政补助 1∶1 的比例给予本市财政补助。

技术研发方面，上海市提出了突破燃料电池电堆关键技术、优化燃料电池发动机集成与控制技术、加大辅助系统关键零部件技术研发力度，以及开展燃料电池电堆、关键零部件、发动机系统集成等方面的测试技术和指标体系研究等目标。

示范运行方面，设置燃料电池汽车商业运营示范区，开展公共交通、定制共享班车、分时租赁等运营示范，牵引上海燃料电池汽车产业快速发展。

此外，上海市还制定了涵盖新能源汽车销售、财政补贴申请以及实施必要的远程实时数据动态监控等新能源汽车数据采集方面的管理规范。

2. 成都

成都市对氢能及燃料电池汽车的政策支持主要集中在氢燃料电池技术研发和车辆推广应用方面。

技术研发方面，根据四川省《氢能源与智能汽车重大科技专项实施方案》，到 2022 年突破氢燃料发动机、质子交换膜等关键核心共性技术 15 项以上，研发高性能氢料电池客车等标志性产品，重点开展氢能源汽车燃料电池、高效安全整车设计、高效氢气压缩机、超低一氧化碳含量氢气制备关键核心技术研发；加大经费支持力度，拟投入财政经费1亿元，引导带动企业加大研发投入。

车辆购置补贴方面，成都市在中央财政补贴的基础上，对新注册登记的新能源汽车新车按中央补贴额的50%给予市级配套补贴。在优化新能源汽车使用环境方面，成都市支持新能源汽车在市内出行不受尾号限行限制，并且可以在政府财政全额投资建设的公共停车场（点）首2小时免停车费，政府财政全额投资建设的驻车换乘（P+R）停车场每天7：00～19：00停车费用减半。成都对采用富余的水电电解水制氢的，给予一定优惠政策，目标将制氢用电成本下降到0.3元/kWh。

3. 郑州

郑州市的氢能及燃料电池汽车政策主要集中在财政补贴支持方面。根据《河南省加快新能源汽车推广应用若干政策》，2019年河南省给予燃料电池客车地方补贴为国家补贴的50%，2020年地方补贴将降为国家补贴的30%。另外，郑州对纳入燃料电池汽车产品纳入工信部公告的整车企业，按销售收入的5%给予研发补贴。

加氢站建设方面，河南省对燃料电池汽车加氢站按照主要设备投资总额的30%给予奖励，将燃料电池加氢站建设用地纳入公用设施营业网点用地范围；郑州在加氢站建设第一年补贴50%，第二年补贴30%。

4. 佛山

佛山市已初步构建了较为完整的氢能产业政策体系，覆盖技术研发、推广应用、加氢站建设等产业链各环节（详见表2）。佛山不仅是产业支持政策体系较为完善的城市，其支持政策力度也较大。从表2可以看出，除了佛山市层面的氢能及燃料电池汽车支持政策，南海、高明等区级层面也出台了相应的政策措施。不同于其它城市和地区，佛山不仅给予氢燃料电池汽车购车补贴，还对车辆运营、加氢站建设，以及氢气价格进行补贴。根据《佛山市2018～2019年加快氢能公交车和纯电动公交车推广应用工作方案》，符合条件的氢燃料电池汽车将能够获得购车补贴，在示范运行过程中将获得运营补贴，以降低车辆购买和使用成本。同时，佛山市对符合条件的加氢站给予补贴。2018 年 4 月发布的《佛山市南海区促进加氢站建设运营及氢能源车辆运行扶持办法（暂行）》，加氢站建设在享受市级补贴的同时，南海区给予相应补贴。给予加氢站运营企业加氢补贴，2018 ~ 2019 年度补贴后价格可降至 40 元/kg 以下的氢气，给予 20 元/kg 的补贴。2020 ~ 2021 年度补贴后价格可降至 35 元/kg 以下的氢气，给予 14 元/kg 的补贴。

表 2　佛山氢能产业政策汇总

	政策名称	时间	规划	加氢站	示范应用	补贴	研发
省级	广东省新能源汽车产业发展规划（2013 ~ 2020）	2013. 2	✓		✓		
	广东省人民政府办公厅关于加快新能源汽车推广应用的实施意见	2016. 3	✓	✓	✓		✓
	关于广东省新能源汽车推广应用地方财政补贴工作的通知	2018. 1		✓		✓	
	广东省政府关于加快新能源汽车产业创新发展的意见	2018. 6			✓		✓
	关于我省新能源汽车用电价格有关问题的通知	2018. 6		✓		✓	
	广东省发展改革委关于进一步明确我省优先发展产业的通知	2019. 1	✓				
	关于印发广东省加快推进新能源汽车产业创新发展 2019 年工作要点的通知	2019. 8	✓				
市级	佛山市人民政府办公室关于进一步做好城市配送运输与车辆通行管理工作的实施意见	2017. 2				✓	
	佛山市农业局 佛山市财政局 佛山市公安局关于印发佛山市“菜篮子”工程配送车购置和标识喷印扶持实施方案的通知	2018. 2			✓	✓	
	佛山市人民政府办公室关于修订佛山市科技创新团队资助办法的通知	2018. 9				✓	✓
	佛山市氢能源产业发展规划	2018. 11	✓	✓	✓		✓
	佛山市新能源公交车推广应用和配套基础设施建设财政补贴资金管理办法（2018 ~ 2019）	2018. 11				✓	
	佛山市加快新能源汽车产业发展及推广应用若干政策措施	2019. 1				✓	✓
	佛山市车用加氢站管理暂行规定	2018. 8		✓			
	2019 年佛山市核心技术攻关项目申报指南	2019. 4					✓

续表

	政策名称	时间	规划	加氢站	示范应用	补贴	研发
区级	南海区新能源汽车产业发展规划（2015~2025）	2015.5	✓	✓	✓	✓	✓
	佛山市南海区科技创新平台发展扶持办法	2017.4					✓
	佛山市南海区促进新能源汽车产业发展扶持办法	2017.7				✓	
	佛山市禅城区汽车产业发展战略规划	2018.2	✓				
	禅城区新能源公交车推广应用和公交充电设施建设财政补贴资金管理实施细则	2019.1					
	佛山市南海区促进加氢站建设运营及氢能源车辆运行扶持办法的通知	2019.2		✓	✓	✓	
	关于印发《佛山市南海区新能源公交车推广应用和配套基础设施建设财政补贴资金管理实施细则(2017~2020年)》的通知	2019.2		✓	✓	✓	
	佛山市高明区人民政府办公室关于调整佛山市高明区氢能产业发展工作议事协调机构的通知	2019.3	✓				
	佛山市高明区新能源公交车推广应用和配套基础设施建设财政补贴资金管理实施细则	2019.4			✓		
	佛山市南海区新能源汽车充电基础设施财政补贴资金管理实施细则（2016~2018年）	2019.4			✓	✓	

资料来源：作者整理。

二　氢燃料电池汽车示范运行状况

自2018年以来，典型城市氢燃料电池汽车示范运行都取得显著进展，不仅积极推进氢燃料电池汽车示范运行和加氢站建设，下一步工作和示范目标也更加明确。上海、佛山等氢燃料电池汽车发展先行城市车辆示范运行力度不断加大，成都、郑州等城市氢燃料电池汽车示范运行也开始进入实质性阶段。

（一）车辆总体情况

1. 上海

上海是我国最早开展氢燃料电池汽车示范运行的城市之一。早在2007年6月，GEF/UNDP“促进中国燃料电池汽车商业化发展”二期项目就在上海启动，通过国际招标的方式，采购了6辆上汽集团提供的燃料电池城市客车在2010年上海世博园区内提供“零排放”交通服务。到二期项目结束，6辆燃料电池城市客车累计安全运行20多万公里，减排二氧化碳216吨。2010年，上汽集团为上海世博会共提供了1125辆新能源汽车，其中包括174辆氢燃料电池汽车。

继UNDP二期示范项目之后，上海又承担了GEF/UNDP“促进中国燃料电池汽车商业化发展”三期项目，项目于2016年8月正式启动。上海作为主要示范城市之一，依托电动汽车国际示范区建设氢燃料电池汽车宣传推广平台，开展燃料电池公交车、氢燃料电池乘用车以及氢燃料电池通勤车多类型的86辆氢燃料电池汽车示范运行。其中使用GEF/UNDP资金采购6辆上汽申沃燃料电池城市公交车，2018年9月部署到上海嘉定114路公交线，平均每天行驶140km，截至目前运行良好。

2018年，氢车熟路汽车运营（上海）有限公司在上海地区完成了500辆东风牌氢燃料电池物流车示范推广运营，主要用于快递物流作业。另外，347辆上汽大通FCV80燃料电池轻客和50辆上汽荣威950轿车分别投入示范运行，运行区域主要集中在嘉定区。截至2019年7月，上海氢燃料电池汽车示范运行总数达到905辆，总运行里程超过730万公里。

2. 成都

成都是我国西部地区开展氢燃料电池汽车示范运行的代表性城市。自2018年4月起，氢燃料电池公交车开始在郫都区P09公交线陆续投用。到2018年6月，已有10辆氢燃料电池公交车在P09公交线投入运行，公交线全程52公里，每辆车每天运行200余公里。这批氢燃料电池公交车由蜀都客车与东方电气联合开发，6个储氢罐安放在车顶，最大储氢重量21kg。

2019 年 8 月，由蜀都客车与东方电气联合开发的 15 辆氢燃料电池公交车在郫都区上牌，即将投入运行。

2019 年 7 月，成都经开区（龙泉驿区）20 辆氢燃料电池公交车正式交付，拟开通运营该区首条氢燃料电池公交车示范线,。这些公交车产品由中植一客成都汽车有限公司生产，搭载了亿华通最新一代氢燃料电池发动机，配置了 6 只氢气瓶，并安装了氢气智能管理系统。

截至 2019 年 8 月，成都市已开通 1 条氢燃料电池公交线路，拟开通 1 条氢燃料电池公交线路，有 10 辆氢燃料电池公交车投入运行。另有 35 辆氢燃料电池公交车完成上牌，即将投入运行。

3. 郑州

郑州是 GEF/UNDP“促进中国燃料电池汽车商业化发展”项目示范城市，也是我国中部地区开展氢燃料电池汽车示范运行的典型城市。2018 年 10 月，GEF/UNDP“促进中国燃料电池汽车商业化发展”郑州项目启动，首条氢燃料电池公交线开通，3 辆 12m 氢燃料电池公交车投入运行。

在原有氢燃料电池公交线的基础上，2018 年 12 月郑州市又投入 20 辆氢燃料电池公交车开展示范运行。这些氢燃料电池公交车全部由宇通客车研发和制造，截至 2019 年 5 月底，郑州市已运行燃料电池公交车 23 辆，累计运行里程超过 67 万公里，单车运行 1. 6 万 ~2 万公里。

4. 佛山

佛山是我国最早开展氢燃料电池汽车商业化示范运行的代表性城市，也是 GEF/UNDP“促进中国燃料电池汽车商业化发展”项目示范城市。2016 年 9 月，佛山市在三水区开通了国内首条氢燃料电池公交线路、投入 12 台氢能源公交车开展试运行。2017 年 8 月，云浮市佛云新能源交通发展有限公司开通连接佛山西站的两条氢燃料电池公交线路，分别投入 4 辆和 2 辆氢燃料电池公交车载客运营。

截至 2019 年 8 月，佛山已开通 13 条氢燃料电池公交线路，共计投入氢燃料电池城市公交车 317 辆，是迄今为止全球运营氢能源城市公交车车队规模最大的城市。此外，佛山全市还推广运营有 448 辆氢能源城市物流车，3 辆氢燃料电池通勤车，氢燃料电池汽车示范运行总数达到763辆，成为联合国“促进中国燃料电池汽车商业化发展项目”示范城市中项目推进最快的城市。

（二）加氢站建设及运营情况

1. 上海

上海拥有以上海舜华新能源有限公司、上海氢枫能源技术有限公司、上海驿蓝能源科技有限公司等一批企业为代表的基础设施建设主力军及上海浦江特种气体有限公司等气体企业。截至2019年8月，上海已建成安亭、江桥、电驱动、化工区4座加氢站。

安亭加氢站是上海第一个固定加氢站，由舜华新能源和同济大学等单位共同建设，加注压力35MPa，储存压力43MPa，可连续为20辆燃料电池轿车和6辆燃料电池大巴加注氢气。江桥加氢站由嘉氢（上海）实业有限公司的全资子公司嘉氢一（上海）能源科技有限公司投资建设，2018年2月建成投用，主要为氢车熟路汽车运营（上海）有限公司旗下500辆燃料电池物流车以及上海其他车辆运营公司的燃料电池汽车提供配套加氢服务。江桥加氢站日加注能力500kg/天（12小时），储氢量850kg。

上海化工区加氢站是上海驿蓝成立后的第一个自主投资建设的加氢站，该站占地面积约8000平方米，属于大型加氢母站，具备燃料电池汽车加氢、氢气长管拖车充装和电动汽车充电三个功能。加氢站设2台35MPa加氢机和1台70MPa加氢机，包含90MPa氢气离子压缩机在内共三台压缩机，25MPa、45MPa和90MPa储氢装置，最大储氢量可达850kg。充装站设有2台22MPa氢气压缩机，2个氢气长管拖车充装柱，3个氢气长管拖车充装位，充装站主要服务于20MPa氢气长管拖车，日供氢能力约为1800kg。上海电驱动加氢站由上海氢枫能源建设，设计加氢规模为500kg/天，设计氢气储量为998kg，拥有一台加氢能力为35MPa的加氢机，日加注150辆氢燃料电池汽车。

2. 成都

目前，成都已在郫都区建成1座临时加氢站，也是西南地区第一座加氢站，已安全运行1年以上。加氢站由四川省天然气投资有限责任公司（简称川能投天然气公司）建造并运营，压缩机采用四川金星自主研发设备，加注能力500kg/天，加注压力35MPa，临时站采用直充方式无储氢罐，每车加氢时间20分钟，加氢价格65元/kg。

3. 郑州

2015年，宇通客车建成中原地区首座加氢站，加氢能力200kg，投资800万元，得到了国家加氢站建设奖励。2018年，宇通客车投资1600万元对加氢站进行扩建。华润燃气、正星科技和郑州公交是加氢站建设的主要参与者。目前，加氢站拥有两台35MPa加氢机，加氢能力1210kg，可以满足60辆12m氢燃料电池公交加氢需求，已累计加氢超过70000kg。氢气采用郑州附近的工业副产氢，价格40元/kg，没有服务费，由公交公司和气体公司直接结算。

4. 佛山

截至2019年8月，佛山已建成加氢站5座——禅城区国联氢能塑沙路加氢站、佛汽集团佛罗路公交场站加氢站、南海区瑞晖加氢站、三水河口撬装加氢站和佛山樟坑油氢合建站。其中，前4座加氢站已投入运营。

佛罗路加氢站为佛山市汽车运输集团有限公司内部配套加氢站，服务集团70辆氢燃料电池公交，后续公交运营辆将达到100～120辆，加氢站日加氢能力将提升至1000～1200kg。2017年9月，瑞辉加氢站在佛山市南海区正式投产运营，目前可以在运营环节实现盈亏平衡。2017年12月，佛山市与中石化、中石油签署了加氢加油合建站项目计划，依托已有的加油站网点，增设加氢功能。

2019年7月，国内首座油氢合建站——中国石化佛山樟坑油氢合建站正式建成，首次采取“利用现有加油站改造为油氢合建站”模式开发加氢站，还配备建设了充电设施，使该站成为全国首座集油、氢、电“三位一体”能源供给及连锁便利服务新型网点。樟坑油氢合建站日加氢能力达到500kg，主要服务周边使用氢燃料的公交线路及物流运输车队。

三　典型城市氢燃料电池汽车示范运行展望

根据调研和分析的结果，典型城市拥有不同优势，已在氢燃料电池汽车示范运行方面取得突破性进展，主要有以下几个方面的共同特征：

第一，政府大力支持和推动。上海、成都、郑州、佛山政府部门均对氢燃料电池汽车示范运行及产业发展大力支持。上海政府部门自 2001 年起就开始研发氢燃料电池汽车，在氢燃料电池相关技术研发及产业链构建方面一直给予支持引导，并开展了多轮氢燃料电池汽车示范。佛山已将氢能产业作为未来发展的两大主导产业之一，给予高度重视和大力支持。不仅形成了支持力度较大、较为系统的支持政策体系，还积极开展加氢站审批管理等政策创新。成都市在一年内曾多次召开市领导主持的氢能产业发展工作会议，部署和安排氢燃料电池汽车示范运行、加氢站建设等重点工作。郑州市也不例外，去年以来通过市政府常务会议等形式安排部署氢燃料电池公交示范线路及示范运行工作，正在研究制定氢能产业发展规划。

第二，龙头企业参与或主导。在典型城市氢燃料电池汽车示范运行过程中，整车企业、燃料电池企业、加氢站企业等一些具有较大影响、实力雄厚的龙头企业积极参与或主导，为示范运行的持续顺利推进提供了保障。具体来看，上汽集团、东方电气、宇通客车、飞驰客车及国鸿氢能等龙头企业均在四家典型城市氢燃料电池汽车示范运行中发挥了决定性作用。

第三，示范运行车辆开始形成规模。如前所述，上海、佛山氢燃料电池汽车示范运行规模均已超过 500 辆。根据计划，上海市氢燃料电池汽车示范运行规模将在 2020 年达到 3000 辆，佛山市氢燃料电池汽车示范运行规模将在 2019 年突破 1000 辆。成都市已投入示范运行的氢燃料电池汽车为 10 辆，另有 35 辆氢燃料电池汽车已完成挂牌，计划今年有 90 ~ 100 辆氢燃料电池汽车投入示范运行。郑州市已投入示范运行的氢燃料电池汽车为 23 辆，计划 2019 年有 200 辆氢燃料电池汽车投入示范运行。

第四，加氢站建设加快推进。上海市已建成加氢站 4 座，计划到 2020

年建设加氢站5~10座，仅上海驿蓝一家企业就计划建设5~8座加氢站。佛山市已建成加氢站5座，正在建设的加氢站超过10座，2020年将完成28座加氢站建设。成都、郑州目前虽然各有1座加氢站投入运营，但新的加氢站建设在加快推进。其中，成都计划今年建成2座加氢站，至少包含1座固定式加氢站。根据计划，郑州将在今年年底前新建4座加氢站。

第五，示范运行已经在产业培育方面发挥显著作用。通过积极开展氢燃料电池汽车示范运行，典型城市氢能及燃料电池汽车产业培育进程加快，示范运行对产业聚集和产业链构建的带动作为较为明显。例如，上海已形成涵盖制氢、氢气储运、加氢及燃料电池材料、电堆、系统、整车等基本完善的产业链，其中不乏上汽集团、捷氢科技、重塑科技及林德气体、法液空等国内外知名企业。佛山更为典型，通过大力推进氢燃料电池汽车示范运行，不仅快速构建起基本完善的氢能及燃料电池汽车产业链，还聚集了技术、人才、机构等产业资源。成都也较为典型，在氢燃料电池汽车示范运行的带动下，不仅本地原有天然气相关企业和蜀都客车、中植新能源汽车有限公司等本地企业开始研发氢能燃料电池相关产品，亿华通等国内知名企业也开始布局成都。氢燃料电池汽车示范运行也对郑州市氢能及燃料电池汽车产业发展产生了显著影响，上汽集团有望在郑州开发和示范氢燃料电池汽车。

然而，典型城市在推进氢燃料电池汽车示范运行过程中也面临一些突出问题和瓶颈约束，其中的主要问题和共性约束主要体现在以下三个方面。

1. 国家层面尚无氢燃料电池汽车规模化示范运行方案

虽然我国自2003年开始在GEF/UNDP支持下，财政部、科技部联合北京市、上海市共同实施“促进中国燃料电池汽车商业化发展”项目，从国家层面启动了氢燃料电池汽车示范运行，但示范运行规模一直较小。即使2016年8月启动的“促进中国燃料电池汽车商业化发展”三期项目，示范运行规模也只有100多辆。当前，我国氢燃料电池汽车示范运行规模已突破3500辆，2019年年底有望突破5000辆。其中，上海、佛山等典型城市氢燃料电池汽车示范运行规模有望达到1000辆。为此，我国亟需研究和出台氢燃料电池汽车规模化示范运行方案，明确相关示范运行区域、示范运行目标、支持政策和管理规范等配套措施。

2. 加氢站建设上位法亟待明确

当前，氢气在我国尚属危化品，其作为车用能源的属性尚未明确。因而，加氢站布局和建设受到极大制约。对典型城市的调研表明，除佛山出台了加氢站审批暂行规定之外，其他城市加氢站建设均需按照“一事一议”的方式办理审批手续，或者采用政府特批的方式推进加氢站建设。同时，加氢站建设及运营企业还需到安监部门办理危化品证和气体充装证。由于受到政策约束，典型城市“有车无氢”的问题较为突出。虽然氢燃料电池汽车已经交付，但由于缺乏加氢站，只能等待加氢站建设或部分氢燃料电池汽车投入运行。可见，我国亟需从国家层面明确氢气的能源属性，研究和制定支持加氢站建设的上位法。

3. 氢气供应能力需加强

不同于工业用氢，氢燃料电池汽车用氢需满足相关纯度和杂质含量等要求。并且，作为一种车用能源，车用氢气还需满足大规模、低成本持续供应等需求。根据对典型城市调研的结果，车用氢能供应不足、价格偏高等问题突出。例如，成都市目前能够达到氢燃料电池汽车用氢需求的企业数量偏少，氢气价格偏高。佛山市氢燃料电池汽车用氢主要从江门、广州等地外购，购入价格较高，可达 55 元/kg。郑州市及附近区域虽然有一批工业副产氢企业，但专门为氢燃料电池汽车提供氢气的企业较少。为保障氢燃料电池汽车示范运行，我国车用氢气供应能力亟待加强。

基础设施篇

Infrastructure Reports

B.16
中国加氢技术及产业化进展

潘相敏　刘京京　梁　阳*

摘　要： 我国加氢站数量在近两年显著增长，本报告综述了国内加氢站总体进展情况，加氢站用加压加注装备状况，和国内主要加氢设备企业简况。

关键词： 加氢站　加氢机　压缩机

一　加氢技术进展及装备状况

2019年3月，“推动充电、加氢等设施建设”首次写入政府工作报告，

* 潘相敏，上海机动车检测认证技术研究中心有限公司氢能与燃料电池检测研究实验室总工程师，上海氢能利用工程技术研究中心副主任；刘京京，上海舜华新能源系统有限公司技术总监；梁阳，同济大学新能源汽车工程中心博士生。

引发了投资加氢站产业的一轮热潮。随着国家政策对氢能与氢燃料电池汽车的持续支持及各地区加氢站建设补贴标准及政策的出台，我国在建和规划中的加氢站数量急剧增长。

（一）加氢站总体进展

据笔者不完全统计，截至2019年7月20日，中国大陆共建成（包括运营、调试中）39座加氢站（不包括已拆除的北京绿能竞立加氢站、上海世博加氢站、深圳大运会加氢站和广州亚运会加氢站）。建成加氢站的统计信息如表1所示。

表1　中国大陆加氢站建成情况

序号	所在地	加氢站名称	建成时间	现状	加注压力（MPa）	供给能力（kg/d）
1	北京	永丰加氢站	2006	运营	35	200
2	张家口	张家口加氢站	2018	运营	35	1500
3	大连	同新加氢站	2016	运营	35/70	400
4	抚顺	沐海氢能兴京一号站	2018	运营	35	500
5	上海	安亭加氢站	2007	运营	35	400
6	上海	江桥（靖远路）加氢站	2018	运营	35	750
7	上海	电驱动加氢站	2018	建成	35	N/A
8	上海	上汽加氢站	2017	建成	35/70	N/A
9	上海	神力加氢站	2018	运营	35	N/A
10	上海	驿蓝舜工加氢站	2019	建成	35/70	1920
11	如皋	百应加氢站	2018	运营	35	80
12	如皋	神华如皋加氢站	2019	调试	35/70	2000
13	常熟	丰田 TMEC 加氢站	2017	运营	70	N/A
14	张家港	东华能源加氢站	2018	运营	35	500
15	盐城	大马沟公园加氢站	2019	调试	35	1000
16	六安	明天氢能加氢站	2019	建成	35	400
17	聊城	中通客车加氢站	2018	建成	35	200
18	潍坊	潍柴加氢站	2019	建成	35/70	1000
19	德州	鲍庄村撬装站	2019	运营	35	500
20	邹城	兖矿新能源研发示范基地撬装站	2019	运营	35	500

续表

序号	所在地	加氢站名称	建成时间	现状	加注压力（MPa）	供给能力（kg/d）
21	章丘	重汽豪沃加氢站	2019	建成	35	500
22	郑州	宇通加氢站	2015	运营	35	1000
23	十堰	东风特汽加氢站	2018	建成	35	500
24	襄阳	襄阳检测中心撬装站	2018	建成	35	80
25	武汉	雄众加氢站	2018	运营	35	1000
26	武汉	中极加氢站	2018	运营	35	300
27	云浮	思劳加氢站	2016	运营	35	400
28	云浮	罗定1#加氢站	2018	建成	35	500
29	佛山	三水撬装式加氢站	2016	运营	35	100
30	佛山	瑞晖(丹灶)加氢站	2017	运营	35	350
31	佛山	国能联盛塱沙加氢站	2019	调试	35	500
32	佛山	国能联盛更合镇加氢站	2019	调试	35	500
33	佛山	佛罗路加氢站	2018	运营	35	500
34	佛山	中国石化佛山樟坑油氢合建站	2019	调试	35	500
35	广州	新南加氢站	2019	调试	35	1000
36	广州	东晖加氢站	2019	运营	35	500
37	大同	氢雄加氢站	2019	运营	35	500
38	成都	郫都区加氢站	2018	运营	35	400
39	乌海	乌海化工加氢站	2019	运营	35	300

从表1可见，2018~2019年，我国加氢站数量快速增长，整体上加氢压力仍以35MPa为主，70MPa加氢站也逐渐增多。与此同时，加氢站加注能力规模不断提升，日供氢1000Kg以上规模的加氢站开始涌现。这其中，2019年建成的两个标志性加氢站分别是上海驿蓝金山加氢站和山东潍柴加氢站。

2019年6月5日，上海驿蓝能源科技有限公司（以下简称“驿蓝能源”）联合上海化工区和上汽集团在化工区加氢站举行了燃料电池汽车全场景应用暨加氢站落成仪式。驿蓝金山加氢站（见图1）位于上海化工区，由驿蓝能源投资建设并运营，是上海化学工业区和上汽集团2018年1月签订燃料电池汽车合作协议的重要落地成果之一，是落实上海燃料电池汽车发展规划的重要氢基础设施项目，是环上海加氢站走廊及长三角氢走廊的重要节点。

图 1　驿蓝金山加氢站

该站日氢气供应能力为 1920 公斤，具有 35MPa 和 70MPa 两种加注压力，并具备为燃料电池汽车加氢、鱼雷车充装、新能源汽车充电等功能，其氢源来自上海化工区的副产氢气，由管道输送，是国内首个管道输氢的加氢站、首个商业化加氢母站及首个商业化 70MPa 加氢站。该加氢站集成了上海舜华新能源系统有限公司开发的第二代 70MPa 加氢机（见图 2）、浙江大学与巨化集团设计制造的 98MPa 钢带错绕式高压氢气储罐（见图 3）等国内最先进加氢站用设备，也引进了林德公司的 IC90 离子化压缩机等国际先进装备。

2019 年 7 月，潍坊市迎来了山东省第一个固定式、每 12 小时加氢能力达到 1000kg 的加氢站（见图 4）。该加氢站采用了空气产品公司专有的智佳清 TM 氢能技术和加氢站成套设备（见图 5），具备 35MPa 和 70MPa 两个压力等级的加氢能力，并采用了针对公交巴士，物流卡车和重型卡车的独特设计。这座加氢站也是国内首座采用 100MPa 高压储气瓶组储存氢气的加氢站。该加氢站参考美国消防协会标准，并根据中国有关法规和规范进行设计和建造。在氢气加注过程中的安全运行和监控方面采用了大量的先进技术，为氢气加注提供了安全保障。该站投入运行后，在加注能力和技术上处于领先水平。

图2　舜华70MPa加氢机

图3　金山加氢站内的高压储罐

注：最前方为浙江大学、巨化集团等设计制造的98MPa氢气储罐。

图 4　潍柴加氢站

图 5　AP 加氢机

除这两个站外，神华如皋加氢站也即将在 2019 年建成投运，该加氢站氢气储存量为 980kg，日加氢能力约为 2000kg，该站也引进了空气产品公司的加氢机，兼具 35MPa 和 70MPa 双加注压力。

2019 年建成的另一个标志性加氢站是中石化佛山樟杭油氢合建站（见图 6）。据中石化官方宣布，2019 年 7 月 1 日建成的这座站是全国首座集油、氢、电能源供给及连锁便利服务于一体的新型网点，该油氢合建站日加氢能力达到 500kg，主要服务周边使用氢燃料的公交线路及物流运输车队。虽然该站在加氢设备技术上并无突破，但难得的是填补了国内油氢合建站的空白。油氢合建非常有利于加氢基础设施的推广部署，在技术标准层面并无障碍，早在 2010 年发布实施的国家标准 GB50516《加氢站技术规范》中就已允许，但多年来因为各种原因国内未见油氢合建站实例，所以首座油氢合建站的建成意义重大。据介绍，按照广东石油的部署，年内还将在佛山、云浮建成 3 座油氢合建站。

图 6　中石化佛山樟杭油氢合建站

（二）技术进展及装备状况

从前述加氢站进展情况可知，外资公司携先进的技术和装备开始抢占国内市场，国内加氢设备企业或自主研发或合作引进也纷纷加大投入。加氢技术进展与装备水平密不可分，加氢站的关键设备主要是加氢机、压缩机和储氢容器。由于储氢容器在本书的氢气储运技术进展中已有介绍，本节只介绍加氢机和压缩机。

1. 加氢机

从整机制造能力来看，国内相关单位已能集成制造加氢机整机（加氢设备制造企业将在下节介绍）。目前，国产35MPa加氢机在各地的加氢站中已广泛应用，上海舜华研发的70MPa加氢机自16年底开始已在大连同新加氢站进行示范应用。标准方面，加氢机国家标准《GB/T 31138 汽车用压缩氢气加气机》已于2014年颁布实施，团体标准《氢燃料电池车辆用加注规范　第一部分通用要求》于2018年11月发布，关于加注协议和加注通信协议的相关国家标准也在立项过程中。

虽然我国已具备加氢机的整机制造能力，但是加氢机的关键零部件如加氢枪、拉断阀、高压氢气质量流量计、高压软管、调压阀等仍然严重依赖进口，极大地限制了加氢机整机的制造周期与生产成本。

以加氢枪为例，市场上常见的主流加氢枪/拉断阀主要来自德国的WEH公司和日本的NITTO公司，另外德国WALTHER和瑞士STAUBLI也从事加氢枪和拉断阀生产和销售。由于氢气的特性，这些用于高压氢气的零部件对密封性要求很高，在耐压强度满足的同时，还需满足零泄漏的密封性要求，与氢气接触面的金属或非金属材料应有良好的氢相容性，需要抗氢脆、抗氢渗，器件的加工精度也要求很高，并且能耐数万次循环使用。

再看高压氢气质量流量计。目前用于高压氢气加注计量的主要是科里奥利质量流量计，科里奥利质量流量计的计量准确度高，覆盖压力范围广，但由于氢气的分子量小、密度低，高压氢气的精确计量（±1.0%精度标准）仍是一个国际上都没有很好解决的难点。目前国际上用于加氢机的质量流量计品牌主流厂家有德国的RHEONIK和日本的Tatsuno（龙野），而国际知名的质量流量计厂商艾默生（美国）、E+H（德国）公司也正在研制高压氢气专用流量计并逐渐推出市场。由于精确计量是加氢站商业化运行的必要条件，所以美国能源部DOE近年来也一直投入经费支持关于高压氢气质量流量计的研究，包括提升高压氢气质量流量计的准确度与精度，提高产品集成度，开发高压氢气计量测试和标定装置等。德国和日本也在积极开发加氢机计量测试和标定装置，同时制/修订相应的计量标准。

2. 压缩机

目前高压氢气加氢站常用的压缩机主要包括隔膜压缩机、液（气）驱增压泵和离子压缩机这三种类型。

隔膜式压缩机是一种特殊结构的容积式压缩机。气缸内有一组膜片，缸盖和膜片之间所包含的空间构成气体压缩室，膜片的另一侧为油压室。油缸活塞往复运动，使膜片在油压与气体压力差和本身弹性变形力的作用下来回折动，周期性地改变气体压缩室的容积，进行对气体的压缩。隔膜式压缩机因其特殊的结构，气缸不需要润滑，密封性能非常好，压缩介质不与任何润滑剂接触，因此可以压缩纯度极高的气体。隔膜式压缩机气缸散热良好，可采用较高的压缩比，因而提供的压力范围很广。由于其具有压缩比大、密封性好、压缩气体不受润滑油和其他固体杂质所污染的特点，隔膜式压缩机在加氢站领域得到广泛应用。但是隔膜压缩机的核心—隔膜的寿命决定了机器的寿命，而隔膜的寿命取决于选用的材料及其表面粗糙度，这对材料的冶炼及加工提出了更高的要求。另外，对于多级（含 2 级）压缩的隔膜压缩机，压缩机前后条件（进气压力及组分和排气压力）相对稳定是保障隔膜压缩机无故障平稳运行的基本要素，频繁启/停一定会导致隔膜片的使用寿命缩短。

国内外生产中低压隔膜压缩机的厂家很多，但是能提供压力 35MPa 以上的厂家并不是很多。表 2 列出了可以提供超过 35MPa 隔膜式氢气压缩机的国内外相关企业。

表 2　可生产 35MPa 以上隔膜式氢气压缩机相关企业

国别	品牌	制造厂家
中国	天高	北京天高隔膜压缩机有限公司
中国	恒久	江苏恒久机械股份有限公司
中国	中鼎恒盛	北京中鼎恒盛气体设备有限公司
中国	京城	北京京城压缩机有限公司
法国	Howden	Howden Burton Corblin
美国	PDC	PDC Machines Inc.
意大利	VENTOS	CET Engineering srl.
日本	KAJI	KAJI Technology Corporation
美国	PPI	Pressure Product Industries
德国	HOFER	Andreas Hofer Hochdrucktechnik GmbH

目前，PDC 压缩机在国内加氢站隔膜式压缩机领域占有较大市场份额，为降低成本，国内企业开始采取仅购买进口压缩机机头并在国内组装整机的策略。与此同时，国内高压氢气隔膜压缩机厂家也在不断提升产品质量，逐步提升市场份额，北京天高、中鼎恒盛等公司生产的隔膜式压缩机已在多个加氢站上得到应用，北京天高还在科技部项目支持下开发了 90MPa 隔膜式压缩机并在大连同新加氢站示范应用。

液驱柱塞式压缩机是采用大活塞驱动小活塞的方式，按照大活塞与小活塞的面积比将驱动压力同比例放大，将被增压介质增压。液驱柱塞式压缩机适用于每天不计数频繁启/停，也适用于带载启/停，由于压缩机没有曲轴箱体，所以结构简单，占用空间小，损坏率较低且维护简单、快捷，在国内外加氢站也有广泛应用。由于采用液压油作为驱动介质，防范液压油泄漏到气缸端以及对运动中的高压端活塞进行有效的无油润滑与密封，都是液压气动行业中比较尖端的技术，对密封结构及密封件的设计都需要非常强的实践经验。总体来看，这种压缩机的制造技术为欧美企业垄断，还没有能够独立生产该种类型压缩机的国内企业。表 3 统计了可以提供超过 35MPa 液驱柱塞氢气压缩机的国外相关企业。

表 3　提供超过 35MPa 液驱柱塞氢气压缩机相关企业

国别	品牌	制造厂家
德国	MAXIMATOR	MAXIMATOR GmbH
德国	HOFER	Andreas Hofer Hochdrucktechnik GmbH
意大利	Idro Meccanica	Idro Meccanica srl
美国	HP	HYDRO-PAC, Inc.
美国	HASKEL	HASKEL International
荷兰	RESATO	RESATO International B. V.

气动柱塞压缩机（简称“气动增压泵”）的原理与液驱柱塞式压缩机类似，只不过采用压缩空气作为驱动介质。这种增压泵在国外已经有很成熟的生产工艺与市场应用。但常规的气动增压泵的排量均比较小，一般仅用在小容积的气瓶填充、气密性测试方面。质量好的产品还是来源于欧美，比如德

国的 MAXIMATOR 品牌和美国的 HASKEL 品牌。国内有参照欧美企业仿制，但由于企业规模小，投入研发力度不够，质量管理手段缺乏，一般在批量生产的质量上难以得到保证。

离子液体压缩机是采用一种近零蒸气压的液体作为工质和润滑介质，实现氢气的无污染压缩。离子压缩机可以通过设置多级气缸，实现合理的压缩比和较为宽的压缩范围。液压驱动也提高了系统整体的安全性，并且整个压缩系统的压缩效率比传统压缩机高约 25%。离子压缩机的主要供应商是林德，林德的 IC－90 离子压缩机串联了 5 级压缩，可将入口 3Bar 的氢气压缩到 900Bar 输出，该压缩机已经被验证有效并在世界多个加氢站中投入运行，上海驿蓝金山加氢站是国内首次引进该类型压缩机的加氢站。

综观加氢站用加压加注设备的情况，加氢机方面国内已有整机研发集成能力，但关键零部件依赖进口，压缩机方面国产隔膜式压缩机逐步得到应用，但质量不过硬，压缩机上用到的阀门等零部件也是依赖进口，同时压缩机种类不够丰富。为此国家科技部在国家重点研发计划“可再生能源与氢能技术”重点专项 2019 年度项目中特别部署了“70MPa 加氢站用加压加注关键设备（共性关键技术类）”的研究项目。根据 2019 年 6 月科技部发布的指南，该项目是针对 70MPa 加氢站用加压加注关键设备开展关键技术的研究，具体包括：90MPa 氢压缩机整体设计及核心部件开发，整机可靠性研究；预冷加注一体化加氢机核心部件设计和工艺研究，整机可靠性研究；通过本项目突破氢压缩机和加氢机核心关键技术，实现小批量的生产和配套。其考核指标：①加氢机：加注压力 70MPa，加氢精度不低于 ±1%，符合国家标准并兼容国际主流标准和加注协议；②氢气压缩机：压缩机排气压力≥87.5MPa，排气流量≥每小时 200 标方（进气压力 15MPa 时），轴功率≤46.5kW；氢气压缩机连续无故障运行≥500h。加氢机、氢气压缩机基于自主研发，性能不低于国际同类产品。希望在国家科技部的大力支持下，国内企业加大研发投入，加快研发进度，实现从整机到零部件的国产化，并不断提升国产设备性能，推进加氢技术进展。

二 国内主要加氢设备企业及产业链状况[①]

目前国内掌握高压气态加氢技术的企业主要有：上海舜华新能源系统有限公司（简称“上海舜华”）、江苏国富氢能技术装备有限公司（简称“国富氢能”）、液空厚普氢能源装备有限公司（简称“液空厚普”）、北京海德利森科技有限公司（简称“海德利森”）等。

（一）上海舜华

上海舜华成立于2004年，是专业从事氢能技术研发和推广的高新技术企业，主营业务包括加氢站设计与工程技术服务、供氢系统及加氢设备研发销售，是国内领先的氢能系统整体解决方案供应商。

上海舜华拥有国内领先的35MPa和70MPa高压加氢技术。第一代35MPa加氢机于2010年研发成功，并首次应用于上海世博加氢站，之后应用于安亭加氢站，运行安全稳定可靠。上海舜华研发的35MPa加氢机拥有“一种压缩天然气/氢气加气机防爆电气控制系统”和“一种四线优先阶梯加气程序”两项专利技术，采用了多级优先控制加注策略及多种防爆技术组合的设计，经过控制器数据采集与计算，在无预冷的情况下能够自动、节能、安全、快速且可靠地为车载燃料氢瓶加注氢气。2016年上海舜华成功研发了70MPa加氢机，并将其成功应用于大连加氢站，该项目是国家863项目“基于可再生能源制/储氢的70MPa加氢站研发及示范”的重要组成部分。该加氢机具备快速预冷和机车红外通信功能，实现对加注速率、温度安全合理控制，能够快速、安全、可靠地为70MPa燃料电池汽车加注高压氢气。

2018年，上海舜华成功研发了第二代加氢机，该加氢机沿袭了第一代加氢机自动、节能、安全、快速、可靠的优点，同时在外形设计、工艺设计、产品功能上进行了进一步优化，进气结构更简单，安装空间更小，产品

① 本部分企业及产业链情况介绍部分摘自香橙会报道。

性能及安全系统更完善，其主要功能包括自动控制，智能取气，流量控制调节，加气限压保护，加气安全卸压，手动紧急切断，并具备多种通信接口，可实现网络化管理、自动计费等。目前第二代加氢机已应用于武汉雄众加氢站、安徽六安加氢站、盐城大马沟公园加氢站、云浮罗定一号加氢站等。

在产业化方面，上海舜华早期参与的安亭加氢站、上海世博加氢站、广州亚运会加氢站和深圳大运会加氢站等基本都是科研项目性质，经过多年积累以及行业关注度逐渐提升，舜华于 2017 年开启了自己的产业布局之路。2017 年 7 月，联合林德气体、上海驿动、上海士码成立了上海驿蓝，将其作为上海乃至长三角的氢能源基础设施投资建设运营平台；同年 7 月，与广东国鸿、联悦氢能等成立云浮舜为，定位是作为佛山氢能源基础设施投资建设运营平台；2018 年 2 月，与众义达成立众华氢能，立足于武汉市场，舜华主要提供技术支持及成套设备系统集成；2019 年 4 月，与雄川氢能成立广州舜华，布局广州市场。舜华新能源在当前国内发展氢能和燃料电池产业比较热的地方基本都通过建立合资公司的形式，进行产品、技术、服务和品牌的渗透，以实现轻资产运营的模式。

除了通过与产业链的伙伴成立合资公司进行加氢站相关业务的布局，舜华也在努力构建加氢站下游应用端的闭环。2019 年 4 月 17 日，舜华新能源与京东物流以及上海士码达成战略合作，上海士码与舜华新能源将围绕京东物流使用氢能源物流车的实际场景，对整车、电堆、加氢站、车载供氢系统、投资运营等提出具体方案，推动氢能源物流车的实际落地。

（二）国富氢能

原张家港国富氢能装备有限公司，2019 年 6 月 10 日更名为江苏国富氢能技术装备有限公司，成立于 2016 年 6 月，专业从事氢液化装置、液氢储运容器、加氢装置与加氢机、氢瓶与车载供氢系统等产品的设计、制造和技术服务，并承接加氢站和液氢工厂等工程项目的设计与装备提供，是氢能装备产业链整体解决方案提供商。

国富氢能成立三年来，为我国 30 余座加氢站提供了撬装式加氢设备。

其参与建设的上海江桥加氢站，服务上海地区200余辆氢燃料电池物流车（全球第一大氢燃料电池物流车队500辆车），在2018年“双十一”“双十二”期间，该站加注能力突破日加注量750公斤，最高值达到767公斤/日，稳定实现日连续20小时运营加注记录。

国富氢能定位是氢能基础设施装备制造，但是氢能基础设施在国内发展缓慢，出现了有产品没有市场的情况。为了推进氢能和燃料电池产业的发展，国富氢能采取“走出去”策略，联合产业资源创造市场，引领需求。2017年10月，与燃料电池车运营商氢车熟路、燃料电池系统集成商上海重塑成立氢能源基础设施投资建设运营平台嘉氢实业，该平台计划到2020年在上海建设运营5到10座加氢站；2019年1月，与桥德科技、上海重塑成立氢能源基础设施投资建设运营平台爱氢能源，服务于苏州市场，2019年4月，与能源化工企业嘉化能源、上海重塑成立合资公司嘉华氢能，致力从事加氢站等氢能基础设施的建设和运营业务。首期规划在张家港和常熟建设三座加氢站，未来三年将计划在长三角地区建设不少于50座加氢站，初步实现江苏、浙江和上海的加氢站网络布局。

国富氢能是国内为数不多地积极推进液氢储氢加氢站商业化的公司之一。2018年6月，由国富氢能发起，联合同创伟业基金（富瑞特装LP）、海天气体成立合资公司江苏氢源天创，致力于大型民用商业化氢液化工厂的投资建设和运营，以及液氢的物流运输和液氢加氢站的建设运营。目前国富氢能正在陕西、张家口等地推进民用氢液化工厂的建设项目。

（三）液空厚普

液空厚普是成都华气厚普机电设备股份有限公司（简称“厚普股份”）和Air Liquide Advanced Technologies（简称“ALAT”）成立的平台公司，致力于打造全球先进的氢能基础设施整体解决方案服务商。厚普股份是一家专业从事清洁能源及相关应用领域整体解决方案服务商，在燃气行业，厚普股份建站数量全国第一，是氢能加注领域的上市公司。ALAT是Air Liquide的全资子公司，Air Liquide在氢能源领域全球有超过1000人的专业团队，拥有 100 多项相关专利，建设了 160 多座加氢站，具有非常丰富的加氢站建设经验。

液空厚普，依托厚普股份全资子公司宏达石油工程公司，具备了加氢站 EPC 工程总承包能力（如武汉中极加氢站）；依托液空集团拥有了全球先进的加氢工艺技术；依托厚普股份实现了撬装设备智能制造；依托厚普股份全资子公司在研发氢能核心部件（流量计、加氢枪）。

（四）海德利森

海德利森成立于 2001 年 12 月，是高压流体成套设备系统集成服务商，公司长期服务于国防军工、石油化工和氢能产业，为客户提供高压流体系统的设计研发、综合集成、安装调试和维修保障。海德利森业务主要集中于三个领域：一是军工航天航空装备产业，二是超高压水下装备产业，三是氢能产业。前两个业务比较稳定，氢能领域是海德利森发展新的业绩增长点。截至目前，海德利森参与的加氢站已超过 10 座，撬装站居多，也有若干固定站项目在建设中。2018 年 6 月，在广东佛山成立广东海德利森一氢有限公司，作为民用产品生产基地，主要承担加氢设备等民用产品研发生产任务。该项目也是佛山南海引进的加氢设备及核心部件国产的重点氢能项目之一。

B.17

国外加氢基础设施政策创新及建设运营经验分析

约尔格·阿道夫　迈克尔·塞梅拉罗*

摘　要： 汽车工业发展氢能经济需要新的基础设施。该基础设施将包括燃料生产、储存和分配设施。运输业中，新的氢能基础设施还必须为燃料电池电动汽车提供供氢网络。本报告梳理了国外主要氢能基础设施组织，研究了道路运输（公共）氢能基础设施的现状和扩建情况。随后评估了未来氢能基础设施的构成要素，包括加氢站概念和加氢站技术。最后讨论了未来道路运输氢能基础设施的成本和融资。

关键词： 氢能基础设施　加氢站　加氢站技术　成本　融资

一　加氢站和汽车

根据最近的一项调查（HyARC 2019），截至2019年6月，全世界大约有364个活跃加氢站。根据该项调查，日本加氢站数量最多，共103个，其次是德国，共68个。美国有61个加氢站，其中多数（40个）位于加利福尼亚州（CaFCP 2019）。1/4的加氢站为非公共设施（HyARC 2019）。

加氢站的地理分布很大程度上与氢燃料电池电动汽车的数量相关。截至

* 约尔格·阿道夫（Jörg Adolf），博士，壳牌德国公司；迈克尔·塞梅拉罗（Michael Semeraro），壳牌氢能源公司。

2019 年 6 月，全球共登记了约 14800 辆燃料电池电动汽车，其中约一半汽车位于美国，且 90% 以上的汽车集中在加利福尼亚州。全球超过 90% 的燃料电池汽车是客车，第二大汽车类是位于美国以外的燃料电池电动卡车（HyARC 2019）。

近年来，每年新开的加氢站数量显著增加。此外，截至 2019 年 6 月，全球有 143 个加氢站处于规划、建设或试运行中。同时，商业化的开始导致燃料电池电动汽车总数增加。因此，加氢站和燃料电池电动汽车的统计数据可能会发生重大变化或出现差异。

二　主要国家氢能基础设施组织

1. 德国

早在 2002 年，德国就成立了发展汽车氢能经济的清洁能源伙伴关系（CEP）行业联盟（www. cleanenergypartnership. de）。2012 年至 2016 年期间，清洁能源伙伴关系承担了建立基本供氢网络的任务，在德国修建了 50 个加氢站（CEP 2016）。

经营公司 H_2 Mobility（www. h2 – mobility. de）成立于 2014 年。H_2 Mobility 是一家合资企业，主要在德国建设和运营加氢站网络。H_2 Mobility 还为其整个网络采购氢能，在可能的情况下从可再生能源领域进行采购。

H_2 Mobility 计划到 2019 年无条件地修建首批 100 个加氢站，无论燃料电池电动汽车数量如何；首选地点是高速公路沿线的大都市区和氢能走廊。然后，应根据燃料电池汽车的登记数量，到 2023 年在德国修建含有 400 个加氢站的综合氢能基础设施。

清洁能源伙伴关系的加氢站转让给了 H_2 Mobility。截至 2019 年 8 月，H_2 Mobility 已在德国修建 74 个加氢站。清洁能源伙伴关系将负责开发氢能技术并制定氢能标准，将其作为国家氢能灯塔项目。

2. 欧盟/欧洲

在欧洲，发起了许多基于项目的跨境氢能/燃料电池倡议—例如，欧洲各城市之间的车队或针对公共汽车的车队。其中一项重要倡议就是燃料电池和氢能联合组织（FCH JU）倡议，属于欧盟委员会、行业和研究机构之间的合作伙伴关系。其目的在于让燃料电池和氢能成为未来欧洲能源和运输系统的支柱（www. fch. europa. eu）。该倡议的第二阶段（FCH JU 2）计划持续到 2020 年，项目运行到 2024 年。

而且，德国、英国、斯堪的纳维亚和法国提出的国家氢能倡议已确定了名为“欧洲氢能交通”（www. h2me. eu）的欧洲氢能平台。欧洲氢能交通由两部分项目组成：H_2M1 和 H_2M2。这样做的目的在于发展泛欧加氢站基础设施，并以协调的方式为燃料电池电动汽车车队加氢。如今，H_2M 包括来自 9 个国家的 40 多个合作伙伴，汇集了运输、氢能和能源行业的专业知识。此外，丹麦、挪威和瑞典成为斯堪的纳维亚氢能公路合作伙伴关系（SHHP）（www. scandinavianhydrogen. org）的代表。

而且，欧盟于 2014 年通过替代燃料基础设施指令（2014/94/EU）确定了替代燃料基础设施的基本要求。该指令规定欧盟成员国到 2025 年提供合理数量的加氢站，以确保推动氢动力燃料电池电动汽车的发展（EP/Council 2014）。

3. 美国/加利福尼亚州

在美国实施了许多氢能计划，包括全国范围的公私合作计划 H2USA（www. h2usa. org）。加利福尼亚州在加氢站基础设施和燃料电池电动汽车发展方面处于领先地位。加利福尼亚州加速为车队逐步引进所谓零排放车辆，正因为纯电动汽车和燃料电池电动汽车被视为零排放车辆。

1999 年，在加州空气资源委员会和加州能源委员会的领导下，成立了美国加州燃料电池联盟（CaFCP）（www. cafcp. org）。美国加州燃料电池联盟已制定若干年度计划。2018 年，该联盟设立了这样一个目标：到 2030 年，加利福尼亚州将拥有 100 万辆燃料电池电动汽车和 1000 个加氢站（CaFCP 2018）。目前，加利福尼亚州有 40 个加氢站投入运营。另外 20 个加氢站正在建设中或办理审批手续（CaFCP 2019）。

4. 日本

新能源产业技术综合开发机构（NEDO）是一家政府机构，也在推动日本氢能技术的发展和商业化进程。相关氢能技术包括家用（Ene-Farm）以及电厂和运输领域的使用。2009 年，在新能源产业技术综合开发机构的庇护下，成立了氢能供应和利用技术研究协会（HySUT）（www. hysut. or. jp/en/）。该协会的初衷是为未来的加氢基础设施建设打好技术基础。氢能供应和利用技术研究协会在 2016 年进行了重组。该协会目前致力于实现氢能供应系统和氢动力燃料电池电动汽车的商业化。感兴趣的领域还包括技术/消费者接受和示范项目方面的问题。2016 年早期商业化后，进入技术和市场示范阶段。该阶段工作将于 2025 年完成。将从 2026 年开始实现全面商业化。

2018 年 2 月，11 家公司宣布通过组建合资公司 Japan H_2 Mobility（JHyM）（https：//www. jhym. co. jp/en/）展开合作。该合资公司的目标在于在日本发展加氢站基础设施，以增加道路上氢动力汽车的数量。JHyM 设定了一个目标：到 2022 年 3 月修建 80 个新加氢站，并计划在 10 年内完成任务。到 2019 年 5 月，另外 12 家公司加入了 JHyM，由此，参与公司的总数增加至 23 个。该公司计划在 2018 财年和 2019 财年安装 33 个加氢站（JHyM 2019）。截至 2019 年 6 月，日本大约有 103 个加氢站在运营中。预计到 2020 年，这个数字将增加至 160 个。

三　选址解决方案

加氢站包括氢输送、储存和加注设施。典型油气站的所有其他组成部分（如其他燃料的加注点、停车场、销售区、洗车场等）都不在以下考虑范围内，因为以上组成部分与传统加油站的组成部分类似。通常，加氢站有三种不同的位置解决方案：

氢能设施可以作为附加的燃料供应设施集成到现有的加油站中。前提条件是，现有场地有足够的空间容纳所需的氢能设施，从技术和管理角度来看，氢可以与其他液态或气态燃料一起输送、储存和加注。

作为一个新的独立设施，也可以像一般新建项目一样建设加氢站。在这种情况下，必须开发先前未使用过的场地。而无须在现有现场基础设施的限制范围内工作。然而，也需为公共加氢站考虑客户期望的典型加油站组成部分，如销售区和其他服务。

在尚未有固定加氢站，且当地氢加注需求较少的地方可使用移动式加氢站。在此情况下，将可运输集装箱或货车挂车用作液体或压缩气体储罐。因此，移动式加氢站主要是启动市场或示范项目的工具。

四　加氢站模块

加氢站的建设需要由特定技术区块构成。对于所有加氢站来说，上述区块包括适当规模的储氢设施、使氢达到所需压力水平的压缩机、预冷系统和加注机。通过标准化或模块化这些区块组成（也称为功能模块），可以更快地建立加氢站且成本更低（H_2M 2010）。

储氢罐：储罐必须储存足够的氢，以满足客户需求。为此，将氢储存在20～500巴的中低压储罐中数天。如果氢由压缩氢气拖车运输，则拖车可在现场用作低压储罐。要储存的氢量是根据每天预计的加氢操作次数进行计算，且可以根据加氢站的模块化扩充进行调整。

使用压力级分别为200～500巴和800～1000巴的中高压储罐，在700巴的压力下为客户车辆加氢。来自低压储罐的氢可以通过高压压缩机输送到高压储罐。高压储罐中的压力足以为车辆加氢。还可以使用中压储罐。可通过中压储罐为客户车辆储罐加氢，直至达到压力平衡状态。为了加满储罐，可以通过高压储罐（递进式加氢）继续加氢，或使用增压压缩机将来自中压储罐的氢压缩到所需加注压力。

压缩机：可用多种压缩机来实现必要的压缩操作。常用类型为活塞式、压缩空气式、隔膜或离子式压缩机，根据加氢站的设计（使用率、能耗、成本效益等）进行选择。氢压缩是一种解决储存（20～500巴）与加氢

（高达1000巴）之间压力差的方法。加氢过程不应超过3～5分钟的目标时间。由于车辆中的燃料电池是用纯氢操作的，因此应注意在压缩过程中避免受润滑剂污染。

预冷系统：SAE J2601加注协议包含标准化的氢能汽车加氢工艺，旨在确保车辆的储氢罐即使是在快速加氢期间温度也不会超过85°C。因为氢在加氢操作时被压缩，所以温度会上升。根据环境温度、燃料输送温度和车辆储罐中的目标压力，（通常）需要预冷来保持车辆燃料储存系统在限定（超压/过热）范围内。如果在700巴的压力下加氢，通常需预冷至－40°C（根据SAE J2601）。预冷温度可更高，但可能导致加氢时间更长。

所需低温通常由压缩式制冷机和适当的换热器实现。预冷增加了加氢站的复杂性和能耗。目前，进一步优化工艺是一个正在开发的领域。

如果是液态氢加氢站，深冷液态氢（LH_2）会被输送并储存在储液罐中。如果燃料电池电动汽车需加气态氢，液态氢会通过液体泵被输送到蒸发器中。可以直接将蒸发器中的低温气态氢加入车辆储罐，而无须预冷。

加注机：加氢是通过加注机、一种装置或机器，将液态或气态燃料泵入车辆来完成。加注机带有加氢枪，将压缩氢输送到车辆的压力罐中。加注机的设计要符合车载氢罐压力，即350巴或700巴。另一个重要元素是用户界面，其中显示了压力、加注率或实测加注量等。

最后，氢气可在加氢站所在地现场制取，也可在另一个地点集中产氢，然后再进行输送。如果要在加氢站进行分布式产氢，则必须确定制氢方案。此类方案包括通过天然气（或生物甲烷）生产氢的重整设施，或是通过（可再生）电力制氢的水电解设施。

五　标准

为确保安全运行，在建设和运营加氢站时，必须遵守大量的技术标准。氢动力汽车需要的特定规范和标准研究工作仍在进行，因为在某些情况下，不适用于氢的规定使建造和运营加氢站变得更加困难且成本更高（HMUELV

2013)。国际标准化组织（ISO）或汽车工程师协会（SAE）发布的技术标准规定了加氢站基础设施的具体要求。

最重要的技术标准是 ISO 19880（气态加氢站）。其他 ISO 标准与建站和运行有关。例如，欧盟替代燃料基础设施指令（AFID）不仅要求遵守 ISO 19880（原 ISO 20100），还要求遵守 ISO 17268（气态氢燃料车辆加氢连接装置）和适于 PEM 燃料电池电动汽车的氢燃料质量标准 ISO 14687 - 2（截至 2019 年 8 月，新版 ISO 14687 正在审查中）(EP/Council 2014)。

加氢必须在储氢系统的限制范围内进行。在不违反储氢系统罐内温度或压力工作限制的情况下，全球氢燃料添加协议 SAE J2601 可将所有储氢系统快速加注到高加注率（SOC)。2014 年，SAE J2601 作为一项标准开始采用。SAE J2601（结合 SAE J2799）现已成为全球范围内 350 巴或 700 巴轻型燃料电池汽车的加氢依据。SAE J2601 规定了安全便捷加氢的压力容限和温度区间。除轻型汽车外，SAE J2601 的第 2 部分和第 3 部分还涵盖了重型汽车和叉车。

最后，加注机的设计必须符合 SAE J2600（压缩氢路面车辆加注连接装置）和 SAE J2799（氢燃料汽车与加注站通信软件及硬件标准)。虽然加氢枪是标准化的，但用户界面则由加氢站运营商自己设计。根据特定站址或技术性问题，相应的其他的国家或地方标准也可能适用。

认识到有必要协调各种标准并向管辖当地加氢站的地方当局（AHJ）提供指导后，一些国家和地区已主动制定出版物，为发展加氢站和氢能源汽车提供指南。在荷兰，PGS 35 Waterstof Afleverinstallaties van waterstof voor wegvoertuigen（PGS 2019）这样的文件形式得以采用。

关于更多汽车加氢基础设施技术标准方面的概述，可在 www. hyapproval. org、www. hylaw. eu、www. h2tools. org 和 www. nrel. gov 等网站上查找。

六　加氢站的规模

无论氢能以何种方式供应和输送，加氢站的规模和加注能力都会有所不同。加氢站设备的大小必须与加氢站准确匹配。模块化设计使氢需求随着车辆的增加而增加时，较小的加氢站能够扩建成更大的加氢站。尽管如此，在发展加氢站的过程中，运行要求和预期的供氢需求都可能发生改变，从而导致加氢站设计理念的演变。

为确保加氢站的高设备利用率，从而实现尽可能稳定的处理量，应根据需要来配送氢。对于使用700巴压力的轻型汽车，实现总成本降低的最佳途径是通过为多个站点服务的集中设施供应氢能。如果加氢站是为当地公共交通工具中的公交车队或当地货运业务服务，其吞吐量将大幅增加。这需要向现场供应更多的氢，每天1吨以上，且允许考虑通过现场发电或管道供应。

最后，加氢站中的氢气配送、储存和加注所需空间也是必须考虑的一大因素，尤其在城市建成区。在各种供氢方式中，现场制氢需要的空间最大，因为电解槽或重整装置需布置于加氢站场所内。另外，储氢场所的要求相应减少，因为在较大程度上氢可以按需生产。同时，设备和工艺优化工作已经减小了氢处理设备所需要的空间。几年前加氢设备还需要安置在40英尺（相当于12m）的箱体内，而现在11英尺（3.3m）的箱体就足以容纳压缩和分配设备。

七　氢气配送

在氢气供应方面，零售站点有两种不同的选择：向站点输送外部制成的氢气，或分布式现场制氢。目前，大多数加氢站都采用集中生产的氢能进行供应（HyARC 2019）。当涉及现场产氢，在世界各地运行的加氢站中，电解排在天然气和其他燃料（生物沼气、石脑油）重整之前。正常情况下，现场制成的氢是气态的，压力低于50巴，所以必须进一步压缩进行加注。集中制成氢可以气态形式（CGH_2）或液态形式（LH_2）输送，主要以CGH_2为主。

如果是气态氢，被加注车辆的储氢压力等级非常重要。目前，加氢站按两个压力等级运营，即350巴和700巴。虽然这两个压力等级的部署在开发初期大致相同，但现在处于700巴压力等级进行分配的加氢站数量远远超过处于350巴压力等级进行分配的加氢站，在350巴和700巴进行分配的加氢站分别为33%和75%左右（HyARC 2019）。所有加氢站中，目前约21%提供了两个压力等级。轻型汽车的趋势倾向于较高压力等级，具有储氢容量大的优势，因而增加了车辆可行驶里程。较低压力等级将对不需要较大行驶里程的汽车，如：本地商用车队，或者有能力储存较大容量气态氢的汽车仍具吸引力。90%以上燃料电池电动汽车的加氢作业采用气态氢。目前，只有极少数加氢站提供气态和液态加氢或专注于液态加氢（HyARC 2019）。

加氢系统的模块化特性确保了系统的其他组件可与各种供应方法兼容。目前正在开展工作，在供应链中引入新的气态供应方法，以较低的每千克成本实现更高容量（每辆卡车约1000kg）的气态输送系统。降低气态氢输送的分配成本将使氢具有更多用途。随着氢能的需求增长，气态分配方法可逐渐适应市场中的环境和增长状况。此外，氢能分配网的利用率提高可实现成本进一步降低，因为资本和运营成本可分摊到更大的氢能输送量上。

在降低液态氢供应成本的过程中面临诸多挑战，阻碍了氢在小型分配系统中以及作为存储/运输方法的应用。氢的液化是一个高资本投入的工艺过程，而且并不易利用规模效应来提高投资回报。此外，目前压缩机和加注技术还尚未到达长期运行所需的可靠性水平，且目前的安全间距规范使其在部分加氢站中的使用不具备可操作性。随着最近气态氢分配的成本降低，由于引入了IV型拖车，液态分配使用案例进一步减少。虽然存在着挑战，但液态分配对每天两吨以上大容量以及650km以上长途环境（即海洋运输）仍具有吸引力。

八　基础设施成本和融资

尽可能全面的基础设施是一项新技术被接受并获得市场成功的一个重要因素——氢能和燃料电池汽车也是如此。但要建成这样的基础设施需要较高的初始基本投资。问题在于，这样的投资费用究竟有多高，如何尽可能以更低成本、更高效率建成加氢站基础设施。

历史上，在估算加氢站成本的问题方面，存在许多信息问题：首先，建立加氢站的成本取决于加氢站的位置、规模、当地现场条件和审批的挑战。出于竞争原因，成本数据通常具有保密性，不会公开，因此目前只有少数公开了加氢站成本。此外，到目前为止已建成的加氢站大多是一次性项目，或者建造量较小。因此，在未来更成熟的市场中，过去的建设支出无法成为未来建造成本的可靠借鉴。

到目前为止，只能从加利福尼亚州获得关于加氢站成本的深入研究（NREL 2013；EVTC 2014；CEC/CARB 2017）。根据这些研究发现，加氢站的投资成本相差较大，从 100 万美元至 1000 万美元不等。对于一些非常重要的加氢站（每日氢产量约为 200～400kg），成本约为 200 万～300 万美元，固定资产支出达 150 万～200 万美元。据报道，德国加氢站的成本较低，每个加氢站为 100 万欧元左右（Bonhoff 2016）。

得益于监管和技术标准化以及规模效应，2017～2025 年，预计成本可能会大幅度降低约 50%（CEC/CARB 2017）。据估计，加氢站设备基本建设成本将从目前的每个站 250 万美元降低至每个站大约 100 万美元，建设速度达到每年超过 100 个站。但是，在新建加氢站基础设施资金筹措方面仍然面临经济挑战。因为在市场开发初期，氢加注机仅供少量车辆使用，产量较低，可能导致利用不充分。如果要转嫁全部成本，氢零售价将非常高。这就与提供给消费者的产品必须具有经济吸引力的事实相冲突。

为了尽量降低资本需求量和投资风险，需要为未来的加氢站基础设施制定最佳的推广策略。这种基础设施策略的关键要素包括空间网络规划、选择优化的加氢站设计理念和规模，基础设施和车队的协同发展以及技术和监管方案的标准化。

为了克服氢能基础设施在技术和经济市场方面面临的障碍，主要国家已在领先的汽车区域发起了氢能倡议。此外，一些欧洲、北美洲和亚洲国家为促进市场发展提供政府资金，用于购买燃料电池汽车和建造加氢站（IEA 2015）。

九　总结

截至 2019 年 6 月，全球已有 364 个加氢站和超过 14800 辆氢动力汽车。加氢站和燃料电池车队集中出现在美国、西欧和亚洲。

1. 加氢站包括以下技术模块：储罐、压缩机、预冷器/蒸发器和加注机。模块化的结构以及制定国际认可的氢专用标准有助于加氢站网络安全有效扩展。

2. 加氢站可以通过选择合适的规模和供应理念来满足给定需求。

3. 修建加氢站基础设施需要投入大量资金。在市场增长的初期阶段，需要与燃料电池电动汽车车队的协同发展，并为基础设施的扩展提供进一步（近期）资金支持。

借 鉴 篇

Experience and Lessons

B.18

国外车用氢能产业政策的经验与启示

任海波　管宇　胡辰树*

摘　要： 近年来，我国氢能及燃料电池汽车产业发展加快，产业战略布局不断强化。但我国相关产业政策体系还不够完善，氢能产业发展仍存在较大挑战。世界主要国家对氢能技术研发及应用高度重视，不仅氢能产业提升到国家能源战略高度，还出台了相应支持政策和中长期发展规划，现已在燃料电池汽车技术研发、产业链构建及加氢站建设方面取得优势。为此，我国有必要对国外有价值的政策经验进行吸收和借鉴。

* 任海波，硕士，高级工程师，北京卡达克科技中心有限公司产业发展市场部；管宇，硕士，高级工程师，北京卡达克科技中心有限公司产业发展市场部副部长；胡辰树，工程师，北京卡达克科技中心有限公司产业发展市场部主管。

关键词： 氢能产业　燃料电池　发展战略　支持政策　加氢站

氢能是具有广阔发展前景的二次能源，据据国际氢能委员会（Hydrogen Council）预测，到2050年氢能产业规模将超过2.5万亿美元，可以满足全球18%的能源需求。世界主要国家对氢能技术研发及应用高度重视，不仅将氢能产业提升到国家能源战略高度，还出台了相应支持政策和中长期发展规划，旨在抢占产业发展的制高点。

近年来，我国氢能及燃料电池汽车产业发展加快，产业战略布局不断强化。但我国相关产业政策体系还不够完善，氢能产业发展仍存在较大挑战。因此，研究国外氢能产业政策及经验，对加快推进我国氢能产业的发展具有重要借鉴意义。

一　美国

（一）发展背景

自1970年石油危机以来，美国国家能源研究和开发组织就开始赞助氢能的相关研究，其产业链发展思路比较成熟。从前期的基本技术探索、政策规划，到商业用途的可行性论证，再到示范项目的推广，美国政府制定了明确的氢能发展路线和战略部署。美国是首先提出氢经济的国家，2002年11月，美国能源部发布《国家氢能发展路线图》，明确了氢能的发展目标，制定了详细的发展路线。2014年，美国颁布《全面能源战略》，开启了新的氢能计划，重新确定了氢能在交通转型中的引领作用。2017年，美国政府宣布继续支持30个氢能项目建设，推动氢工业的快速发展。按照美国发布的《国家氢能发展路线图》，预计2030～2040年美国将全面实现氢能源经济。

表 1　美国主要氢能及燃料电池政策汇总

时间	政策
2001 年	发布《2030 年及以后美国向氢经济转型的国家愿景》,开始进入制定国家氢能战略阶段
2002 年	1 月,提出“自由车”(Freedom CAR)项目,长期目标是高效、价廉、无污染,研究先进、高效的燃料电池技术,用氢燃料作动力,不产生任何污染 4 月,完成战略研究并发布了《国家氢能发展路线图》 提出“自由燃料”(Freedom Fuel)计划作为对 Freedom CAR 计划的补充,旨在开发可用于商业用途的氢燃料,以降低对石油的依赖度
2003 年	两计划共耗资 17 亿美元,于 2005 年 8 月通过能源立法法案将 Freedom CAR 计划的 5 年预算增加到 38.7 亿美元 布什发布的总额超过 12 亿美元的氢燃料电池开发计划,核心是“氢、燃料电池及基础技术”(HFCIT)开发项目,是美国能源部氢能计划的核心组成部分,由能源部下属节能与新能源开发局(EERE)负责实施
2005 年	出台《能源政策法》,法案规定今后 10 年将投入 123 亿美元支持氢能和燃料电池技术研发,同时对购买燃料电池汽车返税 8000 美元以上,对加氢站建设或家用燃料电池给予 30% 的补偿
2007 年	南加州对氢燃料电池的生产和研究设备实行税收全免政策;俄亥俄州对 250kW 以下的燃料电池系统实行税收全免政策,但对 250kW 以上的系统征收替代税
2010 年	加州宣布为零排放、轻量型汽车提供 15750 美元的回扣激励措施
2012 年	根据 2013 财年政府预算案,美国联邦政府将向能源部(DOE)拨款 63 亿美元,用于燃料电池、氢能、车用替代燃料等清洁能源的研究、开发、示范、部署等活动
2012 年	美国联邦政府重提氢能、燃料电池汽车等新能源项目并在《美国复兴和再投资法案》中对美国未来十年的氢能燃料电池发展重新做了概括,“燃料电池技术和汽车制造补贴 20 亿美元,电气化项目奖励 4 亿美元”,基于对未来市场的预期,2015 年美国将有 30 个加工厂生产汽车用燃料电池,预计大概占全球 20% 的比例
2012 年 7 月	能源部(DOE)宣布将投资 240 万美元用于收集和分析加氢站氢气加注部件的数据。该计划通过分析加氢站、加注部件和创新技术的实际运行数据,帮助制造商提高相关部件的设计和制造水平,促进氢气加注技术的进步
2012 年 8 月	美国国会重新修订了新能源投资税抵免政策(简称“ITC”)。修订后 ITC 燃料电池税收抵免政策主要有以下几个层次:第一层次,5000 美元/千瓦时的燃料电池系统,实现至少 70% 的效率转换对应 50% 的税收抵免;第二层次,4000 美元/千瓦时的燃料电池系统,实现至少 60% 的效率转换对应 40% 的税收抵免;第三层次(现行的氢燃料电池政策),3000 美元/千瓦时任何燃料电池系统,只要达到 30% 的效率转换就可进行 30% 的税收抵免;重新修订的燃料电池政策还包括了 HFV 以及储氢、制氢以及加氢站等基础设施的奖励政策,根据新法案的规定,任何氢能基础设施的运行均可享受 30% ~50% 的税收抵免
2018 年	能源部(DOE)宣布了 3400 万美元的关于小企业创新研究和小企业技术转让的项目。作为该项目的一部分。美国能源部能效和可再生资源办公室将拿出总计近 1300 万美元资金资助 34 个州的 87 个新项目,其中包括 4 个燃料电池项目

资料来源：根据公开资料整理。

（二）发展路径

美国高度重视氢能源的开发和利用，致力于推动氢经济的发展。美国从国家可持续发展和安全战略的高度，制定了长期的氢能源发展战略。根据美国能源部发布的《国家氢能发展路线图》，美国氢能发展从时间上分为 4 个阶段：①技术、政策和市场开发阶段；②向市场过渡阶段；③市场和基础设施扩张阶段；④走进氢经济时代。从 2000 年到 2040 年，美国氢能发展将每 10 年实现一个阶段。

（三）政策支持

2016 年，美国有 10 个州颁布相关政策，支持燃料电池产品逐步投入市场，包括氢燃料电池汽车税收减免，在工厂、居民区等地安装燃料电池发电系统等。

在研发应用方面，美国于 2003 年正式启动《总统氢燃料倡议》，计划此后 5 年投入 12 亿美元，重点研究氢能生产、储运技术，促进氢燃料电池汽车技术及相关基础设施在 2015 年前实现商业化。2015 年，美国能源部提出了大规模融合氢能（H2@ Scale）的能源系统概念，推动氢能大规模生产与应用。2019 年 3 月，美国能源部宣布将高达 3100 万美元的资金用于推进“H2@ Scale”。

美国不仅有国家层面对氢能技术研发、燃料电池车辆购置等的支持，还有加州等地方政府出台的一系列促进产业发展和燃料电池汽车示范运行的相关措施。截至 2018 年，加州有 6000 多辆燃料电池汽车和 36 座加氢站投入运营。

（四）加氢站

2013 年，美国能源部提出了“H2USA 计划”，投资 25 亿美元推进氢能基础设施建设。加利福尼亚州是美国加氢站支持政策最多的地区，2013 年初，加州众议院通过第八号法案，旨在为加氢站网络提供资金支持。法案的内容包括至少为 100 座加氢站提供资金支持；承诺每年通过能源委员会的可再生替代燃料与车辆技术工程办公室来推动建设8座加氢站，并为每座加氢站提供高达2000万美元的资金。2015年12月，加州政府发布了第一版《加氢站许可指南》，为地方政府、加氢站建设者以及社区等相关单位提供了详尽的指导意见，也显著加快了后续加氢站建设的审批速度。

2016年，加利福尼亚州启动了GFO－15－605项目，投资3300万美元用于加氢站建设。2018年，Energy Independence Now（EIN）与加利福尼亚州氢能商业委员会发布了《可再生氢能路线图》，将利用可再生能源直接制备的氢气或者利用可再生能源电力制备的氢气定义为可再生氢，从市场机制建设、政策与规划、宣传等方面提出了可再生氢能发展建议，以推动加利福尼亚州实现其清洁能源目标。根据加州发布的《2018年度加州用于百座加氢站建设所用时间和费用报告》，加州能源委员会从替代和可再生燃料和车辆技术计划（ARFVTP）中拨款2000万美元用于加氢站建设，直到加州至少有100座加氢站；到2025年建立200座加氢站，到2030年实现在加州运行500万辆零排放汽车的目标。

二 日本

表2 日本主要氢能及燃料电池政策汇总

时间	政策
2004年	日本在《国家新产业创新战略》中将燃料电池列为国家重点推进的七大新兴战略产业之首，从国家层面上着力推进。经济产业省（METI）2002年度燃料电池相关技术开发经费达230亿日元，2003年度为325亿日元，2004年和2005年财政年度均为662亿日元，2006年财政年度为340亿日元
2007年	日本政府提出“下一代汽车与燃料行动计划”，确定了各阶段燃料电池汽车成本、性能、寿命等指标
2008年	日本制订了氢能与燃料电池示范运行计划，并投入2.32亿美元进行燃料电池技术研究与市场化推广，投入1400万美元构建氢能国家技术标准，同时还积极推行家庭用燃料电池热电共生系统补助计划 总投资15万亿日元的经济刺激方案为燃料电池及二氧化碳捕捉存储（CCS）等技术开发提供资金，为购买燃料电池车等用户提供10万～25万日元/辆的补贴，为购买Ene－Farm CHP企业或个人提供50%的费用减免

续表

时间	政策
2009 年	燃料电池商业化组织(FCCJ)发布《燃料电池汽车和加氢站2015年商业化路线图》,明确指出2011~2015年开展燃料电池汽车技术验证和市场示范,随后进入商业化示范推广前期。2011年,计划在5年内斥资2090亿日元,开发车用电池、氢燃料电池等技术
2013 年	经济产业省启动了对商业化加氢站的补贴计划,每个加氢站最高可获得投资成本50%的政府资金补贴。通过NEDO和METI,对氢和燃料电池的投入在2013年为359.6亿日元
2014 年	经济产业省发布《氢燃料电池车普及促进策略》,将氢燃料、氢燃料电池车相关的国际技术标准引入作为日本国内行业标准。修改《高压气体保安法》,将每次补给的氢燃料压力上限由大约700个大气压提升至875个大气压,从而扩大氢气罐容量,将续驶里程提升20% 为了在日本本土市场大力推广燃料电池车,日本政府将为燃料电池车提供至少200万日元/辆的补贴
2017 年	经济产业省发布《氢能基本战略》,明确设定了中期(2030年)、长期(2050年)氢能发展目标
2018 年	日本NEDO制定了氢燃料汽车推广目标,将在2040年普及氢燃料汽车,并且氢燃料电池车的续航里程将延长至目前的1.5倍,达到1000公里。到2040年,保有量将由目前的2000辆增加到300万辆至600万辆

资料来源：根据公开资料整理。

（一）产业定位

1. 氢能定位

因能源匮乏，日本非常重视新能源开发，很早就开始系统地制定氢能发展规划。从能源供给安全、经济效益提升的角度出发，2013 年日本政府推出“日本再复兴战略”，重议了国内燃料电池车的相关规章制度，明确提出推动家庭用燃料电池的普及，把发展氢能源提升到国策的高度。2014 年，日本内阁会议正式通过全新的“能源基本计划”，即《第四次能源基本计划》，将氢能视为未来二次能源的核心，明确提出了建设和发展氢能社会的战略方向。2017 年 12 月，日本政府发布了《氢能基本战略》，确定了 2050 年“氢能社会”建设目标以及到2030 年的具体行动计划，提出到2030 年实现氢能燃料发电商业化、2050 年氢能燃料汽车全面普及和燃油汽车全面停售等目标。根据该战略，低成本制氢是未来日本氢能产业发展的重点。为打破资源匮乏、氢能源不足的限制，日本提出了建立海外氢能供应体系、充分利用本国可再生资源和工业余热制氢等解决方案。

2. 发展目标

2017 年，日本发布的《氢能源基本战略》中提出，到 2030 年，年均氢气供给能力要达到 30 万吨，燃料电池汽车发展到 80 万辆，实现氢燃料电池发电商业化，发电成本控制在 17 日元/（kW·h）［1.03 元/（kW·h）］；到 2050 年，年均氢气供应能力要达到 500～1000 万吨，燃料电池汽车全面普及，氢燃料发电成本进一步降至 12 日元/（kW·h）［0.73 元/（kW·h）］。

（1）固定式燃料电池领域。截至 2015 年 10 月，日本国内安装的固定式燃料电池应用已达 14.1 万套，目标是 2020 年达到 140 万套，2030 年达到 530 万套。

（2）氢燃料电池汽车。到 2020 年，日本燃料电池汽车保有量将达到 4 万辆；到 2030 年，燃料电池汽车保有量将超过 80 万辆，并大力开展对燃料电池卡车的研发；到 2050 年，燃料电池汽车将替代新增传统燃油车。

（3）发展路径。2014 年，日本经产省制定了《氢能与燃料电池战略路线图》，并于 2016 年对该路线图进行了修订，明确了氢能社会“三步走”的路线，即：到 2025 年，加快推广和普及氢能应用；到 2030 年，建立大规模氢能供应体系，实现规模化氢燃料电池发电；到 2040 年，建成零排放氢能供给体系。

（二）补贴政策

为解决石油依赖问题，日本通过政府主导和立法等方式积极推动氢能产业发展。政府对新能源产业发展的重视通过立法的形式来体现，扶持政策也为相关研发机构和生产企业提供丰厚的补贴。日本政府 2016 年投入氢能与燃料电池的财政预算达到 601 亿日元，比 2015 年的 430 多亿日元有了大幅增加。预算分配如下，补贴 ENE－FARM 家用燃料电池系统 170 亿日元，补贴燃料电池150亿日元，补贴加氢站62亿日元，燃料电池及加氢站的研发预算88.5亿日元，全球氢供应链示范项目33.5亿日元，氢的制取储运研发及构建氢能网络投入97亿日元。2017年，日本政府为氢能和燃料电池提供的资金总额超过390亿日元补贴，2018年日本在该领域的财政预算也高达300亿日元。

1. 购车补贴

氢燃料电池汽车是日本新能源汽车发展的重要方向。相比纯电动车，燃料电池车在续驶里程和加氢时间上都有着明显优势。日本对购买燃料电池汽车的消费者提供丰厚的购车补贴，售价670万日元/辆的丰田 Mirai，补贴202万日元/辆；售价709万日元/辆的本田 Clarity Fuel Cell，补贴208万日元/辆。

2. 加氢站补贴

为推动加氢站建设，日本政府提供多项财税激励政策。日本制定了"氢气供给设备整备事业费辅助金"制度，根据加氢站类型、供氢方式、供氢能力等，自2013年起对加氢站建设项目进行补贴，可达建设费用的50%，上限为2.5亿日元。2014年增加了定额性补贴政策，上限达到2.8亿日元；2017年日本又对补贴政策做出了调整。

除补助加氢站的建设成本外，对于加氢站的运营，日本政府也提供补贴，补贴金额为运营费用的2/3，根据加氢站类型有上限规定（1600万~2600万日元）。此外，日本政府制定了到2020年将加氢站的建设费用和运营费用减半的目标。具体实施方案是更改《高压气体安全法》规定的加氢站隔离距离等相关规定，放宽禁止普通消费者加氢的限制条件等。利用这些政策，可以显著削减加氢的设备费用和人工费用。

（三）加氢站

2014年6月，日本经济产业省发布了《氢能与燃料电池战略路线图》，提出加速推进加氢基础设施建设过程中技术难题的攻关和确保氢能利用的经济性时限，明确了三个阶段的目标：

第一阶段从2014年到2025年，主要目标是快速扩大氢能的使用范围，将日本的家用燃料电池装置数量在2020年和2030年分别提高到140万台和

530万台，加氢站2015年增加到100座。

第二阶段从2020年中期到2030年底，主要目标是全面引入氢发电和建立大规模氢能供应系统，将海外购氢的价格降到30日元/m^3，扩大日本商业用氢的流通网络，全面利用海外未被有效利用的太阳能、风能、潮汐能制氢，全方位发展氢发电产业等。

第三阶段从2040年开始，主要目标是建立零二氧化碳排放的供氢系统，通过收集和储存二氧化碳，全面实现零排放的制氢、运氢、储氢。

2016年3月，日本经济产业省又发布了《氢能与燃料电池战略路线图》的修订版。关于加氢基础设施发展战略路线图，新设定了“到2020年建成160座加氢站，到2025年建成320座加氢站”的配套建设目标。

（四）研发支持

日本从1993年开始发展WE－NET项目。它是由NEDO经营的一个广泛的政府性工业学术企业，主要任务是关于氢能源研究方面的计划及策略贯彻。第一阶段的WE－NET项目为1993～1998年，主要集中研究不同氢技术的可行性分析，以及适用于日本的氢能源行业计划。第二阶段为1998～2002年，主要是对选定方案的介绍、验证及测试，同时发展更进一步的研究和计划。以上两个阶段的研发预算为200亿日元，约2亿美元。接下来的研究项目是称为氢能源安全利用方面的基础技术研发，预计将持续到2020年，主要方向是氢能源基础建设在日本的逐步普及和渗透。

三　欧洲

表3　欧洲主要氢能及燃料电池政策汇总

时间	政策
2003年	欧盟促成了“欧洲研究区（European Research Area，ERA）”，包含“欧洲氢能和燃料电池技术平台（EHFCP）”，目的在于向欧盟委员会推荐燃料电池和氢能技术发展的一些关键性领域

续表

时间	政策
2007 年	欧盟的“第 6 科研框架计划(2002 ~ 2006)”(FP6)对氢能技术和燃料电池技术各支持 1.257 亿欧元和 1.539 亿欧元。其第一轮资金涉及氢能制造(1460 万欧元)、氢能贮藏(1070 万欧元)、氢能的传输(2134 万欧元)、氢能的最终应用(1350 万欧元)、高温燃料电池(1510 万欧元)等项目。2007 年 3 月欧盟又发布计划,拟于 2007 ~ 2015 年间投入 74 亿欧元的氢能和燃料电池技术研究实施计划
2008 年	欧盟出台燃料电池与氢联合行动计划项目(FCH – JU),决定在 2008 至 2013 年至少斥资 9.4 亿欧元用于燃料电池和氢能的研究和发展,涉及的项目包括氢气车队项目、ZERO – REGIO 项目和小型车辆氢气链项目的公开实验
2009 年	欧盟批准燃料电池与氢联合行动计划项目(FCHJU)。这个计划的目标是促进氢与燃料电池技术的发展,为 2015 年商业化进行技术储备。该计划的总预算是在 2008 ~ 2013 年至少投入 9.4 亿欧元,其中欧盟投入 4.67 亿欧元现金,产业界投入 2000 万欧元现金和至少 4.5 亿欧元资产,研究机构则投入 300 万欧元现金
2011 年	2010 年,FCH – JU 项目调用 27 个项目,投资 7 亿 RMB,其中,两个项目是大规模车辆示范项目“H2moves Scandinavi”和欧洲城市清洁氢能(CHIC)
2012 年	实施了 Ene – field 项目。项目包含 12 个欧盟成员国,9 家燃料电池系统制造商和接近 1000 套微型 CHP 系统。项目至少会持续 3 年,计划投资 5300 万欧元
2013 年	欧盟为 TEN – T 项目提供大约 350 万欧元的资助,用以支持对荷兰和丹麦加氢站当前运营状态的分析以及制定扩大其应用的新策略。该项目将提出一个在 TEN – T 道路网沿线将氢作为长距离替代燃料的部署提案,这将帮助决策者和基础设施管理者发展和使用有效的支持方案,以实现欧盟区氢基础设施的拓展和实用化 FCH – JU 项目运营基本正常,2013 年投入经费约 6300 万欧元。2014 ~ 2020 年,欧盟将启动 Horizon 2020 计划,在该计划中氢和燃料电池的投入预算可能达到 220 亿欧元
2016 年	欧盟发布《可再生能源指令》等重要政策均提出将氢能源作为能源系统的重要组成部分,《燃料电池和氢能实施计划》的实施周期是 2014 ~ 2020 年,主要目标是到 2020 年实现氢能和燃料电池在固定式能源供应和交通方面的应用
2017 年	德国政府组织本国汽车行业领导企业成立了一个 6000 万欧元、为期三年的联盟,研究汽车燃料电池堆的大批量生产。联盟名为“AutoStack – Industrie”,由德国联邦交通和数字基础设施部(BMVI)投资,第一年出资 2130 万欧元
2018 年	从 2019 年起,法国环境和能源署将出资 1 亿欧元用于在工业、交通以及能源领域部署氢气,进一步发展氢动力车辆,加速加氢站建设。2023 年计划拥有 5000 辆轻型商用车,2028 年增加至 20000 ~ 50000 辆。2028 年加氢站规模建设增加至 400 ~ 1000 座

资料来源:根据公开资料整理。

（一）发展目标

欧盟把氢能源和燃料电池技术作为能源领域的一项战略高新技术，其主要目的都是为了更好地应对能源和气候变化的挑战，帮助欧盟实现其 2020 年的减排目标。欧盟于 2002 年成立了氢能与燃料电池高层小组，组织开展氢能愿景研究。2003 年，欧盟发布《氢能和燃料电池——我们未来的前景》，制定了欧洲向氢经济过渡的近期（2000 ~ 2010 年）、中期（2010 ~ 2020 年）和长期（2020 ~ 2050 年）三个阶段主要的研发和示范路线图。同年，欧盟 25 国联合开展了《欧洲氢能和燃料电池技术平台》项目，针对氢能和燃料电池的关键领域进行重点攻关。2003 年，欧盟 25 国促成了"欧洲研究区（ERA）"项目，项目中的"欧洲氢能和燃料电池技术平台（EHFCP）"目的在于向欧盟委员会推进燃料电池和氢能技术发展的一些关键性领域，从而能够在"第 7 框架计划［7th Framework Programme，2007 - 2012］中重点攻关"。

2016 年，欧盟发布《可再生能源指令》，强调将氢能作为能源系统的重要组成部分。另外，欧盟正在推进的《燃料电池和氢能实施计划》的实施周期是 2014 年 ~ 2020 年，主要目标是到 2020 年将氢能和燃料电池应用在固定式能源供应和交通方面。2019 年 2 月，燃料电池和氢能联合组织（FCH JU）发布"欧洲氢能路线图"，该路线图根据 17 个欧洲主要工业参与者的意见制定，将为大约 4200 万辆大型汽车、170 万辆卡车、25 万辆公共汽车和超 5500 辆列车提供氢燃料。

（二）支持政策

1. 欧盟

2008 年，欧洲工业委员会和研究机构等发起了《燃料电池与氢能联合行动计划项目》，2008 ~ 2013 年该项目投资约 9.4 亿欧元，主要用于交通和基础设施、固定式发电和热电联产、制氢和氢气运输等领域的研究。

2013 年，欧盟委员会资助 14 亿欧元启动了第二阶段（2014 ~ 2024 年）

的《燃料电池与氢能联合行动计划项目》，目标将燃料电池系统成本降低90%，将燃料电池发电效率提高10%，力争可以利用可再生能源电力发展大规模制氢，以促进氢燃料电池汽车产业的发展。据不完全统计，2007～2015年欧盟在氢能与燃料电池方面的投入约74亿欧元。2015年和2016年，Hydrogen Mobility Europe投入1.7亿欧元，先后启动了H2ME1和H2ME2计划，对欧洲氢燃料电池汽车的可行性和竞争性进行评价分析。欧盟对加氢站建设的补贴达到其建设成本的50%，主要来自欧盟CUTE项目经费和各国政府的共同支持。

2. 德国

德国是氢能产业发展较为领先的国家，从政府部门明确的氢能发展战略定位、氢能产业发展路线图、资金投入，到推动产业联盟的建立和鼓励技术创新，都为其他国家氢能发展都为提供了样板。

2004年，德国政府牵头成立了国家氢能与燃料电池组织（NOW），以支持氢能经济的初期发展。该组织的管理层由来自德国联邦交通和数字基础设施部等多个部门的人员组成。为推动氢能发展项目的实施，NOW在2006年启动了国家创新计划（NIP）计划。通过该计划，共募集14亿欧元的专项资金用于2007～2016年的750个氢能项目开发。募集资金中的7亿欧元由德国政府出资，剩余资金则按项目合作制度由产业提供。2007年，德国正式推出第一个氢和燃料电池技术国家创新计划（NIP），用以资助相关技术研发。目前，德国政府相关部门已确定将NIP计划延续第二期至2028年，NIP二期的重点将包括研发和市场启动两个方面。德国联邦交通与数字基础设施部已确定在2018年前用于氢能与燃料电池的预算投入至少1.61亿欧元。

为加大对氢能和燃料电池汽车的开发与商业化应用，除了政府部门的努力，德国先后成立多个技术联盟和产业联盟以进行氢能的开发合作。以加氢站建设为例，由法国液化空气集团、戴姆勒、林德、奥地利石油天然气集团（OMV）、壳牌和道达尔六家氢能产业的龙头企业在2015年结成了H2 Mobility联盟，来进一步推进加氢站建设的计划。2018年，德国新增26座公共加氢站投入运营，截至2018年底，德国共有60座公共加氢站在运。此外，政府计划于2019年再建100座加氢站，目前，计划的加氢站中近一半已经建成，覆盖了德国的主要城市。到2023年，H2 Mobility将在德国境内建成400座加氢站

德国已实施了多个涉及氢气制取、运输、储存及燃料电池应用的氢能全产业链，在通信基站、加氢站、燃料电池车、氢能列车、氢区建设等方面实现了很好的应用。2007～2018年，德国在氢燃料电池行业累计投资近40亿欧元，用于氢燃料电池技术研发。2018年，BMVI批准了总额超过310万欧元的资金申请，用于采购223辆燃料电池汽车。资金来自NIP计划第二阶段。此外，来自资助计划的2050万欧元将用于建立20座加氢站，从而使零排放氢能汽车更具吸引力。

3. 北欧

北欧五国包括丹麦、挪威、瑞典、芬兰和冰岛，这五国的能源分别来自可再生能源、核能和化石燃料，其中可再生能源占总能源的55%。北欧五国积极响应《京都议定书》规定的二氧化碳等温室气体排放标准，制订和资助了一批氢能和燃料电池的研发计划。北欧五国成立了“北欧能源研究组织”，专门负责包括氢能和燃料电池从生产到应用的能源计划。从2003年起，北欧能源研究组织计划每年投入经费资助氢能和燃料电池研发，资助的主要计划和关键领域集中在：氢能生产，包括生物制氢、电解制氢和天然气制氢；氢储存，主要是合金储氢；燃料电池网络，加氢北欧五国应用燃料电池技术的研发。

冰岛、丹麦和挪威是北欧氢能发展最有代表性的国家。冰岛试图凭借储氢技术和资源等优势，打造氢能的领先地位，发展成为世界上第一个氢经济国家。冰岛氢燃料都是通过电解水的方法获得。冰岛72%的电力供应来源于地热和水力发电。由于有庞大的可利用的清洁能源供应，冰岛可以直接用全国电网进行电解水生产氢燃料。由于低廉的2分/千瓦时的电力价格，冰岛每年可生产出2000吨电解氢。这个得天独厚的条件是其它国家无法比拟。冰岛成立了由汽车制造商和电力公司组成的新能源联盟，计

划在冰岛国内建立完全使用氢燃料的系统，并能出口氢燃料。丹麦科学技术创新部和丹麦能源署2004年制订了氢能战略，并制定了具体的开发燃料电池技术的战略和路线图。丹麦能源署每年投入500万欧元，资助研究燃料电池和氢能。目前，丹麦全国每年用在研发燃料电池技术方面投入超过2000万欧元。

挪威天然气资源充裕，大力发展天然气制氢和二氧化碳捕捉、封存技术。并且，挪威有广阔的地域，适合二氧化碳收集。为推进氢能技术与产业发展，挪威政府成立了氢能委员会，代表不同行业、研发机构、政府部门和非政府组织，把开发氢能作为能源载体的国家目标，提出国家氢能计划并组织实施。2004年11月，挪威氢委员会提出，挪威有大量天然气资源，天然气制氢收集二氧化碳与天然气发电收集二氧化碳一样重要，氢能是未来可持续能源系统的重要部分。2005年，挪威使用和能源部和交通运输部共同制定了国家氢能战略。另外，还有挪威研究理事会负责未来清洁能源计划，计划服务期限为2004~2013年。这个计划每年资助2000万欧元，氢能资助占13%。2009年，挪威建成580km氢能高速公路，途经7个主要城市，氢能汽车可以随时在沿途加氢站补充燃料。

（三）加氢站

1. 德国

2009年9月，德国政府与法国液化空气、戴姆勒、德国林德集团、荷兰皇家壳牌集团等欧洲主要工业巨头在柏林签署 H_2Mobility 项目合作备忘录，从2011年底在德国全面开展氢基础设施网络建设达成一致意见，决定未来十年内投资3.5亿欧元（按当时汇率约合5亿美元）在德国境内新建加氢站，到2017年在德国建成100座加氢站，到2023年建成400座加氢站，届时德国高速公路上每隔90km就有一座加氢站，每个城市区将至少有10座加氢站。

2. 法国

根据《法国氢能计划》，法国到2023年，加氢站将达到100座，到

2028年，加氢站将进一步增加至400～1000座。法国计划通过可再生能源电力制取氢气，建立规模化供氢体系。

四 韩国

表4 韩国主要氢能及燃料电池政策汇总

时间	政策
2008年	韩国实施"低碳绿色增长战略"，其中氢能燃料电池研发项目投资约合16.38亿元
2009年	韩国知识经济部（MKE）成立了韩国能源技术评估和计划机构，计划评价和管理包括氢燃料电池等在内的能源研发项目
2009年	首尔计划推广氢燃料电池的使用，力争2020年氢燃料电池使用量占全部替代能源的30%
2010年	实施"百万绿色家庭项目"，在2020年之前安装10万套1kW的燃料电池系统，安装补贴在2010～2011年之前达到80%
2010年	公布斥资380亿美元的"绿色新政"项目，其中许多计划都与燃料电池和氢能项目相关。计划到2012年绿色产业部门增加600万人就业机会并且获得全球绿色技术市场7%的份额，到2030年上升至13%
2012年	实施"绿色氢城市示范"项目，计划在2012～2018年投入877亿韩元（中央政府出资520亿韩元，地方政府185亿韩元，私人投资172亿韩元）建设绿色氢城市，主要投资内容为氢气的生产和管理，燃料电池的生产等
2015年	在首尔购买燃料电池汽车的消费者可以获得2750万韩元的国家补贴，以及各种免税的优惠政策。除了补贴和税收减免，韩国政府还计划帮助汽车制造商降低生产成本
2019年	韩国政府发布《氢能经济活性化路线图》，旨在大力发展氢能产业，以引领全球氢燃料电池汽车和燃料电池市场发展。根据该路线图，政府计划到2040年氢燃料电池汽车累计产量由目前的2000余辆增至620万辆，氢燃料电池汽车充电站从现有的14个增至1200个

资料来源：根据公开资料整理。

（一）发展目标

韩国Hydrogen Fusion Alliance Bureau（H2KOREA）于2018年发布了关于韩国建立氢能经济社会的方案，目标是利用可再生能源、天然气、水等制取氢气，建立一个以氢能为主要能源的可持续、低碳社会。2019

年 2 月，韩国政府发布了《氢燃料电池汽车产业生态路线图》，目标是到 2040 年生产 620 万辆氢燃料电池电动汽车，并在全国建立 1200 座加氢站。韩国计划到 2022 年氢燃料电池电动汽车的数量达到 8 万辆，高于此前 6. 5 万辆的目标。到 2030 年，韩国政府目标是拥有 180 万辆氢燃料电池电动汽车。

（二）车辆推广应用

为实现《氢燃料电池汽车产业生态路线图》提出的目标，韩国政府将为氢燃料电池出租车和卡车提供补贴，并将与地方政府合作，到 2022 年将氢燃料电池客车数量增加到 2000 辆。另外，韩国政府还计划到 2021 年将用氢燃料电池汽车替换 820 辆警务大巴。预计到 2025 年，这些补贴将提高产能并降低约 3000 万韩元的成本（约合 26639. 3 美元），这是当前市场上燃料电池电动汽车售价的一半。

（三）加氢站

韩国 H2KOREA 发布的韩国建立氢能经济社会的方案中提出，到 2025 年，氢制备以副产氢为主，同时发展水电解制氢，建成至少 200 座加氢站；到 2030 年，发展大规模天然气重整制氢和水电解制氢，目标是建成 520 座加氢站。

在《氢燃料电池汽车产业生态路线图》中，韩国政府宣布将多样化氢供应组合。未来 20 年内，韩国计划增加氢供应量至 526 万吨，氢能源市场价格降至每公斤低于 3000 韩元。韩国政府还将支持氢能在工业、家庭中的供电，并研发由氢能驱动的船舶、火车和建筑机械，这与其打造氢经济社会的目标相一致。

五　国外氢能政策经验对我国的启示

根据以上分析，自 20 世纪 90 年代起，日本、美国、欧洲等国家和地区就开始支持本国氢能及燃料电池技术研发。2001 年以来，美国、日本、韩国、德国等主要国家相继明确了氢能产业发展的战略方向，出台了技术研发、加氢站建设及氢气供应、燃料电池应用、燃料电池汽车示范运行等一系列支持政策，现已在燃料电池汽车技术研发、产业链构建及加氢站建设方面取得优势。2017 年以来，我国氢能及燃料电池汽车产业发展也如火如荼。今年两会期间，多位车企代表和委员提交氢能产业相关议案，氢能也首次被写入《政府工作报告》。然而，我国氢能及燃料电池汽车产业发展的顶层设计仍然不够明确，氢能等方向支持政策亟待强化完善。为此，我国有必要对国外有价值的政策经验进行吸收和借鉴。

（一）加快明确氢能产业发展战略

在本世纪初，美国就已将氢能发展上升为国家战略。2001 年，美国发布《2030 年及以后美国向氢经济转型的国家愿景》，开始进入制定国家氢能战略阶段。2002 年 4 月，美国完成战略研究并发布了《国家氢能路线图》。日本、韩国也不例外，2013 年日本政府推出的“日本再复兴战略”把发展氢能源提升到国策的高度。2018 年韩国政府提出了建立氢能经济社会的方案，不仅将氢能发展上升到国家战略高度，将其作为未来经济社会发展的重要方向。当前，我国虽然出台了一些技术研发的支持政策，但氢能产业的战略定位还不够明确，亟待取得突破。

（二）健全氢能产业组织机构

为较好地支持氢能产业发展，美国、日本、韩国、欧盟等国家和地区均制定或设立了明确的机构开展产业发展的组织管理工作。具体来看，德国在氢能和燃料电池领域专门成立了国家氢能与燃料电池技术组织，负责德国在氢能及燃料电池领域的相关项目实施。日本新能源产业技术综合开发机构是最大的公立研究开发管理机构，下设专门机构，负责氢能的项目设计、招标和验收等工作。美国能源部在能效和可再生能源办公室下设立了燃料电池技术办公室，负责全国氢能的管理。为实现氢能经济社会目标，韩国政府通过调整政府部门分工、增设专门组织等方式，初步形成了氢能经济社会建设的领导组织。为保障氢能产业发展，我国需要明确专门机构，统一指导、协调、研究和规划氢能技术研发和示范应用。

（三）强化重点领域技术突破

前文的分析表明，日本、美国、韩国、欧盟等国家和地区在燃料电池的发展过程中，投入了巨资研究氢能及燃料电池技术，目前已掌握了主要氢能技术及大量核心专利。近年来，我国在科技专项、创新工程等方面进行了重点布局，氢能及燃料电池重点领域技术取得了较大进展。但与发达国家相比，我国在氢能及燃料电池的一些关键材料和核心技术方面还有待突破。因而，相关部门应加强对氢能及燃料电池技术薄弱环节的政策支持和引导，提升从应用示范向产业化转化的创新能力。

（四）加强宣传普及，提高公众认知

为了提高社会认知，从 2015 年开始，美国政府把每年 10 月 8 日定为美国氢能与燃料电池日。纪念日期间，美国能源部、燃料电池和氢能源协会、行业组织、国家实验室及州和联邦政府在全国各地举行多种交流和宣传活动。目前，我国社会公众对氢能还不够了解。为营造氢能产业发展的良好环境，我国政府应加强氢能科普，让各级政府部门和社会公众了解氢能发展的重要性，提升公众对氢能利用的认知水平，减少氢能应用推广中可能遇到的阻力，促进氢能的产业化、社会化应用。

B.19

日本车用氢能产业进展对我国的启示

崔志广　顾成奎　戴东薇　李　欢*

摘　要：　日本2002年启动氢能及燃料电池示范项目（JHFC）以来，不断加大对氢能及燃料电池的研究和示范应用力度。到2017年发布《氢能源基本战略》，将氢能源视为保障能源安全与应对气候变化的“杀手锏”，提出了到2030年实现氢燃料发电商用化，到2050年燃料电池汽车全面普及，燃油汽车全面停售的“氢能社会”国家战略及其具体行动计划。2019年3月，日本氢能与燃料电池战略委员会进一步更新了2014年首发、2016年修订的《氢能与燃料电池战略路线图》。日本将氢能作为能源结构转型、保障能源安全和应对气候变化的重要抓手，其做法和经验对我国发展氢能及燃料电池汽车具有一定的启示。

关键词：　日本　氢能　燃料电池　基本战略　路线图

日本从国家安全和可持续性发展的角度，为摆脱对石油和电力的依赖，将氢能的利用和车用氢能的普及长期作为国家战略推进。近年来，日本采取各种优惠措施，扩大氢能终端产品市场，极大推动了氢能和燃料电池领域的

---

* 崔志广，博士，高级工程师，赛迪智库节能与环保研究所副所长；顾成奎，博士，副教授，赛迪智库节能与环保研究所所长；戴东薇，工信部赛迪研究院赛迪传媒副总经理；李欢，博士，助理研究员，赛迪智库节能与环保研究所。

技术突破和产业进展。2017 年 12 月 26 日，日本政府发布了《氢能源基本战略》，将氢能源视为保障能源安全与应对气候变化的“杀手锏”，提出了到 2030 年实现氢燃料发电商用化，到 2050 年燃料电池汽车全面普及，燃油汽车全面停售的“氢能社会”国家战略及其具体行动计划。为确保《氢能源基本战略》的顺利实施，2019 年 3 月日本氢能与燃料电池战略委员会进一步更新了 2014 年首发、2016 年修订的《氢能与燃料电池战略路线图》。

一　日本《氢能源基本战略》的要点

三条路径促进低成本、清洁化制氢技术的应用。日本受本国自然资源禀赋限制，从三方面着手降低制氢成本。首先，推动建立海外氢能供应体系。一方面利用海外廉价的褐煤并结合碳捕集与封存技术（CCS）实现低成本制氢，另一方面在再生能源丰富、发电成本较低廉的国家和地区布局水电解制氢，计划到 2030 年年均氢能供应量达到 30 万吨，2050 年达到 500 万～1000 万吨，成本减低到 20 日元/Nm^3。其次，充分利用本国富余的可再生能源，大力发展电转气技术，利用风电、光伏发电等剩余电力电解水制氢，与进口氢能形成完整的商业化氢能供应体系。最后，充分利用工业余热进行热解制氢，提升热利用效率，减少催化电解水中贵金属催化剂的使用，降低制氢成本。

四个方面开发高效氢能存储和输运技术。经济、高效和安全的储氢和运输技术是建立海外氢能供应体系的最大难点。日本从四方面着手开发氢气存储和运输技术：其一，开发建设液化氢的专用基础设施，采用与液化天然气相同的方法，将氢气直接转化为液体，即在产地制备、冷却液化，再通过特殊船舶海运至本国。其二，开发在常温下可液化的甲基环己烷储氢，即利用基于甲苯与甲基环己烷可逆反应储氢技术，充分利用既有的加油设施，运输到加气站后，在加气站内通过脱氢反应还原氢能。其三，开发常温下可液化，氢能载体密度高的氨、甲烷等能源载体，充分利用既有的液化石油气（LPG）基础设施储存、运输。其四，在氢能制备基地附近铺设氢气管网，在沿海地区形成区域氢能管道网络；开发利用既有城市天然气管道。

以氢燃料发电为重点加快氢能商业化应用。将氢燃料发电视为实现氢能社会的重要环节，提出到2030年实现氢能发电商业化，发电容量达到1GW，发电成本控制在17日元/千瓦时以内，到2050年发电容量增至15～30GW，成本进一步降低至12日元/千瓦时。在交通领域推广普及氢燃料电池汽车，提出到2020年达到4万台，到2030年达到80万台的目标；扩大加氢站规模，2020年达到160个，2030年增加到900个；加快氢燃料电池公共汽车、铲车等方面的应用。不断降低燃料电池成本，推广普及家用燃料电池，到2019年质子交换膜燃料电池（PEFC）价格达到80万日元，到2021年固体氧化物燃料电池（SOFC）价格达到100万日元。

加强新技术创新、标准制定以及科普工作。为实现战略提出的2050年氢能社会的目标，各部门将形成统一认识，加强衔接，共同加大新技术研发力度，开发新型高效、廉价的氢气制造、运输技术以及高效、稳定的燃料电池技术。积极开展国际合作，构建氢能生产、运输、储存和使用国际体系；通过国际组织氢气理事会等，构建国际氢能利用框架，促进相互合作；开展氢能和燃料电池等相关国际标准的制定，抢占技术制高点。广泛开展氢能科普和地区合作，促进各地区、各组织间氢能及燃料电池相关信息的共建共享，提升社会对氢能的接受程度。

二　氢能与燃料电池战略路线图更新内容

新氢能与燃料电池战略路线图是日本“氢能社会”的政产学研行动计划，规定了基础建设和成本突破的目标（主要更新了价格差），以及实现这些目标的必要措施；并拟成立专家委员会，评估审查路线图各领域执行情况。

一是在氢气供应方面，制氢、储氢成本预期进一步下降。在化石燃料制氢方面，通过提高褐煤气化效率和规模，到2020年将褐煤制氢成本由几百元/千克降低至8元/kg；通过创新液化罐结构，将液氢罐容量由几千立方米提升到5万立方米；通过提高液化效率以及液氢绝缘性能和规模等措施，将液化能耗由13.6kWh/kg降低至6kWh/kg；通过研发低成本碳捕集技术，使碳捕集封存价格由250元/tCO_2降低至120元/吨二氧化碳，氢气价格到2030年达到20元/公斤，未来达到13元/公斤。在电解水制氢方面，通过研发更高效、持久的电解槽以及利用本地资源构建供应链等方式，到2030年电解槽价格由1.2万元/kW降低至3000元/kW，电解水能耗由57kWh/kg降低至4857kWh/kg。

二是在加氢站方面，进一步降低建造运营成本和设备成本预期。通过延长运营时间、实现加氢站自助，使用便宜的钢材、加氢站与现有加气站、便利店建在一起等措施，到2025年建设成本由2100万元降低至1200万元，运营成本由204万元降低至90万元。到2025年设备成本方面压缩机由540万元降低至300万元，动力电池由300万元降低至60万元。加氢站个数到2025年仍为320个、2030年900个，未变。

三是在燃料电池汽车方面，进一步降低成本预期。通过制度改革和技术创新，到2025年燃料电池汽车与混合动力汽车差价由18万元降低到4.2万元；燃料电池汽车主要系统中通过技术提升减少铂用量使燃料电池价格由1200元/kW降低到300元/kW，通过技术提升减少储氢系统碳纤维用量，使储氢系统由4.2万元降低到1.8万元。

四是在工商用途方面，争取早日平价上网。通过研发高效、高能量密度燃料电堆技术以及解决电池衰退问题，设置了到2025年低压设备成本3万元/kWh，电力成本1.5元/kWh；高压设备成本1.8万元/kWh，电力成本1元/kWh的目标。在电池效率方面设定了2025年达到50%，远期达到65%的目标；电池寿命由目前的90000小时提高到2025年的130000小时。

五是在公交车、叉车方面以及商业化方面，将2020年燃料电池公交车的车辆费用由630万元调整为315万元，提出扩大燃料电池公交车运营区域，到2030年实现燃料电池公交车自立。拓展叉车的海外市场，到2020年推广500台。通过研发高效燃烧室、研究有限混合完全燃烧速率、性质等措施，将氢气发电效率由26%提高到27%。

六是提出实现“东京宣言”（氢能部长级会议），协调统一规则，促进信息共享，研究和评估氢的潜力，利用2020年奥运会和残奥会，2025年大阪世博会等，宣传技术，实施创新技术开发，为实现未来氢能的清洁性、各种工业过程中考虑引入不产生CO_2的氢能。

三 对我国发展氢能源的启示

大力发展低碳化煤制氢，不断降低可再生能源制氢成本。经济性和低碳性是氢能推广的关键。目前，世界上约96%的氢以煤、石油和天然气等化石资源制取。我国以煤制氢为主，但煤制氢过程中会产生大量二氧化碳，违背了氢作为清洁能源的初衷。在利用可再生能源制氢方面，目前，我国水电制氢成本约1.8元/m^3，风电制氢成本约4元/m^3，光电制氢成本约在6元/m^3，远高于煤制氢0.7元/m^3的价格。鉴于全球气候变化压力，我国可借鉴日本做法，近期远期相结合，多渠道获得氢能的经验，一方面，短期内利用我国丰富的煤炭资源优势，充分利用工业副产氢气，发展褐煤制氢的同时开展二氧化碳捕集填埋以及综合利用，降低煤制氢对环境的影响。另一方面，发展可再生能源制氢，逐步降低可再生能源制氢成本，最终获得“零碳”氢能。

大力发展氢气储存和运输技术。在车载高压氢气瓶、固定式和移动式高压储氢容器等高压气态储氢方面，我国已开展了探索研究，制定了高压容器国家标准，但部分指标落后。在液态储氢方面，我国制造出300m^3的液氢圆柱形储罐，而国外已制造出3200m^3、1400m^3的液氢球罐。在氢气输送方面，我国研制液氢铁路罐车已用于航天工业，但未应用到民用方面；输氢管线总长不足100km，远低于欧洲1500km和美国2400km的管道。我国可借鉴日本将能源载体（含氢能）的开发利用作为政府战略创新工程，将氢气的储存和运输视为推进氢能产业化应用的重要环节的经验，及时设立能源载体开发利用专项，建设液化氢专用基础设施，研发高性能常温储氢材料，加大氢气储存、运输环节的技术开发；在具备氢气的工业园区建设输氢管线，促进氢能利用。

以氢燃料电池汽车和加氢站为牵引，促进氢能多元化应用。目前我国氢气绝大部分用于工业原料，而作为能源应用主要是在燃料电池汽车方面，其他方面应用较少。目前虽已研制出氢燃料电池车，并在北京奥运会、上海世博会、广州大运会投入使用，但行驶里程、燃料电池寿命等方面还与国外先进水平差距较大。我国可效仿日本，将氢能发电、普及氢燃料电池汽车、推广家用燃料电池等作为推动氢能利用的重要领域，充分利用我国工业副产氢气量大的优势，以燃料电池汽车和加氢站为重点，推进氢燃料电池汽车和加氢站建设形成良性循环。在氢气富余的区域试点建设氢能发电，探索氢能发电模式。研发家用燃料电池，条件成熟时在家庭以及医院等需备用电源的地方推广应用，扩大氢能应用范围。

强化组织保障，促进氢能标准研制应用。我国已提出开展氢能技术领域的系统、部件、装备、材料和平台研究，也将氢能、燃料电池作为引领产业变革颠覆性技术列入规划，目前氢能技术标准中，50%以上属于燃料电池标准，氢品质、储运、加氢站、安全等方面标准较少，而且，如车载氢气系统等标准，只涉及压缩氢气储存，不涉及系统的型式试验，难以满足国际技术通则中以系统为实验对象的要求。同时，缺少高精度氢气品质检测平台、高灵敏度氢气泄漏监测系统等重要测试装备，权威检测认证机构尚未形成。我国可借鉴日本经济产业省成立全资公司 NEDO 主管和承担系统推进氢能社会建设的经验，为保持氢能推广的统一性和高效性，组建专职职能部门，成立具体执行机构，统筹规划持续推进煤制氢、工业副产含氢气体制氢、富余电量制氢以及氢能的储存、运输、加氢站建设，氢能应用等。导入市场机制加快氢能产业关键领域标准研制与实施，完善氢能产业标准体系。建设先进氢能产业计量测试基础设施和综合性检验检测技术平台，提升检测认证机构能力。

B.20

德国车用氢气产业进展及启示

氢燃料电池技术国家组织*

摘　要： 本报告介绍了德国研究交通运输行业中氢气和燃料电池技术的方法。第1节为导言第2节介绍了氢气技术国家战略。第3节介绍了“氢与燃料电池技术国家创新计划（NIP）”——德国政府研究这方面技术最重要的资助计划之一。第4节讨论了该计划的经验和教训，重点关注乘用车和公共汽车的不同应用场景。第5节为结语，对德国在氢气和燃料电池技术方面的活动做出总结。

关键词： 德国　氢气　燃料电池　国家创新计划　汽车

一　导言

德国在氢气和燃料电池技术领域的活动与其在“巴黎协定”中所做承诺密切相关。德国已经发布了一项国家气候行动计划，目标是在2050年之前所有行业实现温室气体（GHG）碳中和。要实现这一目标，需要做出很多努力，借助可再生能源生产的燃料氢，将不同行业和不同应用场景接入整体能源系统。

到2050年，德国所有行业的整体供能都要转变为可再生能源，其中潜

* 本报告由德国氢燃料电池技术国家组织（NOW GmbH National Organisation Hydrogen and Fuel Cell Technology）供稿，执笔人为露西娅·西布勒（Lucia Seissler）和戈尔泰·扎特（Geert Tjarks）。

力最大的可开发可再生能源是来自风能和光伏发电的电能。德国现已决定大幅增加发电容量，并已经开始着手实施，从而产生了对大规模可再生能源集成以及跨行业（包括交通运输）、应用场景和区域的能源分配的需求。此举能降低各能源行业和应用场景的碳排放。而且，必须减少消耗化石原料产生温室气体的应用场景和过程的碳排放，大幅降低整体能耗。

氢气和燃料电池技术潜力巨大，能解决未来温室气体碳中和转型和可再生能源为主的能源供应带来的关键问题。通过零排放电解过程（电力转化为气体（P2G））将水分解为氢气和氧气，让氢气成为可再生能源的能量载体，从而实现长时间存储或低价远距离运输。由此产生的氢气也可以替代通过化石燃料产生的氢气，成为工业和工业生产过程中的清洁原料。对交通运输行业来说，氢气可以用作该行业中的可再生能源。虽然看起来直接使用电力最高效，例如纯电动汽车，但是对于存在用户需求以及充电基础设施的经济和社会成本等问题的交通应用场景，往往不是这样。这对于公交车、长续航乘用车或重型货车等高能量需求的应用场景更是如此。对于此类应用场景，可以直接在燃料电池中使用或者在生产合成燃料过程中使用可再生能源制取的氢气（电力转化为 X（P2X））。此外，还可以将氢气作为混合成分直接注入燃气网，或者未来将其与二氧化碳混合生成甲烷之后再注入燃气管网，这样能减少家庭供暖燃气的碳排放①。

在未来可再生能源系统中氢气功能多样，且能实现零排放，因此德国开始涉足氢气和燃料电池产业活动，旨在整合可再生能源，大幅减少温室气体排放。此举包含消耗可再生能源制取氢气以及利用氢气作为燃料实现零排放。德国政府已开始着手制定氢气技术国家战略（如图 1 所示），并将于 2019 年底发布。

---

① 关于氢气在能源转型中的整体潜力，另见氢能委员会 2017 年 11 月发布的 *Hydrogen scaling up-As sustainable pathway for the global energy transition*，第 14 页及之后，网址：http：//www. hydrogencouncil. com/wp – content/uploads/2017/11/Hydrogen – scaling – up – Hydrogen – Council. pdf（2019 年 7 月 2 日查阅）；关于当前氢气市场潜力和未来机遇，另见国际能源署 2019 年 6 月发布的 *The Future of Hydrogen – Seizing today's opportunities*，第 18 页、第 89 页及之后、第 123 页及之后。

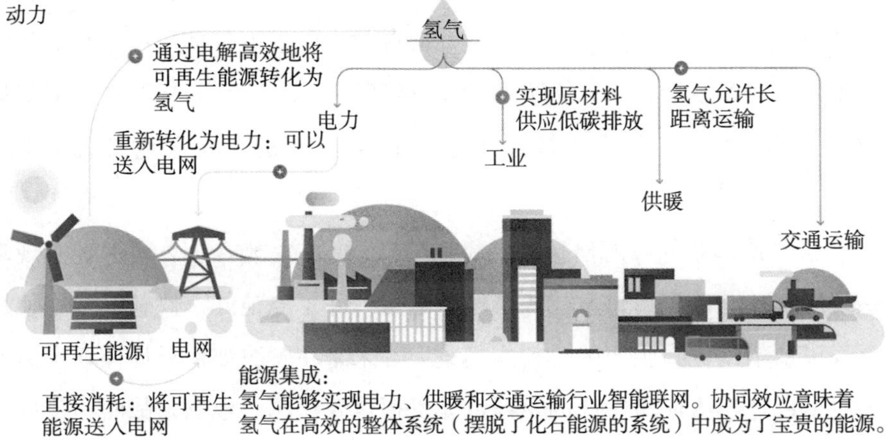

图 1　通过氢气将可再生能源整合到不同的行业和应用场景中

资料来源：NOW 国家氢气和燃料电池技术组织，2018 年 3 月。

二　车用氢能和燃料电池战略

（一）德国交通运输行业气候保护目标

以 1990 年温室气体排放量为基准，“德国气候行动计划”规定了特定年份的温室气体减排整体目标（以二氧化碳当量计），并将这些目标细化到各行业减排中，最终实现温室气体碳中和。2030 年的整体目标是所有行业减少 55% 的排放量。交通运输行业必须大幅减排，为达成整体目标做贡献。到 2030 年仅可排放 9500 万 ~9800 万吨二氧化碳当量，即与 1990 年（1.63 亿吨）相比，减排目标为 40% ~42%。具体的公路交通运输方案还在编制中，将重点实现以温室气体排放达成碳中和的生产过程为汽车和商用车辆生产燃料，建造配套基础设施，并实现行业整。

从不断增长的交通量和实际使用的可再生能源燃料量来看，交通运输领域减排困难重重。数据显示，在过去十年中，利用可再生能源生产的燃料占比一直处于较低水平，2018 年仅占到交通运输终端总能耗的 5.6%[①]。整体仍然依靠化石燃料，所以交通运输行业会排放大量温室气体。由于交通量的不断增加，2005 ~2015 年，每位乘客燃料消耗量的下降并未导致温室气体排放量下降。2015 年的排放量甚至超过了 1990 年的 1.6 亿吨二氧化碳当量[②]。

根据“德国联邦政府出行和燃料战略”，要减少排放，必须逐步实现动力系统电气化并改用可再生能源产生的电力。除了电池外，燃料电池中使用的氢气以及借助电力生产的燃料作用重大。未来在解决如何长期储存电力的问题时，以氢气为原料生产的燃料也能发挥重要作用。根据该战略，借助非生物性原料生产的先进生物燃料可以促使能源供应结构多样化，从而逐步摆脱化石燃料供应。[③]

作为欧盟（EU）成员国，德国还需要考虑欧盟的政策。推动可持续交通运输的措施通常与相应的国际活动相关联，如欧盟整体目标和各成员国调整后的特定欧盟指令。举个例子，2014/94/EU 指令，对部署替代燃料基础设施（AFID）做出了规定，据此，德国承诺建立基础的加氢站网络。

（二）不同交通运输方式前景

动力系统电动化必须适应不同的交通运输方式，并能满足相应的技术要

---

① 联邦环境管理局 2018 年 3 月 15 日发布的 *Energieverbrauch für erneuerbare Kraftstoffe*，网址：https://www.umweltbundesamt.de/daten/energie/energieverbrauch - fuer - erneuerbare - kraftstoffe（2019 年 7 月 1 日查阅）。

② 联邦运输和数字基础设施部 2018 年 4 月发布的 *New Pathways for Energy-Recent developments in the Federal Government's Mobility and Fuels Strategy*（*MFS*），第 9 页，网址：https://www.bmvi.de/SharedDocs/EN/Documents/MKS/mfs - new - pathways - for - energy.pdf? _ blob = publicationFile（2019 年 7 月 1 日查阅）。

③ 联邦运输和数字基础设施部 2018 年 4 月发布的 *New Pathways for Energy-Recent developments in the Federal Government's Mobility and Fuels Strategy*（*MFS*），第 13 页，网址：https://www.bmvi.de/SharedDocs/EN/Documents/MKS/mfs - new - pathways - for - energy.pdf? _ blob = publicationFile（2019 年 7 月 1 日查阅）。

求。本节着眼于不同交通运输方式的未来发展，以了解每种交通运输方式的交通排放总量占比，从而得知各自的减排潜力。

在德国，公路货物运输占交通排放总量的70.8%（吨千米），公路客运占交通排放总量的87%（乘客千米），超越了任何其他交通运输方式①。此外，公路车辆（汽车、卡车和公共汽车）的电气化率很低：德国仅有约11万辆纯电动汽车②，但其总汽车保有量达到了4710万辆③。根据联邦运输和数字基础设施部委托发布的2030年交通预测，与2010年相比，个人机动车交通量将增加9.9%，公共交通机动车交通量将增加6%，货运车辆交通量将增加38%④。

内陆水路货运的电动化率更低，预计到2030年此运输方式交通量将增加23%。此外，预计铁路交通客运交通量将增长19.2%，货运交通量将增长42.9%，但铁路运输的电动化率很高。预计空运交通量增幅最大，客运交通量能增加65%（乘客千米），⑤ 由于当前技术水平限制，该交通运输方式的电动化潜力最小。

根据不同交通运输方式的电动化水平，交通量预测显示当前有巨大的温室气体减排潜力。当前潜力最大的是公路运输动力系统电动化，汽车电动化能增加汽车保有量中电动汽车占比，卡车电动化能应对预测的交通量增长。

---

① 联邦运输和数字基础设施部2018年4月发布的 *New Pathways for Energy-Recent developments in the Federal Government's Mobility and Fuels Strategy*（*MFS*），第13页，网址：https：//www.bmvi.de/SharedDocs/EN/Documents/MKS/mfs-new-pathways-for-energy.pdf?_blob=publicationFile（2019年7月1日查阅）。

② NOW2019年5月发布的从联邦汽车运输管理局获取的数据。

③ 机动车联邦管理办公室2019年1月发布的 *Zahlen zum 1. Januar 2019 im Überblick* 网址：https：//www.kba.de/DE/Statistik/Fahrzeuge/Bestand/bestand_node.html（2019年7月8日查阅）。

④ https：//www.bmvi.de/SharedDocs/EN/Documents/G/ftip-2030.pdf?_blob=publicationFile.

⑤ 另见联邦运输和数字基础设施部发布的 *New Pathways for Energy-Recent developments in the Federal Government's Mobility and Fuels Strategy*（*MFS*），第13页。

（三）技术前景

本节总结了氢燃料电池以及氢作为燃料的技术潜力进展情况。氢燃料电池仅排放水，不会产生温室气体，也不会发出噪声。如果搭配先进的气态车载存储技术，氢燃料电池驱动的车辆非常适合长距离和高负载运输。因此氢燃料电池能成为电池电动化应用的关键补充解决方案，电池电动化应用虽然能效高，但在行驶距离和电机功率方面存在某些限制（需要投入大量基建费用）。氢燃料电池汽车的加氢气时间为 3 ~ 5 分钟，几乎与内燃机汽车加油时间相同，因此可用性很高，能实现灵活运行，适用于商业车队。此类汽车还具有很强的实用性，适用于汽车（单日驾驶距离很长）、公共汽车、卡车、火车和有轨电车①（见图 2）。

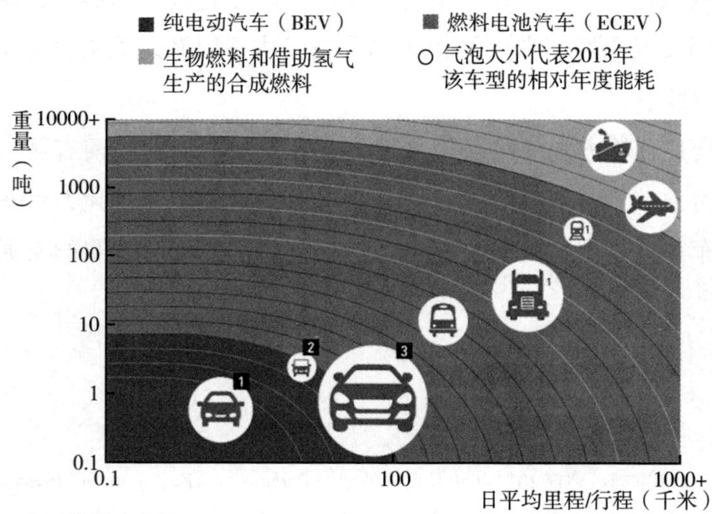

1 小型车/城市交通
2 轻型商用车
3 中大型汽车，车队和出租车
1 电池-氢混合动力，确保电力充足
2 分为A/B级LDV（小型汽车）和C+级LDV（中大型汽车），假设A/B级汽车市场份额为30%，并能减少50%的能源需求

图 2　随着车重和平均里程增加，氢燃料电池车辆的预期潜力

① 氢能委员会，网址：https：//hydrogeneurope. eu/wp - content/uploads/2017/01/20170109 - HYDROGEN - COUNCIL - Vision - document - FINAL - HR. pdf。

市场上已经出现了交通用氢燃料电池技术案例。通过持续研发、组件优化以及规模经济，预计未来几年燃料电池驱动系统的成本能持续大幅降低。以下内容将基于当前的重点问题，详细阐述德国燃料电池发展和示范的状况。

随着人们对氢燃料电池技术的兴趣日益增加，制氢技术受到了更广泛的关注。在工业生产中，人们长期生产气态氢并将其应用到不同的场景和生产过程中，2018 年全球总量约为 7000 万吨[②]。因此，将氢气当作工业气体处理的技术已经成熟。近年来，来自世界各地的研究、工业和政府机构也已经实现并升级了氢燃料技术。在德国，主要的加氢站建造商是工业合资企业——H2Mobility。

于利希研究中心于 2018 年进行的基础设施成本研究表明，在燃料电池汽车市场份额较高时，氢燃料基础设施比充电基础设施更具成本竞争力。在电动汽车和燃料电池汽车均为 2000 万辆的情况下，氢燃料基础设施成本（400 亿欧元）将比充电基础设施的成本（510 亿欧元）更低。计算中已经囊括了将过剩的可再生能源转化为氢气（实现最长 6 个月的存储）的电解槽的部署费用[③]。此外，最近的研究表明，与完全由电池驱动的出行相比，纯电动汽车和燃料电池汽车混用且总数达到 4000 万时，整体基础设施成本会更低[④]。

在氢气制取方面，水电解技术需要做出反应，应对市场迅猛增长。德国联邦运输和数字基础设施部委托进行的一项研究表明，不同的电解槽技术在

---

① 另见联邦运输和数字基础设施部发布的 *New Pathways for Energy-Recent Developments in the Federal Government's Mobility and Fuels Strategy*（*MFS*），第 13 页。

② 国际能源署 2019 年 6 月发布的 *The Future of Hydrogen-Seizing today's Opportunities*，第 17 页。

③ M. Robinius 等人 2018 年 1 月发布于《能源与环境》第 408 卷 *Comparative Analysis of Infrastructures: Hydrogen Fueling and Electric Charging of Vehicles*，第 73 页。

④ U. Bünger 等人 2019 年 6 月发布的 *Infrastrukturbedarf E-Mobilität-Analyze eines Koordinierten Infrastrukturaufbaus zur Versorgung von Batterie-und Brennstoffzellen-Pkw in Deutschland*，第 4 页，网址：https：//stiftung. adac. de/app/uploads/2019/06/IBeMo _ Abschlussbericht _ final _ 190625_ LBST_ Zerhusen. pdf。

成本和系统尺寸方面成熟度不同①。低温碱性电解槽技术（AEL）可以实现低成本大容量。聚合物质子交换膜电解槽（PEMEL）已经开始初步商业化生产。市场对可再生能源生产氢气的需求能够扩大生产规模、发展技术、降低成本、优化生产过程并打造更壮大的供应商队伍。受访的电解槽生产商都认定规模是降低成本的关键②。他们有信心满足全球范围内每年快速增加2GW装机容量的需求③。该研究指出，2025～2030年每年增加250～500MW，2030年后每年增加1～5GW才能满足德国增加的氢能需求，同时促进行业发展④，如图3所示。

三　氢与燃料电池技术国家创新计划（NIP）

一直以来，为了给氢和燃料电池技术的发展提供系统化的支持，德国联邦政府坚持为相关研发项目提供资助，为早期市场的建立提供支持。德国政

① T. Smolinka 等人 2018 年 10 月 30 日发表的 *Studie IndWEDe*（*Kurzfassung*）*-Industrialisierung der Wasserelektrolyse in Deutschland*：*Chancen und Herausforderungen für nachhaltigen Wasserstoff für Verkehr*，*Strom und Wärme*，第 9 页及之后，网址：https：//www. now – gmbh. de/content/service/3 – publikationen/1 – nip – wasserstoff – und – brennstoffzellentechnologie/indwede – studie_ v04. 1. pdf（2019 年 7 月 19 日查阅）。

② T. Smolinka 等人 2018 年 10 月 30 日发表的 *Studie IndWEDe*（*Kurzfassung*）*-Industrialisierung der Wasserelektrolyse in Deutschland*：*Chancen und Herausforderungen für nachhaltigen Wasserstoff für Verkehr*，*Strom und Wärme*，第 116 页及之后，网址：https：//www. now – gmbh. de/content/service/3 – publikationen/1 – nip – wasserstoff – und – brennstoffzellentechnologie/indwede – studie_ v04. 1. pdf（2019 年 7 月 19 日查阅）。

③ T. Smolinka 等人 2018 年 10 月 30 日发表的 *Studie IndWEDe*（*Kurzfassung*）*-Industrialisierung der Wasserelektrolyse in Deutschland*：*Chancen und Herausforderungen für nachhaltigen Wasserstoff für Verkehr*，*Strom und Wärme*，第 50 页，网址：https：//www. now – gmbh. de/content/service/3 – publikationen/1 – nip – wasserstoff – und – brennstoffzellentechnologie/indwede – studie_ v04. 1. pdf（2019 年 7 月 19 日查阅）。

④ T. Smolinka 等人 2018 年 10 月 30 日发表的 *Studie IndWEDe*（*Kurzfassung*）*-Industrialisierung der Wasserelektrolyse in Deutschland*：*Chancen und Herausforderungen für nachhaltigen Wasserstoff für Verkehr*，*Strom und Wärme*，第 138 页及之后。

⑤ T. Smolinka 等人 2018 年 10 月 30 日发表的 *Studie IndWEDe*（*Kurzfassung*）*-Industrialisierung der Wasserelektrolyse in Deutschland*：*Chancen und Herausforderungen für nachhaltigen Wasserstoff für Verkehr*，*Strom und Wärme*，第 37 页。

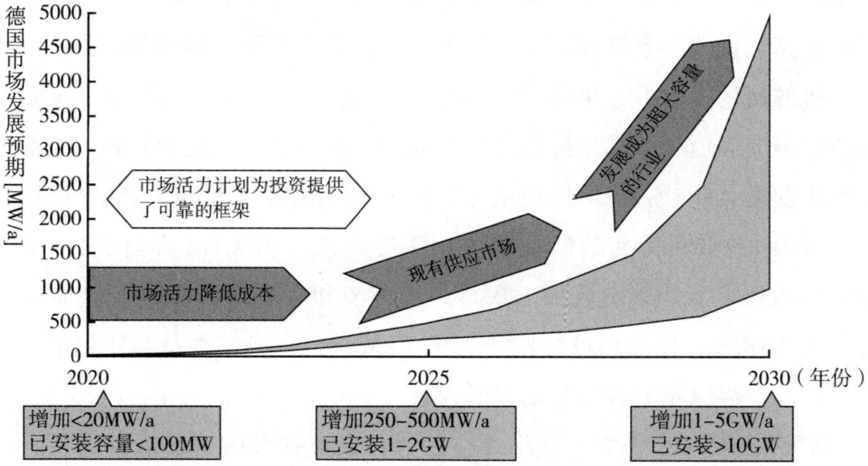

图3　德国水电解技术预期市场发展④

府目前采取的支持性措施包括：实施基础研究项目、开展技术更成熟的研发项目以及提供购买补贴等。德国政府提供的资金通常用作部分项目研发经费，或用于支付燃料电池系统与现行常规系统相比所产生的额外成本。

政府在氢与燃料电池技术国家创新计划（NIP）的框架内为这项技术提供具体支持。最早的NIP是一项覆盖2007～2016年的十年计划，旨在帮助氢和燃料电池技术市场做好准备，NIP计划的首个融资指南发布于2008年6月23日。此后，该计划又延长了十年，至2026年。作为NIP计划的第二阶段，政府为该阶段提供购买补贴①。项目资金由联邦各部提供，其中联邦交通和数字基础设施部（BMVI）为交通相关计划提供资金。项目管理员Projektträger Jülich（PTJ）负责NIP框架内的项目资金监管实施工作。2008年2月18日，一家名为国家氢与燃料电池技术组织（NOW）的新机构成立，负责从总体上管理项目。

NOW主要负责NIP计划的协调与管理。NIP计划涵盖多个主题领域，大致可划分为交通与基础设施主题，包括氢气制取与供应、固定应用和特殊

① 政府为特定主题下的交通与基础设施应用提供购买补贴，具体主题根据专门的项目需求确定，项目需求在NIP第二阶段的十年内按顺序发布。参见第4.2章，详情列于第4.2.3节。

市场。交通与基础设施计划覆盖了涉及氢和燃料电池技术的所有 NIP 活动，包括公路、铁路、水路和航空运输模式，涵盖乘用车、商用车、火车、轮船和飞机的使用。另外，NOW 作为连接参与者和利益相关人的中立平台，负责通过不同渠道与不同目标群体保持沟通，提高公众对技术和相关产品的认识和接受度。此外，该机构还致力于促进国际联谊与合作①。专家咨询委员会为 NOW 提供支持和战略性建议。该委员会由相关部门的代表组成，包括：交通和数字基础设施部（BMVI）、经济和能源部（BMWi）、研究和教育部（BMBF），以及环境与核安全部（BMU）。此外，委员会还包括来自联邦州、产业界以及研究与学术界的代表。

NOW 的具体工作之一包括评估利益相关方提交的研发项目概要，这些概要主要来自产业、研究与学术界。评估标准主要包括：项目对联邦政府能源和气候政策目标的预期贡献，项目在国际背景下的创新内容，项目对建立增值链的贡献（特别是对中小型企业），创造就业岗位的潜力，降低成本的潜力，以及项目的商业化计划②。通过 NOW 的初步评估之后，项目理念可进入行政项目申请流程。NIP 第一阶段涉及的所有活动都来自研发领域。而在二期阶段，采购补贴已被纳入 NIP 计划，NOW 还负责协调采购项目需求。

此后，NIP 两个项目阶段所提供的详细信息都将集中于交通和基础设施领域，并以公路交通为重点。

四　德国氢与燃料电池技术国家创新计划（NIP 计划第一阶段和第二阶段）的相关活动与收获

（一）NIP 计划第一阶段的一般活动

NIP 计划第一阶段采取的整体策略是，协调应用研究与开发活动，并以

---

① 参见 NOW，《2018 年 NOW 年度报告》，第 4 页及之后，网址：https：//www. now - gmbh. de/content/service/3 - publikationen/7 - now - jahresberichte/now_ annual_ report_ 2018. pdf（2019 年 7 月 8 日查阅）。

② NOW，国家氢与燃料电池技术组织，10 年 NIP - 2007 年至 2016 年，第 8 页。

具有较高技术成熟度的产品为重点，开展大规模示范项目。NIP 计划第一阶段成功证明了氢和燃料电池技术的适用性及其在各个应用领域的市场成熟度，特别是在以下四个重要灯塔项目中的成熟度：

公路交通领域的清洁能源伙伴关系（CEP）

家庭能源领域的 CALLUX

离网供电领域的清洁电网（CPN）

海事应用领域的 e4ships

目前已经确认了燃料电池汽车、燃料电池加热设备与系统以及基于燃料电池的应急电源系统在日常条件下的技术成熟度[①]。已证实并验证，船只使用燃料电池系统有助于减少排放，并为相关国际法规、规范和标准提供了信息输入，以促进未来国际航运使用替代燃料和燃料电池[②]。

与此同时，NIP 计划第一阶段还进行了有关公路运输各个组成部分的具体研究与开发项目，以及其他相应课题的研究。这些研究包括：车辆储氢罐项目、适用于氢气的阀门和计量系统开发项目、70MPa 燃料补给压缩机技术、燃料电池车辆的电力电子设备优化，以及汽车燃料电池催化剂的开发。

1. 清洁能源伙伴关系的示范活动

清洁能源伙伴关系（CEP）实施了德国公路交通的主要示范项目，该项目作为灯塔项目在 2008 ~ 2016 年获得 NIP 的正式资助。CEP 是由行业合作伙伴组成的团体，当前成员包括液化空气、奥迪、宝马、戴姆勒、GP Joule、H_2 Mobility、本田、现代、林德、奥地利石油天然气集团、壳牌、道达尔、丰田和威斯特法伦集团[③]。

---

① NOW，国家氢与燃料电池技术组织，10 年 NIP 计划 – 2007 年至 2016 年，第 5 页。

② NOW，国家氢与燃料电池技术组织，10 年 NIP 计划 – 2007 年至 2016 年，第 19 页及之后，参见 e4ships，*e4ships Brennstoffzellen im Maritimen Einsatz 2009 – 2016*，2016 年 12 月，第 22 页，网址：https：//www. e4ships. de/app/download/13325910290/e4ships_ Broschuere_ dt_ 2016. pdf? t = 1556197558（2019 年 7 月 15 日查阅）。

③ 清洁能源伙伴关系，什么是 CEP? 网址：https：//cleanenergypartnership. de/en/clean – energy – partnership/what – is – the – cep/（2019 年 7 月 9 日查阅）在示范阶段，CEP 拥有约 20 个合作伙伴。

CEP 灯塔项目对采用燃料电池汽车的氢燃料交通应用进行了观察与分析，包括燃料补给、氢气生产与供应，以及客户欢迎程度等。该项目还在柏林、汉堡、斯图加特、杜塞尔多夫和法兰克福等德国主要城市对200多辆汽车进行了实地测试。此外，该项目还在柏林、汉堡和斯图加特对配备内燃机的氢气公交车进行了测试。在 CEP 的促进下，一支燃料电池汽车共享车队宣告成立，共配备50辆汽车，于2016年[①]至2018年[②]在慕尼黑的道路上运营。

CEP 项目为当前用于交通应用的氢燃料基础设施的开发铺平了道路，也为德国最早的加氢站网络奠定了基础。该项目展示了首批50座加氢站（自2012年起使用 NIP 研发资金建造）。这些活动最终促成了行业合资企业H_2 Mobility[③] 的建立，该合资企业致力于在试商用环境下进一步建设和运营加氢站。交通行业还在 CEP 项目中承诺使用至少50%的可再生能源氢为燃料电池汽车提供燃料。CEP 还为 NOW 开展的国家级活动提供支持，推动标准化活动的实施，特别是国际和欧洲层面加氢站的标准化活动[④]。在 NIP 计划第一阶段示范项目融资结束后，CEP 将继续扮演行业网络的角色。

2. NIP 第一阶段（2006 ~2016）的经验与教训

2006至2016，BMVI 和 BMWi 已为约750个 NIP 研发项目提供了7.1亿欧元公共资金。项目合作伙伴提供了数额与项目自有资金和第三方合作伙伴资金大致相当的资金，因此项目总投资超过14亿欧元。其中最大一笔

① NOW，国家氢与燃料电池技术组织，10年 NIP 计划－2007年至2016年，第12～13页。

② 在行驶里程达到报道所称的四万公里后，共享汽车计划于2018年终止，网址：https：//www.electrive.net/2018/03/09/muenchner－h2－carsharing－beezero－stellt－betrieb－ein/（2019年7月17日查阅）。

③ H2 Mobility Deutschland GmbH & Co. KG 是归 Air Liquide、戴姆勒、Linde、OMV、壳牌和道达尔所有的合资企业。这家公司获得了合作伙伴宝马、本田、现代、丰田、大众以及德国 NOW 提供的建议和支持。公司成立于2015年，作为 NIP 的一部分接受德国联邦交通和数字基础设施部的资助，还通过氢燃料交通应用欧洲项目（燃料电池与氢2联合企业为该项目提供资金）接受欧洲委员会的资助。
另请参见 H2 Mobility，网址：https：//h2.live/en/h2 mobility（2019年7月9日查阅）。

④ NOW，国家氢与燃料电池技术组织，10年 NIP 计划－2007年至2016年，第12～13页。

（7.54亿欧元）资金被分配给交通部门。共有约240家行业公司以及50家研究与教育机构和公共机构获得NIP资金（如图4所示）。[①]

比例，百万欧元　10　50　100　150　200　250　300　350　400

总金额与拨款比例

	基础研究[1]	应用研发[1]	示范项目[1]	市场活动[2]	支持活动[1]	总计
交通	44 (46%)	471 (49%)	238 (49%)	-	0 (41%)	754
家庭电力	4 (49%)	165 (48%)	33 (49%)	13 (39%)	9 (48%)	223
特殊市场	4 (46%)	109 (53%)	40 (48%)	3 (45%)	-	152
工业	8 (46%)	32 (60%)	76 (46%)	-	1 (46%)	120
横向专题	6 (88%)	67 (60%)	1 (43%)	-	8 (43%)	83
H^2 生产	5 (86%)	18 (59%)	30 (50%)	-	2 (100%)	55
总计	71	863	418	16	21	1,415[3]

1.创新阶段的估算以接受资助者的自我评估为基础
2NIP CHP拨款指南
3包括随后指派给NIP、但未在此矩阵中标注的18项额外BMWi项目——参见附录8.5。

图4　NIP计划第一阶段总投资[②]

首要目标包括：　巩固德国作为氢和燃料电池技术领先国家的地位，加快氢和燃料电池市场的发展，以及加强整个氢和燃料电池价值链上的产业发展。通过协调管理的应用研究活动以及大规模示范项目的开展，该技术在使用寿命、可靠性和成本效益等方面都取得了长足进步。[③]

这种用于交通应用的技术在系统效率、冷启动以及车辆与加油站之间的无线通信等方面都得到了显著改进。在应用方面，用于交通的燃料电池系统成本可降低90%以上，高压70MPa储存系统已被确立为标准，建造加氢站的成本已减少了一半。此外，单次燃料补给后的最大行驶距离已超过500公里，船舶、火

① 麦肯锡公司（代表联邦交通和数字基础设施部及联邦经济和能源部），《氢与燃料电池技术国家创新计划第一阶段评估》（2006～2016），2017年11月，第3页及之后。

② 麦肯锡公司（代表联邦交通和数字基础设施部及联邦经济和能源部），《氢与燃料电池技术国家创新计划第一阶段评估》（2006～2016），2017年11月，第3页及之后。

③ 麦肯锡公司（代表联邦交通和数字基础设施部及联邦经济和能源部），《氢与燃料电池技术国家创新计划第一阶段评估》（2006～2016），2017年11月，第5页及之后。

车和航空等非公路应用也得到了开发。在市场准备方面，前 50 座加氢站所获得的资金以及 H_2 Mobility 获得的支持（将于 2019 年前扩展成为 100 座加油站组成的网络）都为实现加氢站的基本覆盖提供了保障。目前已经制定了加氢站申请流程指南，客户反应良好，首批商用车已做好了进入市场的准备（见图 5）。

Technology 技术	· 提高燃料电池系统效率；FCEV能耗<1公斤/100公里 · 车辆燃料电池系统在-25℃具备冷启动能力 · 燃料电池电动汽车与加氢站之间的无线通信 · 燃料电池CHP装置技术已经成熟 · 燃料电池CHP系统整体效率达到90%，动力效率达到60% · 波动供电情况下电解槽效率高达85%
Application 应用	· 燃料电池系统使FCEV和居民CHP的燃料成本分别降低90%以上和60% · 700巴车载压力储存系统的全球标准化 · 加氢站成本降低50%以上 · FCEV行驶里程显著增加至500公里以上 · CHP燃料电池系统的平均可用性达到96%以上 · 燃料电池的多种应用即将进入市场：船舶、铁路、航空
Market 市场	· 加氢站网络的发展：研发-CEP 50座加氢站，商业升级-德国H2 Mobility公司（第一阶段：2018/19之前100座加氢站） · 加氢站审批流程指南 · 事实证明，FCEV受到客户欢迎 · FCEV商业引进的支持机制 · 市场上的商业家用CHP燃料电池系统；已制定技术引进计划 · 远程供电：250多个地点配备离网及备用电源系统

FCEV=燃料电池电动汽车
CHP=热电联产

图 5　NIP 计划（2006－2016 年第一阶段）的主要成果

新的国家产业参与者（特别是中小企业）也可以参与这项技术。目前围绕该技术已建立起由 500 多家公司组成的产业。因此，德国得以保留并部分加强在这一领域的技术优势。此外，还可继续实施或制定进一步措施，以开展资格认证和继续培训。NIP 第一阶段为德国奠定了技术基础，有助于扩展氢和燃料电池技术的工业价值，以增强未来国际竞争力。

（二）NIP 第二阶段（2016～2026）的计划与项目

NIP 第一阶段实现了重大技术进步，证明了该技术的可行性，满足了客

① NOW/国家氢与燃料电池技术组织，2016 年 12 月。

户和市场的技术参数要求。不过，在发展氢和燃料电池技术，以及使更多特殊燃料电池汽车加入未来产品组合的过程中，仍然存在着障碍和挑战。为此，德国联邦政府决定将NIP延续十年。在下一个阶段的未来十年，NIP计划将为创造早期市场或完成所谓的“市场激活”开展部分相应活动，这些活动将成为继续研发工作的重中之重。

继续实施的NIP第二阶段仍需要工业、科学和公共部门共同努力。在第二阶段，德国将沿价值链建立起制造商和服务提供商等企业，包括中小企业。根据NIP第二阶段计划，德国工业界正准备对燃料电池和氢气技术进行私人投资，在2026年前的十年内总投资额将超过20亿欧元。包括为维持德国研发能力，以及为必要的产品引进措施提供的资金，例如在供应工业领域或生产能力方面的投资。同一时期内，一家联邦政府资助委员会将提供总额为14亿欧元的资金，与私人投资计划相匹配，用于资助研发和创新活动，以及提供购买补贴以激活市场。

1. NIP第二阶段汽车研发项目

如何满足德国和欧洲市场商业引进氢燃料电池汽车的技术先决条件是当前汽车研发项目的重点。今天的燃料电池汽车在技术性能和使用寿命方面已经达到可上市水平。它们具备可与传统车辆相媲美的快速加油和长续航里程性能，可以满足客户习惯，但仍需进一步优化，以使制造成本更具竞争力。

仍需继续为整个价值链中的各种电池组和系统（及子系统）组件开发高成本效益材料，并优化技术系统。规模经济是降低成本的关键驱动因素之一，因此当前面临的挑战不仅包括材料改进、能量密度和长期稳定性等问题。如何使产业为实现高效、高成本效益的批量生产做好准备，是这个领域需要解决的关键问题之一。

NIP第二阶段启动的首批项目已经或即将于2019年第三季度结束。其中包括储氢罐生产、燃料电池开发和燃料电池电堆制造等大型项目[①]。下表

① 预计于2019年9月底完工的公路交通研发项目的介绍可参见址：https：//www. now - gmbh. de/content/service/3 - publikationen/7 - now - jahresberichte/now _ annual _ report _ 2017. pdf（2019年7月17日查阅）。

并不包含这些项目，只列出了2019年汽车研发领域的部分当前运营项目。①

Delfin——研究替代材料与生产工艺，以降低由连续纤维增强塑料制造的压力容器的成本和重量。

该项目的技术目标在于发明一种储氢技术，在相同储氢量下具有较低的成本和重量。该项目涵盖了进一步开发压力容器各个部件的所有相关工作。包括进一步完善规范，开展衬里、树脂纤维复合材料和缠绕层的研发活动，以及开展独立试验，以证明联合开发容器的安全性及其通过认证的能力。

（1）Ewas——阳极阀。Staiger 和 ElringKlinger 已制定了开发模块化、可扩展氢供应装置的目标，包括用于 PEM 燃料电池模块的阀门。Staiger 正在开发阀门，Elringklinger 则在开发阳极气体再循环装置，可将氢气返回燃料电池电堆，以取代维护工作量较大的泵。这种替代技术减少了所需要的布局空间，提高了系统的整体效率。除具备技术优势外，这种装置还采用塑料制造的部件，有助于提高成本效益。

Precoil——设计实验室设施，对线圈材料施加涂层，作为制造金属双极板的半成品。

碳基涂层材料具有防腐蚀功能，且可提供较高的燃料电池能量密度。汽车使用的燃料电池组包含约350个双极板，因此必须采用经济可行的涂层技术。公司将开发生产涂层箔的实验室设施，此涂层箔用作制造金属双极板的循环板材料，用于高分子电解质燃料电池。Precors GmbH 将通过这项受资助项目开发涂层技术，旨在以自动化方式对金属连续箔（金属线圈）施加涂层。与此同时，公司还将开发和研究扩展方法，以实现必要原材料的升级。Precoil 项目开发的材料和工艺为新一代量产双极板的生产奠定了基础。

（2）HyPerformance——交通用燃料电池系统组件。系统成本是燃料电池驱动系统面临的主要挑战，此类成本主要源自较高的技术要求（具体要求取决于车辆和性能等级）。HyPerformance 旨在预开发新型系统策略，定义

① 正在运营的研发项目说明可参见 https：//www.now-gmbh.de/content/service/3-publikationen/7-now-jahresberichte/now_annual_report_2018.pdf（2019年7月8日查阅）。

模块化系统，对不同车辆和性能类别使用相同部件，从而降低成本。该项目采用基于理论研究的整体方法，通过新型建模理念进行详细模拟，在试验台上对总体理念进行实验验证。该项目对未来燃料电池系统的组件和系统模块进行了预测和开发，有助于显著降低量产成本。为此，研究者制定了标准化要求，确定了现有内燃机部件的可复用特性所产生的协同作用，并为新开发的燃料电池专用组件制定了规格。研究结果将用于量产开发。

（3）HZwo：STACK。HZwo：STACK 是由中型公司和研究机构发起的工业研究项目，旨在为适合量产的 PEM 燃料电池模块开发模块化及量产理念。为实现此目的，该项目将专门开发综合配置软件，以实现快速、高效、高成本效益的电堆模块，满足不同要求。此外，项目还将制定新型策略，以开发出市场导向型、高成本效益量产电堆组件，如端板夹紧系统、混合动力装置外壳以及空气压缩机组等。项目还将设计并测试单体燃料电池，并根据研究结果设计并建造适合量产的电堆组件系统。最后，项目将对电堆模块原型进行测试。

2. NIP 第二阶段的公交车与重型车辆项目

市场对零排放驱动系统公交车的兴趣有增无减。作为纯电动汽车的替代产品，燃料电池公交车能够行驶更长距离，适用于复杂地形。由于加氢时间较短，使用燃料电池的公交车队与传统的柴油公交车队相比只需稍加调整即可满足要求。公共交通必须满足用户对可靠性和准时性的期望，这些特点对于车队运营至关重要。为了推广燃料电池公交车在公共交通中的使用，项目对各类基础设施和运营理念进行了测试，并将测试结果记录在案，以突出经济高效且安全可靠的使用案例。

重型车辆运输在转向无排放交通的过程中面临特殊挑战。对于运营商而言，制定严格的车辆重量和尺寸规格，以及在市内与城际货运中规划车辆的高效及时使用都非常重要。与纯电驱动系统相比，氢燃料电池系统恰恰可以在这些领域充分展示其优势：凭借相对较轻的车辆重量和较短的燃料加注时间，氢燃料电池系统具备更远的行驶里程和更出色的性能。除温室气体排放外，颗粒物污染在市内运输和废物回收与处置服务中也扮演着重要角色。使

用燃料电池汽车能

以下是部分正在运营的公交车与卡车项目①：

rHYn－main——对“在莱茵－美因地区公共交通中使用本地氢气燃料”这一区域优化理念进行开发、测试和建模

莱茵－美因项目包括对“在莱茵－美因地区公共交通中使用本地氢气燃料”这一区域理念的开发、测试和建模。项目将为公交车运营设计最佳氢燃料物流方案，并在美因茨、威斯巴登和法兰克福等地的相关运输公司的停车场设立燃料电池公交车燃料加注设施，以期在莱茵－美因以及其他地区顺利实现零排放公交车队的未来推广。项目取得的成果也可用于其他有意引进替代车辆的运输公司。为此，项目将通过基于公共交通模式的氢燃料实施计划总结出 H2FC 技术升级的重要问题。

WaBe——Stuttgarter Strassenbahnen AG（SSB）公司的新型加氢站，为燃料电池公交车队提供可靠而经济的氢气供应。

WaBe 项目将建立内部基础设施，并对其进行测试与分析，以期为 SSB 公司的燃料电池公交车队提供可靠而经济的氢气供应。项目旨在提高燃料加注基础设施的可靠性与可用性，同时降低总体成本。为此，SSB 正在盖斯堡（Gaisburg）的停车场建设加氢站，为已投入使用的四辆燃料电池公交车提供燃料。盖斯堡停车场的加氢压力为 35MPa，与 70MPa 相比，可以使用更坚固而简单的系统部件。利用持续运行监测，公司可获得有关可用性、日常适用性、运行策略和成本效益等详细数据。所获得的数据可供公交车运营商、市政决策机构以及制造商使用。SSB 计划利用项目成果建立氢燃料基础设施，为 40 辆燃料电池公交车提供燃料。

Bluepower——采用模块化氢燃料电池的特殊车辆

该项目致力于开发并制造垃圾车和清扫车，配备储氢罐和燃料电池模块化系统，目的是增加行驶里程和/或改善速度性能。Faun 的电动垃圾车可以

① 目前正在准备更多研发项目，很快将公诸于众。详细信息参见 www. now－gmbh. de。预计于 2019 年 9 月底完工的公路交通研发项目的介绍可参见《2017 年 NOW 年度报告》，第 48 页及之后。

在工厂交货时配备模块化系统，也可在汽车的整个生命周期内配备该系统。两种原型都旨在检查并确认计划内能源供应系统的设计与施工可行性，并根据交通法规进行必要的验收。计划于 2019 年春季进行试运行，此后将把测试结果纳入车辆设计。自 2019 年秋季末起，少量经过现场测试的首批车辆将交付给客户。项目计划建造十辆垃圾车和两辆清扫车。

3. NIP 第二阶段通过采购支持激发市场活力

尽管研发活动一直致力于通过研究不同的影响因素来降低成本，但是激发市场活力需要重点支持技术完备而不具备成本优势的产品进入市场。而且，应采取激发市场活力的措施，为使用各种交通应用减少障碍，比如支持燃料供应所需的必要基础设施的建设以及维护检修等各方面工作。为了形成规模效应，应通过具体的采购项目公开招标，开展相关活动解决企业和商业用户的问题。应对相比传统制度产生的额外成本给予一定比例的补贴①。本节将介绍车辆的购置补贴项目②。下一节将讨论对建设氢气加注站的补贴。

（1）乘用车。为了达到规定的 CO_2 减排目标，提高乘用车、轻型商用车等车辆，尤其是公共交通驱动机构的工作效率，联邦政府计划引进燃料电池为车辆提供动力。燃料电池汽车未来有利于环保、可持续的能源供应，是联邦政府能源计划中必不可少的一部分。该类驱动方式能显著降低噪声，抑制本地排放。我们假设一辆车每年的平均里程为 12000 公里，CO_2 排放 95g/km（欧盟标准值），使用可再生能源氢气可以实现每年每辆车 CO_2 排放降低 1.14 吨。现已公布了两次项目招标。根据 2018 年下半年的第二次项目招标，有 319 辆汽车申请使用燃料电池，其中截至 2019 年 1 月已经批准了 225 辆以及 335 万欧元的筹资款。这些车辆及筹资款分配在 19 个采购项目中。

（2）公共汽车。德国城市公共交通使用新型汽车的一个重要原因，不仅为了降低温室气体排放，还为了降低本地的颗粒物污染。比起纯电动公交

① 比如，车辆采购补贴可以参考使用内燃发动机的车辆。

② 有关 NIP 第二阶段下激发市场活力的实际数据和信息来源于《NOW－2018 年年度报告》，第 54 页及之后，网址：https：//www. now － gmbh. de/content/service/3 － publikationen/7 － now － jahresberichte/now_ annual_ report_ 2018. pdf（2019 年 7 月 8 日查阅）。

车，燃料电池公交车因续航长、能源补充次数少，而日益受到关注。2017年，第一次氢燃料公共汽车及相关基础设施采购融资招标启动，每个车队应至少包含10辆燃料电池公共汽车。51辆燃料电池公共汽车的资金已经到位。目前正在采购中，不久将开始运营。为了支持德国燃料电池公共汽车的持续增长，2018年又进行了一次招标，共有28辆公共汽车参与申请。其中，2018年批准两辆公共汽车参与eFarm项目。

（3）eFarm。eFarm位于德国北部地区北弗里斯兰县，是德国最大的绿色氢燃料交通应用项目，接收了800万欧元的融资。2019年底，将在合适的地点——靠近风机和供热管网附近安装五台PEM电解槽（每台225kW）。为了刺激需求与消费，除2020年最初的五辆燃料电池客车外，将在北弗里斯兰购置两辆燃料电池公交车，并投放到专用线路中。制氢产热有利于当地可持续的热供应。生产的氢气会填充到移动储氢罐中，由卡车运送到加氢站。

4. 公路运输用氢能基础设施

从中长期来看，氢气和燃料电池是德国实现零排放交通的基石。因此，联邦政府的当务之急是扩建补给氢气的基础设施，而激发市场活力在部署氢气站方面发挥了重要作用。根据欧盟可替代燃料基础设施建设指令（AFID）国家实施战略框架的规定，联邦政府致力于到2020年实现建设100座乘用车加氢站的目标，其中71座已投入运行，29座在建。

德国加氢站的建设受行业驱动，同时由政府资金支持。液化空气、戴姆勒、林德、奥地利石油天然气集团、壳牌和道达尔等六家公司共同成立了合资企业H2 Mobility Deutschland GmbH & Co. KG。宝马、本田、Intelligent Energy、丰田、大众以及NOW作为联营企业参与该倡议。其主要任务是在全国建立氢燃料交通应用的基础设施。2009年9月，尽管该倡议横跨多个行业，但是各家公司都开始制定在全德国建设氢气供应基础设施的方案。在第二阶段，各公司评估成功的可能性，制定各种商业模型以及实施路线图。H2 Mobility于2015年2月注册为公司。

H2 Mobility路线图中规定，不管汽车的实际销量如何，将无条件地于

2018 年建设 100 家加氢站，以实现欧盟可替代燃料基础设施建设指令中给德国设定的目标。分别在汉堡、柏林、鲁尔、法兰克福、斯图加特和慕尼黑六个城区每个城区建设 10 家加氢站并沿着高速公路建设加氢站走廊。二期工程则基于燃料电池车辆的注册数量。该阶段也称为产能提升阶段，将于 2023 年建成 400 家加氢站。在这 400 家加氢站的建设过程中，H2 Mobility 将承担起所有运行任务，包括网络规划、授权、采购、加氢站建设与运行——包括支付系统与经验管理以及氢气制取——尽可能地利用可再生能源生产氢气。对这 100 家加氢站的资金支持大都来自 NIP 以及欧盟燃料电池暨氢联合计划。

但是，NIP 第二阶段激发市场活力的氢气站建设招标原则上向所有利益相关方开放。通过 NIP 第二阶段公共加氢站的融资招标，2018 年一共为 20 座加氢站和 3 台现场电解槽融资 2000 万欧元。接受融资的单位有 H2 Mobility：15 座加氢站和 1 座增设的公交车专用加氢站；Roth：1 座加氢站和 2 台电解槽；GP Joule：2 座加氢站；WP Ellhöft：1 座加氢站和 1 台电解槽。60% 的投资成本将用于公共加氢站使用寿命内的修建工作，这也符合欧洲法规。不对运营进行补贴。为加氢站供应氢气的企业中，利用可再生能源制氢比利用化石能源制氢优先获得剩余的 40% 投资。

5. NIP 第二阶段综合方案融资——氢能示范区域（Hyland）

市政及地方政府在德国推出氢燃料交通应用方面发挥了关键作用。他们还参与本地环境与交通方案的实施。市政及地方政府在交通规划和管理领域能直接动用管制手段。例如，它们能同市政公司共同指定场地用来建设可替代燃料基础设施，并能调动公用车队。

NIP 对 Hyland 下氢能应用区域的支持应针对性地鼓励市政及地方政府为综合方案献策，制订详细的计划，并在联邦政府的帮助下实施这些计划。融资过程中应考虑不同地区的不同知识及经验水平，因为所有地区都有机会成为氢能应用地区。

因此，将会提供更广泛的地区与市政融资。从支持当地参与方的宣传活动或初步组织活动开始（HyStarter）。对于下一级市政及地方政府，可以对创建综合方案及深入分析提供支持（HyExperts）。最后，支持准备充分的并制定了详细方案的实体购买和实施各自的应用（HyPerformer）[①]。

HyStarter 地区的应用招标已经结束，后续会公布一批受到支持的市政及地区。HyExperts 和 HyPerformer 的应用招标也将于 2019 年开启。

五 结论

通过实施 NIP，NOW 在氢能及燃料电池技术领域积累了宝贵的经验。本报告结尾将重点介绍在德国以及全球顺利开展市场推广的三个方面。

（一）从市场准备到激发市场活力

德国 NIP 的整体方法经检验有效。市场及开发支持措施的结构辅以第一轮增长期的采购补贴，足以为氢燃料电池应用建立起一个公平竞争的环境。随着 NIP 第二阶段的启动，一个早期市场正在形成。加氢基础设施的战略性覆盖以及第一次成功的市场激活招标都展示了巨大的进展。NIP 的稳定结构（及其两个 10 年有效期）以及四个联邦部门的支持已经形成了一个拥有数百名参与者的行业，覆盖终端系统制造商、供应商和科研机构。过去几年里，该集团已成功推动了关键应用领域的产品开发。

（二）氢气生产

以可再生能源生产氢气是一个关键前提。利用可再生能源电解水制氢的经济可行性对于开发“去碳化”能源体系中的氢气潜力十分必要。但是，德国水解制氢暂时无法与化石能源制氢竞争。为了促进可再生能源制氢的商业化发展，有必要制定一个基于具体边界条件的灵活综合方法框架。这需要设计一个覆盖各相关部门和应用的商业可行使用案例。HyLand 倡议下的融

① https：//www. now - gmbh. de/en/national - innovation - programme/hydrogen - regions - in - germany。

资机会针对市政及地方当局，他们作为参与者可以决定应用技术和各种框架条件。通过 HyLand 项目开始初步展示当地的综合方案，并促进开展 NIP 下的进一步活动。

（三）国际合作的作用

国际合作在各个方面对于顺利实施氢能和燃料电池来说至关重要。国际合作在三个方面发挥了显著作用：联合政治倡议、大规模应用和提供广泛部署条例、规范和标准。随着创新技术在市场化方面取得的进展，为其设立的市场监管框架日益重要。

必须采取联合政治举措，以加强该专题的定位和吸引更多关注。十多年以来，德国一直参与国际氢能经济和燃料电池伙伴计划（IPHE）。IPHE 是一项国际倡议，旨在“利用各种应用和领域的氢和燃料电池技术，促进和加快向清洁高效的能源和交通系统转型”①，由包括欧盟在内的 20 个成员经济体组成。IPHE 成员 GDP 占全球的 85% 以上，电力需求占全球的 75% 以上，温室气体排放量占全球的 65% 以上。IPHE 内的合作伙伴开展研发，示范项目和/或实施战略，以鼓励氢和燃料电池的使用。

另一个国际挑战是如何规模化应用氢气。大规模应用氢气将有助于降低清洁氢气的价格并使氢气进入主流市场。该项举措需得到公共投资的持续支持，并经工商业引导。创新使命（MI）倡议一直致力于实现这些目标。该倡议是 2015 年在巴黎联合国气候变化大会上确定的一项国际性倡议。可再生和清洁氢能被列为创新挑战 8 号项目（IC8），旨在“通过识别和克服吉瓦级氢气的生产、分配、储存和使用的关键技术障碍，加速全球氢气市场的发展”②。在这一过程中，将重点关注具有良好商业化效应的跨国研究和大型示范项目。IPHE 还通过技术发展解决安全或监管问题促进创新使命（MI）倡议的发展，并通过支持性政策帮助加快氢能的应用。

---

① IPHE 网站，网址：https：//www. iphe. net/about（2019 年 7 月 19 日查阅）。

② MI 网站，网址：http：//mission – innovation. net/our – work/innovation – challenges/renewable – and – clean – hydrogen/（2019 年 7 月 19 日查阅）。

为了促进广泛的实施和应用，有关氢能和燃料电池（包括相应的基础设施及各种应用）的法规、规范和标准（RCS）应发挥作用。支持性 RCS 可以在高效且经济的实施中发挥重要作用。因此，RCS 领域的国际协调至关重要。例如，可以扫清产品和应用在互操作性和互换性方面的障碍。

目前，NOW 一直致力于协调国际活动以及与其他国家相关组织的双边和多边合作。除了在国际和欧洲委员会工作外，NOW 还与欧洲以及美国、日本、中国等国家的许多组织机构保持着双边关系。2016 年，NOW 成为中国汽车技术研究中心（CATARC）的合作伙伴，共同支持德国 BMVI 与中国科技部在电动出行和氢燃料电池电动汽车领域开展双边合作活动。今天，这些活动都集合在由 NOW 和 CATARC 共同管理的虚拟“中德电动汽车创新支撑中心（SGEC）”中。借助该中心，NOW 和 CATARC 在氢燃料交通应用 RCS 领域里联合开展的活动已于 2019 年启动。

Abstract

Hydrogen energy is a strategic clean energy, fuel cell vehicle is an important direction for the development of new energy vehicles. Japan and South Korea have identified hydrogen energy development as a national strategy and accelerated the commercialization of fuel cell vehicles. Since 2017, China's hydrogen energy and fuel cell vehicles developed rapidly, hydrogen energy technology innovation and industrial development situation is good, vehicle enterprises accelerate the introduction of fuel cell vehicle products, key component enterprise's technology and product performance is further improved, demonstration operation scale and scope continue to expand. However, as a new secondary energy, hydrogen energy technology and the related application of hydrogen energy for vehicles are still in the early stage of development, and we need to carry out systematic research on the major problems of industrialization of hydrogen energy technology innovation and industrialization.

China Automotive Technology Research Center Co. , Ltd. (referred as CATARC) is an authoritative third-party organization and well-known industry think tank in the domestic automotive industry, carrying out fuel cell vehicle policy and industry research, fuel cell vehicle demonstration operation, product testing and evaluation, hydrogen energy for vehicles and fuel cell vehicle standard-setting and many other important work. In September 2018, with the strong support of the national authorities, major think tanks and research institutions at home and abroad, the advanced areas for the development of hydrogen energy for automobiles and fuel cell vehicles, and the vast number of enterprises in the industry, CATARC compiled and published the first Blue Book of the hydrogen vehicle around the major practical problems of industrial development. For the first time, the development of China's automotive hydrogen energy industry has been systematically analyzed and evaluated, the research results have been fully affirmed and positively evaluated, the role of the hydrogen energy think tank for vehicles began to appear.

Since this year, "hydrogen refueling station construction" for the first time into the "government work report", the national authorities carried out a series of talks and research. On the whole, China's automotive hydrogen energy industry has made significant progress. Hydrogen energy technology engineering and industrialization have been steadily advanced, the process of autonomousization of vehicle fuel cell technology has been accelerated, the technology research and development system and product development system of advantageous enterprises have been initially formed, the innovation of industrial organization model has become active, and the industrial supporting system has been accelerated. At the same time, hydrogen refueling technology and service capabilities have been further enhanced, fuel cell vehicle operation and hydrogen refueling station construction business model gradually formed. With the further expansion of the demonstration operation area and demonstration operation scale of fuel cell vehicles, especially the emergence of thousand-scale fuel cell vehicle demonstration cities, China's automotive hydrogen energy industry will begin to be mainly developed by technology into growth period pulled by the demonstration operation. However, China still faces problems such as unclear strategic positioning of hydrogen fuel cell automobile industry, lack of hydrogen fuel vehicle demonstration operation plan and hydrogen refueling station management method, weak hydrogen energy and fuel cell industrialization capacity, and inadequate supply system for vehicle hydrogen energy.

In order to respond in a timely manner to the new problems arising from the industrialization of hydrogen energy technology and the popularization and application of fuel cell vehicles, with the support of Royal Dutch Shell Energy Group, Foshan Municipal People's Government and other units, with the support of honorary consultants, under the guidance of consultants and a number of experts and scholars in the hydrogen fuel cell automobile industry, the research team of the Beijing CATARC, as well as experts from domestic and foreign energy, automobile and other related fields, jointly completed the compilation of the *China Automotive Hydrogen Energy Industry Development Report* (*2019*). The China

Automotive Hydrogen Energy Industry Development Report (*2019*) is the annual report on the development of China's hydrogen energy and fuel cell vehicle industry, and is the second in the series of blue books on hydrogen vehicle. This annual report mainly includes eight parts, namely the general report, expert viewpoint, industry, policy, hot issues, region, infrastructure and reference from abroad. The general report summarizes the development status of China's automotive hydrogen energy industry since 2018, puts forward the main propositions of industrial development, invites academicians, experts from domestic and foreign think tanks and well-known industry experts to comment on the hot issues of the development of the automotive hydrogen energy industry since 2018, and analyzes the automotive hydrogen energy industry in China since 2018. Progress in fuel cell and fuel cell automotive industry, policy analysis of hydrogen safety technology standards at home and abroad, China's automotive hydrogen energy industry policy and fuel cell vehicle standards updates, hot topics focus on hydrogen fuel cell vehicle energy environmental benefits, and test evaluation of fuel cell stack, system, vehicle etc. , regional focus on Beijing, Shanghai, Foshan. The progress of the automotive hydrogen energy industry in representative cities such as Zhengzhou and Chengdu is tracked, the infrastructure section mainly introduces the progress of hydrogen refueling technology and hydrogen refueling station construction at home and abroad, and analyzes the industrial policy and progress of the automotive hydrogen energy industry abroad.

This annual report closely combines the timely development of China's automotive hydrogen energy industry, not only pay attention to the technical and professional perspective of the industrial development process and development trends, but also pay attention to the audience from point of view to make easy to understand. This book will help the energy and automobile industry management departments, research institutions, automotive hydrogen energy-related enterprises, fuel cell-related enterprises, vehicle enterprises, the public etc. to understand the progress of China's automotive hydrogen energy industry and grasp the development trend of industry to provide reference for the competent departments at all levels of government to study and formulate industrial policies for automotive hydrogen energy, energy and automotive-related enterprises to determine strategic development routes to provide strong support.

Keywords: Automotive hydrogen; fuel cell vehicle; demonstration in scale; supply system; hydrogen refueling station

Contents

I General Report

Abstract: Since the beginning of this year, China's automotive hydrogen energy industry has made significant progress. Hydrogen energy technology engineering and industrialization have been steadily advanced, the autonomous process of automotive fuel cells has accelerated, the technological R&D system and product development system of advantageous enterprises have taken initial shape, the innovation of industrial organization mode has become active, and the industrial supporting system has been accelerated. At the same time, the level of hydrogen refueling technology and service capacity have further improved, and the business model of fuel cell vehicle operation and hydrogen refueling station construction has gradually taken shape. With the further expansion of the fuel cell vehicle demonstration operation area and demonstration operation scale, especially the demonstration city of a thousand-scale fuel cell vehicle, China's automotive hydrogen energy industry will transfer from technology development to growth period pulled by demonstration operation. period. However, China still faces the unclear strategic positioning of the hydrogen fuel cell vehicle industry, lack of demonstration scheme of fuel cell vehicles and management methods for hydrogen refueling stations, the inability to industrialize hydrogen and fuel cells, and the imperfect supply of hydrogen energy for vehicles. In order to promote the development of automotive hydrogen energy industry, China needs to define the strategic positioning of hydrogen energy and fuel cell vehicle industry, formulate demonstration operation plans for fuel cell vehicles, improve the approval management of hydrogen refueling stations, improve the industrialization capacity of fuel cell vehicles and build hydrogen supply system for vehicles.

Keywords: Automotive Hydrogen Energy; Supply System; Fuel Cell Vehicle; Demonstration; Hydrogen Refueling Station

Ⅱ Expertise Viewpoint

Ⅲ Industry Reports

Abstract: The hydrogen industry involves the preparation of upstream hydrogen, the storage and transportation in the middle reaches, and the construction of downstream hydrogenation station, and the production and integration of hydrogen fuel cell system and vehicle. Hydrogen production is at the head of this huge industrial chain, and its technology and equipment progress directly affect the construction and operation costs of the downstream industries, and ultimately affect the economy of hydrogen fuel cell vehicles. In this report, starting from different hydrogen production raw materials, the technical progress and economy of hydrogen production under the technical routes of industrial hydrogen-rich gas purification, formic acid hydrogen production and hydrogen water electrolysis are analyzed in detail. In general, the above hydrogen production technology still has room for progress in terms of technology, economy and applicability.

Keywords: Purified Hydrogen Production From Industrial By-product Gas; Hydrogen Production From Formic Acid; Hydrogen Water Electrolysis; Economy

B. 4 Advances inAutomotive Hydrogen Storage & Transportation Technology and Application in China

Wei Wei, Tu Shuo, Yang Shujun and Yan Yan / 074

Abstract: The use of hydrogen energy mainly includes the production, storage, transportation and application of hydrogen, the lagging behind hydrogen storage technology restricts the large-scale application of hydrogen. This report analyzes the technical progress and application status of the two technical routes including storage and transportation technology both liquid and gaseous hydrogen . The results show that high-pressure gaseous hydrogen storage has achieved large-scale application. When the large-scale hydrogen liquefaction production becomes possible, the energy consumption of liquefaction will be greatly reduced, and thus the advantages of liquid hydrogen in transportation and filling are highlighted. Therefore, liquid hydrogen as automotive energy should be applied and promoted.

Keywords: Hydrogen Liquefaction; Hydrogen Storage and Transportation; Hydrogen Storage Bottle; On-board Hydrogen Storage

B. 5 Advances inAutomotive Fuel Cell Industrialization in China

Yang Cheng, Lu Bingbing, Yu Yi and Hu Chenshu / 086

Abstract: Fuel cell stack is the core component of fuel cell vehicle and its reliability, durability and economy are the key issues restricting the application and promotion of fuel cell vehicles. After years of development, China has a number of enterprises for fuel cell stacks, key materials and key components of fuel cell system. Due to the slow engineering of the key materials of fuel cell, the lack of individual links, and low autonomous level of key components of fuel cell system, there is still a gap in reliability and durability of fuel cell stacks for vehicles in China compared with advanced countries. Besides, production cost is still high. To solve these problems, China should make efforts in research and development of basic and integrated technologies of automotive fuel cell, and the industrial policies should encourage the independent development of automotive fuel cell, and also the construction of the industrial chain of vehicle fuel cell.

Keywords: Automotive Fuel Cell; Stack; Membrane Electrode; Proton Exchange Membrane; Independent Development

Abstract: The research and development of fuel cells for vehicles in China has been accumulated through the "Ninth Five - Year Plan" to the "Twelfth Five - Year Plan". With the support of 863 Program, "Electric Vehicles" major science and technology project" and "Energy Saving and New Energy Vehicles", China has mastered the key technologies of fuel vehicle development, power system integration and parts, and basically established an automotive fuel cell technology platform with independent intellectual property rights. Multi-level fuel cell vehicle demonstration has been carried out. In this process, China's fuel cell vehicle industry chain has been continuously improved and strengthened, and a number of automotive fuel cell enterprises have been formed. The development of fuel cell vehicle products of representative vehicle companies such as SAIC, Yutong Bus and Dongfeng Special Auto has accelerated, with breakthrough in technology and continuous expansion of product applications.

Keywords: Fuel Cell Vehicle; Vehicle Development; System Integration; Demonstrative Running

Ⅳ Policy Reports

Abstract: The safety technical standard of hydrogen energy is the basic guarantee to promote the standardization and safety development of automobile hydrogen energy industry. This report combs and analyzes the relevant national standards, international standards and national standards of major developed countries, analyzes in detail the basic situation of national standards and ISO standards of hydrogen energy safety technology for vehicles in China. At present, it is urgent to establish a systematic and perfect technical standard system of hydrogen energy safety for vehicles in China; all standardization technical committees should strengthen cooperation to jointly promote the research on safety technical standards of hydrogen energy for vehicles in China; we should further strengthen the publicity and implementation of safety technical standards for hydrogen energy for vehicles, eliminate the fear of the public due to the lack of correct recognition of hydrogen energy, and build a green and low-carbon society.

Keywords: Hydrogen Energy; Hydrogen Safety; Standard

Abstract: In order to promote the development of the hydrogen fuel cell vehicle industry, China has formed a hydrogen fuel cell vehicle industry support policy system covering industrial guidance and research and development support, financial subsidies, incentive policies, investment management, and access management. Among them, industrial guidance, technology research and development, vehicle purchase subsidies, investment management and other policies continue to improve and strengthen. However, with the demonstration operation of large-scale hydrogen fuel cell vehicles, China's fuel cell vehicle technology has a low degree of autonomy, high production costs, unsound industrial chain, high cost of use, and lag in the construction of hydrogen refueling stations. presence. Facing the new development situation, China needs to clarify the strategic positioning of hydrogen fuel cell vehicles, improve the industrial development leadership mechanism, improve the demonstration operation support policy, promote the construction of hydrogen fuel cell vehicle industry system and study the hydrogenation station support policy.

Keywords: Hydrogen Fuel Cell Vehicle; Support Policy; Strategic Positioning; Industrial System; Hydrogen Refueling Station

B. 9 Advances in Fuel Cell Vehicle Standardization in China

Abstract: Fuel cell vehicle safety mainly includes electrical safety, hydrogen storage system safety, and hydrogen safety (including fuel cell stack), since the electrical safety and hydrogen storage safety have been introduced separately, the focus of this report is on hydrogen safety (including fuel cell stacks), involving the safety of complete vehicles, critical components and systems.

Keywords: Fuel Cell; Electric Vehicle; Standardization

V Hot Issue Reports

B. 10 Energy-environmental EfficiencyAnalysis of Hydrogen and Fuel Cell VehicleIndustry in China *Ou Xunmin, Ren Lei* / 150

Abstract: This report provides an overview of the existing hydrogen production technologies and the full life cycle analysis (LCA) results of greenhouse gas emissions from fuel cell vehicles. The development status and trend of the related technical routes in the whole life cycle of hydrogen energy (hydrogen energy preparation, storage and transportation and fuel cell vehicle operation) are analyzed in detail. A representative route (natural gas reforming and hydrogen production-tube bundle car pipeline transportation-passenger car route) was selected to calculate the whole life cycle greenhouse gas emissions, and compare it with traditional vehicles and battery electric vehicles. It is found that the carbon footprint of fuel cell vehicles will be greatly affected by the progress of the three parameters: raw natural gas consumption, fuel natural gas consumption and process power consumption during the process of hydrogen production from natural gas.

Keywords: LCA Model; Greenhouse Gas Emissions; Comparative Analysis

B. 11 Test Evaluation of Automotive Hydrogen Security and Fuel Cell VehicleIndustryin China

Hao Dong, Wen Zui and Guo Ting / 170

Abstract: Fuel cell vehicle hydrogen safety and basic performance test evaluation work is of great significance for promoting the research, development and use of hydrogen energy and fuel cell vehicle technology. This report starts from the three aspects of fuel cell stack, fuel cell engine and fuel cell vehicle with strong correlation, systematic analysis and evaluation of relevant standards and test methods at home and abroad, and specifically discuss the main contents and technical status of standards and evaluation, and put forward the future work, in order to provide reference for relevant personnel.

Keywords: Fuel Cell Vehicle; Fuel Cell Engine; Fuel Cell Stack; Testing Standard; Testing Evaluation Method

Ⅵ Region Reports

Abstract: After a series of fuel cell bus demonstration since the 2008 Olympic Games, and the rapid progress and development of key parts enterprises such as fuel cell stack, components and complete vehicle enterprises in the later stage, including the first batch of Yongfeng hydrogen refueling stations officially put into operation in China, Beijing has formed a good research and application foundation in hydrogen energy and fuel cell vehicle industry, as well as talent and geographical advantages. The industrial chain covers vehicle development, electric reactor and hydrogen system.

Keywords: Hydrogen Energy; Fuel Cell Vehicle; Industry; Demonstration

Abstract: As one of the fastest growing areas of hydrogen fuel cell vehicle industry in China. Shanghai has issued a development plan and a series of promotion policies, to promote the industrialization of hydrogen fuel cell vehicles. The development of hydrogen fuel cell vehicle industry in Shanghai has driven the development of relevant industries in the Yangtze River Delta area. At present, the hydrogen fuel cell vehicle industry in the Yangtze River Delta area has taken shape, the industrial chain covers the upstream hydrogen production and hydrogen refueling infrastructure, the midstream core parts and downstream vehicles, the Yangtze River Delta is the country's leader in technology and innovation. In turn, it promotes the industrial development of Shanghai. Accelerating the construction of hydrogen refueling infrastructure and the demonstrative operation of fuel cell vehicles is prioritized. Commercial vehicles are the pioneers, driving passenger vehicles and promoting industrialization.

Keywords: Shanghai; Yangtze River Delta; Hydrogen Energy; Fuel Cell Vehicle

Abstract: Foshan developed hydrogen industry from scratch, achieving a rapid rise in just five years, and has become the leading city of domestic hydrogen industry. In terms of demonstrative operation of fuel cell vehicle and construction of hydrogen refueling station, Foshan has built five hydrogen refueling stations, and has 768 fuel cell vehicles riding on the road. Until the end of 2019 , Foshan will have an accumulation of 30 hydrogen refueling stations and 1000 fuel cell buses. In terms of industrial cultivation, Foshan has initially formed a hydrogen energy industry chain covering hydrogen production, storage and transportation, hydrogen refueling station and key components of fuel cell, fuel cell stack and system, vehicle production and operation, etc. Foshan have formed three industrial clusters of

Nanhai, Gaoming and Foshan (Yunfu) industrial transfer park. By referencing the development experience of high-speed train, Foshan adopts policy innovation, investment and financing model innovation, industrial organization model innovation, business model innovation and other measures, building innovative service platform, exploring diversified application of hydrogen energy, and forms a unique Foshan model. To maintain the leading advantage of hydrogen industry development, Foshan should contribute to the supply of hydrogen energy, the cultivation of advantageous enterprises and the improvement of innovation ability.

Keywords: Hydrogen Energy Industry; Foshan Mode; Innovation Fuel Cell Vehicle; Development Experience

B. 15 Investigation Report for Automotive Hydrogen Industry Development in Main Cities

Dai Dongwei, Ren Haibo, Zhao Wenbo and Wang Jianjian / 241

Abstract: Hydrogen fuel cell vehicle demonstrative operation is an important way to promote the commercialization of hydrogen fuel cell vehicles and promote the development of hydrogen energy and fuel cell vehicle industry. At present, there are more than 10 cities carrying out demonstrative operation of hydrogen fuel cell vehicles in China, the whole scale of hydrogen fuel cell vehicles is more than 3500 units. In this report, typical cities such as Shanghai, Chengdu, Zhengzhou and Foshan are selected to carry out systematic investigation, and on this basis this report analyzes the policy environment, vehicle demonstrative operation and construction progress of hydrogen refueling stations for these urban hydrogen fuel cell vehicles, summarizes the characteristics of demonstrative operation of typical cities, and summarizes the problems and bottlenecks faced by them.

Keywords: Fuel Cell Vehicles; Demonstrative Operation; Supportive Policy; Hydrogen Refueling Station; Organizations

Ⅶ Infrastructure Reports

Abstract: The number of hydrogen refueling stations in China has increased significantly in the past two years, this report reviews the overall progress of domestic hydrogen refueling stations, status of pressurized filling equipment for hydrogen refueling station, brief introduction of main domestic hydrogen refueling equipment enterprises.

Keywords: Hydrogen Refueling Station; Hydrogen Refueling Equipment; Compressor

Abstract: The development of hydrogen economy in automotive industry needs new infrastructure. The infrastructure will include fuel production, storage and distribution facilities. In transportation, the new hydrogen infrastructure must also provide a hydrogen supply network for fuel cell electric vehicles. This report reviews the main foreign hydrogen infrastructure organizations, and studies the current situation and expansion of road transport (public) hydrogen infrastructure, then the components of the future hydrogen infrastructure are evaluated. It includes the concept and technology of hydrogen refueling station. Finally, the cost and financing of future road transportation hydrogen infrastructure are discussed.

Keywords: Hydrogen Energy Infrastructure; Hydrogen Refuling Station; Hydrogen Refueling Technology; Cost; Financing

Ⅷ Experience and Lessons

Abstract: In recent years, the development of China's hydrogen energy and fuel cell vehicle industry has accelerated, and the industrial strategic layout has been continuously strengthened. However, China's relevant industrial policy system is not perfect, and there are still big challenges in the development of hydrogen energy industry. Major countries in the world attach great importance to research, development and application of hydrogen energy technology. Not only has the hydrogen energy industry been promoted to the height of national energy strategy, but also the nation has issued corresponding support policies and medium and long-term development plans. Now, it has gained advantages in the research and development of fuel cell vehicle technology, the construction of industrial chain and the construction of hydrogen refueling station. To this end, it is necessary for China to absorb and learn from foreign valuable policy experiences.

Keywords: Hydrogen Energy Industry; Fuel Cell; Development Strategy; Support Policy; Hydrogen Refueling Station

Abstract: Since the launching of the hydrogen energy and fuel cell demonstration project (JHFC) in 2002, Japan has continuously intensified research and demonstrative application of hydrogen energy and fuel cells. Japan released the basic strategy of hydrogen energy in 2017, hydrogen energy is regarded as the "trump card" to ensure energy security and cope with climate change. Japan proposes to commercialize hydrogen fuel power generation by 2030, and fuel cell vehicles will be fully popularized by 2050, the national strategy of "hydrogen energy society" and its specific action plan for the overall stop of conventional fuel vehicles. In March 2019, Japan's hydrogen energy and fuel cell Strategy Committee further updated the hydrogen energy and fuel cell strategy road map launched in 2014 and revised in 2016. Japan regards hydrogen energy as an important starting point for energy structure transformation, energy security and climate change. Its practices and experience have certain enlightenment for the development of hydrogen energy and fuel cell vehicles in China.

Keywords: Japan; hydrogen Energy; Fuel Cell; Basic Strategy; Road Map

Abstract: This report gives an introduction to the German's approach to hydrogen and fuel cell technologies within the transportation sector. Therefore, the national strategy for hydrogen technologies is presented in Section 2. The National Innovation Program Hydrogen and Fuel Cell Technologies (NIP) as one of the most important funding schemes of the German government for the technology is introduced in Section 3. The experiences and lessons of the program are discussed in Section 4 with a focus on different applications as passenger cars and buses. The article closes in Section 5 with the main conclusions of the German activities regarding hydrogen and fuel cell technologies.

Keywords: Germany; Hydrogen; Fuel Cell; NIP; Automotive

❖ 皮书起源 ❖

“皮书”起源于十七、十八世纪的英国，主要指官方或社会组织正式发表的重要文件或报告，多以“白皮书”命名。在中国，“皮书”这一概念被社会广泛接受，并被成功运作、发展成为一种全新的出版形态，则源于中国社会科学院社会科学文献出版社。

❖ 皮书定义 ❖

皮书是对中国与世界发展状况和热点问题进行年度监测，以专业的角度、专家的视野和实证研究方法，针对某一领域或区域现状与发展态势展开分析和预测，具备原创性、实证性、专业性、连续性、前沿性、时效性等特点的公开出版物，由一系列权威研究报告组成。

❖ 皮书作者 ❖

皮书系列的作者以中国社会科学院、著名高校、地方社会科学院的研究人员为主，多为国内一流研究机构的权威专家学者，他们的看法和观点代表了学界对中国与世界的现实和未来最高水平的解读与分析。

❖ 皮书荣誉 ❖

皮书系列已成为社会科学文献出版社的著名图书品牌和中国社会科学院的知名学术品牌。2016 年，皮书系列正式列入“十三五”国家重点出版规划项目；2013~2019 年，重点皮书列入中国社会科学院承担的国家哲学社会科学创新工程项目；2019 年，64 种院外皮书使用“中国社会科学院创新工程学术出版项目”标识。

中国皮书网

（网址：www.pishu.cn）

发布皮书研创资讯，传播皮书精彩内容
引领皮书出版潮流，打造皮书服务平台

栏目设置

关于皮书：何谓皮书、皮书分类、皮书大事记、皮书荣誉、
皮书出版第一人、皮书编辑部

最新资讯：通知公告、新闻动态、媒体聚焦、网站专题、视频直播、下载专区

皮书研创：皮书规范、皮书选题、皮书出版、皮书研究、研创团队

皮书评奖评价：指标体系、皮书评价、皮书评奖

互动专区：皮书说、社科数托邦、皮书微博、留言板

所获荣誉

2008 年、2011 年，中国皮书网均在全国新闻出版业网站荣誉评选中获得“最具商业价值网站”称号；

2012 年,获得“出版业网站百强”称号。

网库合一

2014 年，中国皮书网与皮书数据库端口合一，实现资源共享。

S 基本子库
UB DATABASE

中国社会发展数据库（下设 12 个子库）

全面整合国内外中国社会发展研究成果，汇聚独家统计数据、深度分析报告，涉及社会、人口、政治、教育、法律等 12 个领域，为了解中国社会发展动态、跟踪社会核心热点、分析社会发展趋势提供一站式资源搜索和数据分析与挖掘服务。

中国经济发展数据库（下设 12 个子库）

基于“皮书系列”中涉及中国经济发展的研究资料构建，内容涵盖宏观经济、农业经济、工业经济、产业经济等 12 个重点经济领域，为实时掌控经济运行态势、把握经济发展规律、洞察经济形势、进行经济决策提供参考和依据。

中国行业发展数据库（下设 17 个子库）

以中国国民经济行业分类为依据，覆盖金融业、旅游、医疗卫生、交通运输、能源矿产等 100 多个行业，跟踪分析国民经济相关行业市场运行状况和政策导向，汇集行业发展前沿资讯，为投资、从业及各种经济决策提供理论基础和实践指导。

中国区域发展数据库（下设 6 个子库）

对中国特定区域内的经济、社会、文化等领域现状与发展情况进行深度分析和预测，研究层级至县及县以下行政区，涉及地区、区域经济体、城市、农村等不同维度。为地方经济社会宏观态势研究、发展经验研究、案例分析提供数据服务。

中国文化传媒数据库（下设 18 个子库）

汇聚文化传媒领域专家观点、热点资讯，梳理国内外中国文化发展相关学术研究成果、一手统计数据，涵盖文化产业、新闻传播、电影娱乐、文学艺术、群众文化等 18 个重点研究领域。为文化传媒研究提供相关数据、研究报告和综合分析服务。

世界经济与国际关系数据库（下设 6 个子库）

立足“皮书系列”世界经济、国际关系相关学术资源，整合世界经济、国际政治、世界文化与科技、全球性问题、国际组织与国际法、区域研究 6 大领域研究成果，为世界经济与国际关系研究提供全方位数据分析，为决策和形势研判提供参考。

法律声明